MARTINE CHANTAL FANTUZZI

Gli ultimi re di Sparta

intrighi, tradimenti e passioni negli ultimi sussulti di Sparta ellenistica

309 - 146 a.C.

 **Martine Chantal Fantuzzi**, nata nel novembre '95, ha due lauree in lettere classiche, entrambe con lode (conseguite a 21 e 23 anni), laureanda in filosofia, vincitrice del Premio Piazza Alfieri ('18 e '19), autrice di tre tragedie alfieriane (*Margherita Farnese* 2019, *La Tessitrice* 2020, *La Sposa dei Ghiacci* 2017 e 2020), scrive per diverse riviste internazionali, con Luca Cristini Editore ha pubblicato anche *L'Agide di Alfieri e il Mito di Sparta nel Secolo dei Lumi*, 2021.

SPS-072 Gli ultimi re di Sparta di Martine Chantal Fantuzzi
ISBN: 97888932756740 prima edizione Novembre 2020 - EBOOK 9788893276757
Editor: **Luca Stefano Cristini Editore per i tipi di Soldiershop serie Storia**
Cover & Art Design: L. S. Cristini www.soldiershop.com

Martine Chantal Fantuzzi

Gli Ultimi Re di Sparta

intrighi, tradimenti e passioni negli ultimi sussulti di Sparta ellenistica

309 – 146 a.C.

ἡ μὲν οὖν Λακεδαίμων, ἐφαμίλλως ἀγωνισαμένη τῷ γυναικείῳ δράματι πρὸς τὸ ἀνδρεῖον, ἐν τοῖς ἐσχάτοις καιροῖς ἐπέδειξε τὴν ἀρετὴν ὑβρισθῆναι μὴ δυναμένην ὑπὸ τῆς τύχης.

Sparta, che contrappose la tragedia della donna nel momento estremo a quella dell'uomo, mostrò che la virtù non può essere oltraggiata dalla fortuna[1].

---

[1] Plutarco, *Cleomene*, XXXIX, 1; *cfr.* D. Magnino 1991, p. 259

A Dante e Anita

Preambolo Strutturale

Analizzare la storia dell'orbita finale di Sparta sullo sfondo di una Grecia ormai prossima alla conquista Romana, richiede un'indagine che proceda su due fronti: da un lato quello delle intricate vicende interne di Sparta, dall'altro quello del panorama ellenistico internazionale.

Il procedimento adottato in questo saggio prevede una prefazione che illustri, sinteticamente e globalmente, nel primo paragrafo, la politica di Sparta e le vicende dei suoi re e tiranni, nel secondo, il panorama ellenistico internazionale nel quale si svolsero le suddette vicende e agirono i sopradetti personaggi.

Indi, con l'avvio del primo capitolo, la trattazione procede minuziosamente e analiticamente, con uno scrupoloso richiamo alle fonti antiche, riprendendo, punto per punto, quanto generalmente illustrato nella prefazione, ampliandolo nel modo più esauriente possibile.

Al termine del capitolo quarto, che si conclude con la battaglia di Corinto e l'avvento ufficiale del dominio di Roma sulla Grecia, sorge un'appendice che presenta un'analisi sociale e soprattutto militare del focus preso in considerazione, ovvero Sparta, e che si conclude con un paragrafo riguardante le controversie storiche sorte riguardo alcuni interessanti e complessi punti della trattazione.

Essendo, in una trattazione scientifica come la suddetta, inevitabili le ripetizioni a scopo unicamente delucidativo, siano esse dal lettore accolte come volontà dell'autore di chiarificare al massimo il complesso argomento trattato.

I dialoghi talvolta riportati sono tutti presi dalle fonti storiche citate, e, pur essendo da me stati rielaborati per rendere più scorrevole e avvincente la lettura, non sono stati mutati del loro contenuto che è quello assolutamente originale.

Prefazione

I. Agiadi ed Europontidi

Due erano le stirpi reali che regnavano su Sparta: gli Agiadi e gli Europontidi. Entrambe discendevano da Eracle, i primi da Euristene, i secondi da Procle, ambedue figli di Aristodemo, mitico capo della conquista dorica[2]. Tra gli Europontidi erano stati celebri sovrani quali Agesilao, che nel IV secolo a.C. era passato in Asia - la cui figura era stata oggetto di diverse biografie da parte di Senofonte, Plutarco stesso e Nepote – e Agide III caduto a Megalopoli dopo aver cercato di risollevare le sorti di una Sparta già in decadenza[3]; tra gli Agiadi l'eroe delle Termopili Leonida e il vincitore di Platea, Pausania[4]. Reggendosi sulla diarchia, Sparta aveva compiuto le sue più celebri imprese; ma sul finire del III secolo, passioni e tradimenti avevano leso alla radice l'alleanza tra le stirpi, in seguito, la corruzione da un lato e l'ansia di riforme dall'altro, principiarono l'inesorabile, distruttivo e conflagrante processo che condusse Sparta al suo stesso epilogo.

È intenzione di questo saggio indagare le vicende degli ultimi re di Sparta, personalità complesse e controverse, ognuno emblema del proprio tempo nell'ultimo secolo in cui la più emblematica polis del Peloponneso mutò per sempre il proprio volto. Il periodo preso in considerazione si dilata, all'incirca, dal 309 a.C. al 146 a.C., ovvero dipartendosi dalla salita al trono Agiade di Sparta di re Areo I, passando per l'assedio di Sparta da parte del re dell'Epiro Pirro e dello stesso Spartiata Cleonimo del 272 e per le cruciali[5] battaglie di Sellasia del 222 e di Pidna del 168, e giungendo alfine alla presa di Corinto e alla successiva consacrazione del dominio romano su tutta la Grecia: l'ultimo, convulso secolo[6] in cui, perdendo l'equilibrio della diarchia, il regno di Sparta

---

[2] Thornton 2001 p.572 n. 2; Narducci 1961, p. 233 n. 216

[3] Agide III tentò di risollevare le sorti di Sparta durante la spedizione di Alessandro in Asia: ottenuti dalla Persia aiuti finanziari, assoldò numerosi mercenari combattendo prima a Creta poi nel Peloponneso contro Antipatro, e cadendo infine a Megalopoli nel 331 a.C. cfr. Marasco 1980 p. 21. Dopo la sconfitta di Megalopoli, Sparta assunse un atteggiamento esclusivamente difensivo, non partecipando alle guerre esterne che si susseguivano in quel tempo (la guerra lamiaca, le guerre dei Diadochi – culminate con la morte di Antigono Monoftalmo ad Ipso nel 301) con eccezione della spedizione di Acrotato in Sicilia, come si vedrà più avanti. cfr. Marasco 1980 pp. 22 ss.

[4] Plutarco, *Agide*, III, 2 – 3; Magnino 1991, pp. 140 – 141, n. 8 - 11

[5] Definite tali rispettivamente per Sparta (che in seguito a Sellasia decadde inesorabilmente) e per il panorama ellenico (che in seguito a Pidna prese coscienza dell'avvento di Roma).

[6] Secolo abbondante, constando, per l'esattezza, di 163 anni.

si autodistrusse, mantenendo, tuttavia, intatta la propria reputazione di altissimo e strenuo valore, al punto da non aver mai permesso ai nemici di venir conquistato.

La trattazione principia da una disputa, riguardo la successione al trono Agiade di Sparta, dopo la morte del re Cleomene II: poiché il primogenito Acrotato era morto prima del padre (dopo esser tornato dalla Sicilia dove aveva combattuto contro Agatocle), a succedere sarebbe dovuto essere il secondogenito[7] Cleonimo il quale, giudicato dall'eforato inadatto, fu però estromesso. Acrotato aveva lasciato un figlio: fu questo giovane a salire al trono, nel 309, al posto dello zio, col nome di Areo I. Detronizzato, Cleonimo tentò vana fortuna in Italia, ma fu sconfitto sia a Turi che a Padova, ritornato a Sparta sposò la (molto più giovane di lui) Chilonide, che gli partorì un figlio, chiamato come l'antico vincitore delle Termopili, Leonida. Lo stesso Areo, nel frattempo, aveva generato un figlio, che aveva chiamato col nome di suo padre, Acrotato: questo giovane commise adulterio con la regina Chilonide: iroso con la città che gli aveva sottratto trono e moglie, Cleonimo si alleò con Pirro (che tornava dall'Italia dopo aver condotto la sventurata campagna contro Roma), e con il re dell'Epiro assediò Sparta. Fu Acrotato a difendere la città, e a divenire, dopo la morte di Areo I, re di Sparta: il giovane morì, tuttavia, poco tempo dopo, combattendo a Megalopoli. Lasciava Chilonide vedova e incinta, la quale generò un maschio, che salì al trono, infante, col nome di Areo II: il re bambino, tuttavia morì[8] all'età di otto anni e al suo posto salì così come re figlio di Cleonimo, col nome di Leonida II.

Nel frattempo, sul trono Europontide, si erano susseguiti Archidamo IV ed Eudamida, morto quest'ultimo, gli successe, nel 244, il figlio, giovanissimo, col nome di Agide IV. Idealista e riformatore, Agide IV si propose di redistribuire la terra per diminuire il numero degli indigenti e ampliare il numero degli Spartiati che si era ridotto a soli settecento (di cui soli cento aventi pieni diritti); per attuare il proprio progetto di riforme fece sì che Leonida, ad egli avverso, fosse fatto esiliare (lo seguì solo la figlia, anch'ella chiamata Chilonide) e al suo posto, sul trono Agiade, pose il genero di Leonida stesso, Cleombroto. Partito per dare supporto ad Arato di Sicione, Agide lasciò in sua vece l'eforo (e zio) Agesilao, il quale, governando senza scrupoli in maniera corrotta, si inimicò la popolazione che, in breve, richiamò dall'esilio Leonida. Rientrato in Sparta desideroso di vendetta, Leonida risparmiò il genero Cleombroto, che lo aveva detronizzato, grazie alle suppliche della figlia Chilonide (la quale scelse, ancora una volta, l'esilio, accompagnando nella sventura, questa volta, il marito), mentre rivolse la propria ira contro il giovane Agide, che fu fatto giustiziare: era il 241, l'equilibrio della

---

[7] Sulle presunte pretese di regalità da parte di Cleonimo in quanto secondogenito, il trattato contiene un'ampia trattazione, sulle differenti tesi, riguardante chi, tra zio e nipote, avesse la precedenza, per legge. *cfr. ivi,* in *Appendice,* IV, 2-3.

[8] Sulla morte del re fanciullo, *cfr. ivi* in *Appendice,* IV, 4.

diarchia spartana fu così perso per sempre, poiché mai prima di allora, nella storia di Sparta, un re aveva convinto l'eforato a giustiziare il proprio collega. I germi della riforma che Agide aveva però gettato fiorirono, quasi paradossalmente, per mano proprio del figlio del di lui esecutore (ovvero per mano del figlio di Leonida), che salì al trono nel 235 col nome di Cleomene III. A legare i due re riformatori, considerati da Plutarco e dalla tradizione antica[9] precursori dei fratelli Gracchi a Roma[10], anche un'unione matrimoniale: la vedova di Agide, la bella Agiatide, era stata costretta da Leonida II a sposare il di lui figlio Cleomene III: fu lei a ispirare Cleomene a perseguire il progetto di Agide. Da Agide, Agiatide aveva avuto un figlio di nome Eudamida, da Cleomene, altri due figli, dei quali non ci è tramandato il nome. Di Agide rimanevano, quindi, un fratello, Archidamo, e un figlio, Eudamida: entrambi furono in breve eliminati, forse da Cleomene stesso, in quanto troppo scomodi poiché eredi per diritto alla successione al trono Europontide. Ancora una volta, Sparta perdeva l'occasione per restaurare le due stirpi della sua diarchia: per far sì che l'unica genia che regnasse fosse quella Agiade, Cleomene si associò al trono il fratello Euclida.

Tanto quanto Agide era stato alleato di Arato, così Cleomene gli fu avverso: forse anche a causa di un mancato incontro tra i due[11], Arato chiamò nel Peloponneso lo stesso antico nemico, ora alleato, che aveva scacciato vent'anni prima da Corinto, Antigono Dosone. Iniziò così la devastante guerra cleomenica, che si sarebbe conclusa con la disfatta di Cleomene a Sellasia nel 222, e la vittoria del Dosone che, per ironia della sorte, sarebbe comunque morto pochi giorni dopo. A Sellasia, dalla parte degli Achei e dei Macedoni, aveva combattuto un giovane che, con un certo piglio nel disobbedire agli ordini del Dosone, guidando personalmente un attacco vincente (contro il fratello di Cleomene, Euclida, che era rimasto ucciso nello scontro), si era fatto notare: era Filopemene, destinato a diventare stratego della Lega Achea, e ad avere un ruolo decisivo per Sparta. La città, dal canto suo, dopo la battaglia di Sellasia si avviava verso la propria orbita ineluttabilmente discendente. Cleomene, sconfitto, si recò come esule alla corte d'Alessandria d'Egitto, dove l'anziano Tolomeo III gli promise, invano, che l'avrebbe aiutato a riconquistare Sparta. Il vecchio re però morì e il di lui successore, Tolomeo IV, imprigionò Cleomene temendone la fiera sete di rivalsa. Nel 219 Cleomene tentò di ribellarsi a quella che ormai era divenuta una prigionia dorata, guidando una rivolta assieme ai suoi quattordici fedelissimi che l'avevano seguito nell'esilio: gli Spartiati, però, non trovarono sostegno nei cittadini di Alessandria e

---

[9] In negativo, da Cicerone stesso, *De Officiis* II, 79 – 90 *cfr.* avanti; Marasco 1981, pp. 96 - 97

[10] Gabba 1957, pp. 85 – 86: «il motivo che presiede alle biografie accoppiate dei due re spartani e dei Gracchi è espresso chiaramente nei due primi capitoli della vita di Agide: coloro che per desiderio di gloria e con il fine di migliorarne le sorti indulgono alle masse, divengono schiavi delle stesse e finiscono per venir trascinati, loro malgrado, oltre i limiti e lontano dai fini che si erano prefissi e, quindi, alla rovina.»

[11] A tal proposito, *cfr. ivi* in *Appendice,* III, 2.

furono costretti a togliersi la vita; anche Cleomene si suicidò e con lui morirono anche i figlioletti che aveva avuto da Agiatide.

Il Peloponneso, da molto tempo, ormai, era dilaniato da guerre: dopo la guerra cleomenica (svoltasi nel Peloponneso tra Spartani da un lato, Achei e Macedoni dall'altro, conclusasi con la disfatta spartana di Sellasia del 222) si combatté (e si prolungò) la guerra sociale, tra due potenti federazioni, la Lega Achea e la Lega Etolica (220 - 217). Poco tempo dopo, Roma avrebbe intrapreso contro il nuovo re macedone, Filippo V, la prima guerra macedonica (215 - 205).

Divisa tra i sostenitori dei Macedoni e degli Achei, e i nostalgici di Cleomene, nel frattempo Sparta era caduta nel caos; in segreto gli Spartani avevano stretto un accordo con gli Etoli così, durante la guerra sociale tra Etoli e Achei, mandarono a questi ultimi rinforzi "di facciata", mentre peroravano la causa dei primi: la loro speranza era, infatti, che Cleomene tornasse e re-instaurasse il regno di Sparta. Giunta, nel 219 la notizia che Cleomene era morto ad Alessandria, il collegio degli efori pensò alfine di nominare nuovi re. Il fato, tuttavia, doveva aver deciso, per Sparta, che la diarchia fosse morta al tempo dell'uccisione di Agide: per il trono Agiade fu dunque scelto Agesipoli III, che era pronipote di Cleomene[12], per il trono Europontide, invece, fu nominato un tale Licurgo che, dopo aver corrotto gli efori affinché lo eleggessero re, salito al trono, detronizzò il (legittimo) collega Agiade, Agesipoli, e governò da sé in modo autoritario. Ancora una volta Sparta era in mano a un sol re, per giunta ora nemmeno legittimo. Alleato degli Etoli ma accusato dagli efori d'essere un rivoluzionario (il fantasma di Cleomene terrorizzava ancora l'eforato), Licurgo tentò invano di sconfiggere Arato il giovane (il quale, nel frattempo, era succeduto al padre alla strategia della Lega Achea), e scomparve dalla scena, lasciando, come erede, un fanciullo, di nome Pelope. Tutore del ragazzo fu Macanida, giovane tiranno di Sparta, che perseguì l'alleanza con gli Etoli e le ostilità degli Achei: fu da questi ultimi sconfitto a Mantinea, trafitto da Filopemene in persona. A Macanida successe Nabide, che eliminò prontamente l'erede di Licurgo, Pelope, per evitare che vantasse pretese, una volta cresciuto. Tiranno nel vero senso della parola, sterminò plurimi esponenti dell'oligarchia spartana, e, nel corso della seconda guerra macedonica, attuò il doppio gioco con Filippo V e Roma; alfine sconfitto da quest'ultima, non fu però privato di Sparta. A scopo precauzionale Nabide chiese rinforzi agli Etoli, contro gli Achei di Filopemene; giunse così, a capo di mille uomini, Alassameno, facente, in gran segreto, parte di una congiura per liberare Sparta dalla tirannia: costui, approfittando di un'esercitazione militare, saltò addosso a Nabide e lo

---

[12] Agesipoli III era pronipote di Cleomene, infatti sua nonna era Chilonide, sorella di Cleomene stesso: è interessante notare come dalla coppia Chilonide-Cleombroto, che per aver salva la vita aveva scelto l'esilio, discendesse il nuovo re di Sparta: scegliendo la via dell'ombra, Chilonide aveva ottenuto il trono per i suoi discendenti. Ancora una volta la stirpe di Leonida (e quindi di Cleonimo) aveva modo di regnare. Tuttavia, questa volta, sarebbe durata ben poco.

trafisse. Presi tuttavia dalla foga, gli Etoli iniziarono a incendiare Sparta e si diedero al saccheggio, indignando gli Spartiati: lo stesso Alassameno, impossibilitato a fermare i suoi uomini, fu ucciso dagli stessi Lacedemoni i quali, subitamente, chiamarono in soccorso gli Achei: pochi giorni dopo lo stratego Filopemene entrò in una Sparta sconvolta, che ricondusse all'ordine, obbligandola ad entrare nella Lega Achea. Era il 192 a.C.

Quando quattro anni dopo, Sparta tentò di ribellarsi, Filopemene la punì mandando a morte tra gli ottanta e i centocinquanta Spartiati, radendo al suolo le fortificazioni e umiliandola, abolendo la costituzione di Licurgo e annettendola a Megalopoli; ne esiliò i dissidenti e li vendette come schiavi e, col denaro ricavato, costruì, quasi a sbeffeggiarli, un portico che unisse Sparta alla città rivale.

Cinque anni dopo, nel 183 a.C., Filopemene scontò la colpa d'aver ridotto la più emblematica città del Peloponneso a provincia insignificante, venendo catturato dai Messeni e costretto a darsi la morte, bevendo il veleno. Nello stesso anno, l'ultimo, legittimo re di Sparta, l'Agiade Agesipoli III (che, alleato di Roma, non aveva mai smesso di sperare di riavere il regno di Sparta), si imbarcò per giungere a Roma come ambasciatore degli esuli spartani; catturato dai pirati, fu da questi ucciso. L'ultimo simbolo di Sparta era scomparso per sempre.

Pochi anni dopo, la stessa Lega Achea avrebbe tradito Roma, alleandosi di nuovo coi Macedoni. Sconfitta nel 168 a.C. a Pidna da Lucio Emilio Paolo, fu costretta a fornire eminenti personaggi di spicco come ostaggi. Tra costoro vi era il figlio di Licorta (il collega di Filopemene), colui grazie al quale molti dei suddetti eventi furono poi tramandati: lo storico Polibio.

Coinvolta parzialmente durante la terza guerra macedonica, Sparta divenne curiosamente il fulcro delle ostilità tra Roma e la Lega Achea, che si concluse con la battaglia dell'Istmo di Corinto del 146 a.C. vinta dal pretore Lucio Mummio. La Grecia aveva finito di esistere come diamantina entità di plurime autonomie: su di essa era sorto il possente astro dell'egemonia Romana.

Sparta non riconquistò mai più l'antica egemonia della Laconia e del Peloponneso, i suoi re e la sua autonomia. Continuò ad esistere, ma soltanto come entità culturale, densa di atmosfera leggendaria ed eroica.

II. *Il panorama ellenistico*

Le vicende di Agiadi ed Europontidi si delinearono sullo sfondo del variegato panorama del mondo ellenistico, retto dalle dinastie degli Antigonidi in Macedonia, dei Seleucidi in Siria, dei Tolomei in Egitto e degli strateghi autocrati in Sicilia; il susseguirsi dei fatti quivi analizzati diede modo alle suddette stirpi di intrecciarsi tra loro nonché di intervenire direttamente sul tramonto di Sparta. Tuttavia, mentre su codeste dinastie, il cui ruolo fu determinante per il destino di Sparta, già calava il crepuscolo, una nuova alba traluceva all'orizzonte, portata dal sorgere di una nuova potenza: Roma.

1. Agatocle di Siracusa

Fu il principe Acrotato il primo (in questo trattato) a coinvolgere Sparta nella politica estera, salpando, per iniziativa personale[13] per la Sicilia, in soccorso di Messina, Agrigento e Gela, tre città alleate tra loro, che, previa la mediazione di Taranto, lo avevano invocato contro Agatocle di Siracusa. Come scritto, Acrotato si rese inviso ai Sicelioti e ritornò infine a Sparta dove morì, non prima di aver generato l'erede al trono di Sparta, Areo.

Agatocle di Siracusa nato da un padre ceramista, ottenuta la cittadinanza dal celebre Timoleonte, si era creato da solo, riuscendo, dopo diversi esili e peripezie, a farsi nominare stratego autocrate: sognando mire egemoniche, ottenne alfine da Cartagine[14], nel 313, il riconoscimento del proprio dominio sulla Sicilia orientale; nel 304 sposò, in terze nozze, Teossena, figliastra del re d'Egitto Tolomeo I e nel 295 diede in sposa la figlia Lanassa, che portava in dote l'isola di Corcira, a Pirro, il quale, grazie all'aiuto di Tolomeo I, aveva conquistato il trono dell'Epiro. Quando però si aprì una disputa per il trono di Macedonia tra Pirro stesso e Demetrio Poliorcete, avendo alfine vinto quest'ultimo (dopo aver assalito e ucciso Alessandro V, Demetrio succedeva, così, ad Antigono Monoftalmo) Agatocle, nel 292, permise alla figlia Lanassa di divorziare da Pirro (con il quale la donna era in rotta per la di lui poligamia) e di sposare il Poliorcete. Il nuovo sovrano macedone, padrone ora dell'isola di Corcira (che Lanassa vantava come dote), poteva ora agire attivamente a Siracusa: con il cognato Agatocle II, Demetrio unì Siracusa alla Macedonia, ma quando Agatocle II fu ucciso dal nipote Arcagato (che ne buttò il corpo in mare), l'ormai vecchio Agatocle ripristinò il governo

---

[13] *cfr. ivi* in *Cap.* I, *Par.* I.
[14] nonostante questa gli si fosse inizialmente opposta: Cartagine riconobbe Agatocle nel momento in cui il principe Acrotato gli mosse contro *cfr.* Corsaro Gallo 2010, p. 278

repubblicano sull'isola. Più tardi sarebbe stato Pirro a condurre il vano tentativo di costruirsi un regno in Occidente[15].

2. Pirro in Magna Grecia

Circa dieci anni prima[16] il fallimentare attacco di Cleonimo a Turi, nel 282 a.C., la città aveva chiesto l'aiuto di Roma: contro l'intervento Romano si era opposta Taranto (la quale, circa vent'anni prima, aveva mediato affinché il principe Acrotato giungesse da Sparta per portare aiuto a Messina, Gela e Agrigento contro Agatocle). Nella sua azione anti Romana, Taranto ricorse al re dei Molossi e comandante della Lega epirotica, Pirro, il cui regno, l'Epiro, si trovava proprio sulla costa adriatica di fronte alla Puglia: col pretesto di "difendere" i Greci d'Occidente sia dai Romani che dai Cartaginesi, Pirro accettò di condurre la spedizione, forte anche del fatto di essere ora il genero dell'ormai defunto Agatocle. Sbarcato due anni dopo, nel 280, in Italia, con un esercito di ventiduemila fanti, tremila cavalieri e venti elefanti da guerra, sconfisse i Romani a Eraclea, poi, ottenendo l'appoggio di Lucani, Bruzi e Sanniti, azzardò condizioni di pace da imporre a Roma, che Appio Claudio Cieco risolutamente rifiutò. In risposta al rifiuto delle proprie proposte (previa le quali l'Epirota esigeva che Roma rinunciasse al dominio sui territori di Greci, Lucani, Bruzi e Sanniti), Pirro attaccò l'esercito Romano ad Ascoli Satriano, sulle rive dell'Ofanto, dove, nel 279, ancora una volta vinse. Le cosiddette "vittorie di Pirro", tuttavia, non permisero al re dell'Epiro di portare a termine la guerra: la resistenza di Roma e dei suoi alleati Latini dell'Italia centrale si poneva forte e vigorosa e non dava certo l'impressione di cedere. Lo stesso anno Roma e Cartagine si erano curiosamente alleate in funzione antiepirota, mentre lo stesso Pirro, lasciata la guarnigione a Taranto, si recava a Siracusa, per difendere la città (che era appartenuta al suo ex suocero, il defunto Agatocle) dalle mire Cartaginesi: vinti i nemici a Lilibeo, neanche con costoro riuscì a condurre a termine vittoriosamente l'impresa. Pirro passò così, nel 275, di nuovo in Italia: qui il console Marco Curio Dentato lo sconfisse a Benevento (città che acquistò l'eufemistico nome proprio dopo la vittoria Romana). Sconfitto, Pirro salpò per l'Epiro, abbandonando le coste italiche, dopo aver lasciato soltanto la solita guarnigione a Taranto (che due anni dopo sarebbe comunque passata dalla parte di Roma). Sulla via del ritorno si fermò in Laconia dove un altro generale, anch'egli sconfitto in Italia, dai Romani a Turi e dai Patavini sul Brenta, faceva ritorno in patria: era costui Cleonimo di Sparta, pronto a vendicare la propria frustrazione sulla città che lo aveva detronizzato e il cui principe gli aveva sottratto la moglie. Nel 272 a.C. Cleonimo chiese a Pirro di assediare Sparta: i due posero a dura prova la resistenza della città (priva, peraltro, del grosso dell'esercito,

---

[15] Corsaro Gallo 2010, pp. 278, 280
[16] Marasco 1980, pp. 93 ss. data l'esilio di Cleonimo in Italia verso il 280 a.C.

che era a Creta, al seguito di re Areo), che, tuttavia, resistette grazie all'incitazione di Archidamia (futura nonna di Agide IV) e al valore del principe Acrotato (figlio di Areo I): Cleonimo fu sconfitto e Pirro trovò la morte, lo stesso anno, combattendo per le vie di Argo.

3. Antigono Gonata

Sul trono di Macedonia, al Poliorcete successe (non senza una lotta dinastica nella quale prese parte anche Pirro[17]), nel 276, il figlio Antigono Gonata, il quale dopo aver sconfitto i Celti nel 277 e aver debellato, nel 272, la minaccia di Pirro[18], volse le proprie mire espansionistiche al Peloponneso, instaurando sue guarnigioni in tre punti strategici: Corinto, Calcide d'Eubea e Demetriade e si propose di sottrarre al re d'Egitto, Tolomeo Filadelfo, il dominio sull'Egeo, continuando la politica di protezione degli isolani iniziata, nel 315, dal Monoftalmo. Preoccupato, il Filadelfo cercò allora una coalizione che si opponesse alla restaurazione del potere macedone, coalizione nella quale entrarono Atene e la Sparta del re Areo (figlio del principe Acrotato). Se, da un lato, per Atene aveva inizio, nel 267 a.C., la guerra cremonidea (così chiamata per la spinta dell'Ateniese Cremonide ad entrare in guerra contro Antigono), per Sparta iniziava la propria fine, con la morte, in battaglia, a Corinto, dello stesso re Areo I, nel 265. Il di lui figlio, Acrotato, avrebbe regnato soltanto un anno, per poi cadere, in battaglia, a Megalopoli, il suo erede, il piccolo Areo II, sarebbe morto a otto anni, spianando così la strada a Leonida II, figlio di quello stesso Cleonimo che aveva, assieme a Pirro, assediato la sua stessa Sparta e futuro esecutor del suo collega Agide IV, nonché padre di quel Cleomene con cui Sparta avrebbe perso la sua regalità di fatto. Nel 262 Atene si arrese alla potenza macedone, che la sottomise: con la caduta di Atene, il potere macedone in Grecia si rafforzò straordinariamente, tuttavia solo dieci anni dopo sarebbe stato messo in crisi da un lato, dalla ribellione del viceré macedone Alessandro (che causò ad Antigono la perdita di Calcide e Corinto), dall'altro lato, l'accresciuta potenza delle due entità politiche il cui peso era, nel frattempo, cresciuto, nella Grecia centrale e nel Peloponneso: rispettivamente la Lega Etolica e la Lega Achea.[19]

---

[17] Per le dispute, la successione e la genealogia macedone, si veda, a tal proposito, Musti 1989, pp. 499 ss.
[18] Lo stesso anno, curiosamente, in cui Pirro fallisce, assieme a Cleonimo, nell'assedio di Sparta
[19] Corsaro Gallo 2010, pp. 243 - 244

4. *Lega Etolica e Lega Achea; Arato di Sicione*

Stato federale sorgente in Etolia, una regione montuosa della Grecia centro occidentale, di retaggio fortemente tribale, comprendente anche la Focide, la Locride e l'Acarnania, la Lega Etolica[20] aveva preso parte attiva a fianco di Atene, nel 323, contro la Macedonia; nel 279 gli Etoli erano riusciti a contrastare l'invasione dei Galati (contro i quali era morto, combattendo, il re macedone Tolomeo Cerauno) e a impedire loro il saccheggio del santuario di Delfi.

Sorgente invece in Acaia e comprendente parte dell'Arcadia, nel nord del Peloponneso, la Lega Achea, sorse (o, meglio, risorse, dopo che l'Acaia era caduta sotto il controllo di Demetrio Poliorcete), nel 281 circa, quando le quattro poleis dell'Acaia occidentale, Dyme (o Dime), Patre (Patrasso), Tritea e Fare, diedero vita a un'organizzazione federale che inglobò le altre città limitrofe. Nel 245 fu eletto stratego della Lega Achea Arato di Sicione (città peraltro entrata nel koinon, per mano di Arato stesso, nel 251), conquistatore, nel 243, di Corinto e vincitore dei Macedoni che scacciò, oltre che da Corinto, da Argo, Epidauro, Megara, Megalopoli e da altre città arcadiche.

Un anno prima, a Sparta, era salito al trono Europontide il giovane Agide IV che, deciso ad attuare poderose riforme sociali che ampliassero il numero dei cittadini di pieno diritto e attuassero la redistribuzione delle terre per mitigare la condizione dei ceti meno abbienti, era entrato in contrasto con il collega Agiade, l'anziano Leonida II, il quale, alfine soccombendo, era stato costretto, nel 242, all'esilio a Tegea (al suo posto, sul trono Agiade, era salito il suo stesso genero, Cleombroto).

Nel 241 gli Etoli furono sconfitti da Arato, al comando degli Achei, a Pellene. Se in questa battaglia, a supporto degli Etoli, fosse intervenuto anche Agide, re di Sparta, è oggi oggetto di una disputa tra studiosi:[21] l'ipotesi risulta poco credibile per il chiaro appoggio che il giovane re Agide IV aveva dato, nello stesso anno, proprio ad Arato di Sicione in funzione antietolica; lo scontro, tuttavia, tra Etoli da un lato e Spartani e Achei dall'altro, non avvenne, per ordine probabilmente di Arato stesso; Agide se ne tornò a Sparta, ove la situazione, nel frattempo, era precipitata a suo sfavore. L'eforo Agesilao aveva governato con avidità e scorrettezza e, scontenti per le (alla fine non attuate) riforme, gli Spartiati giunsero al punto da richiamare in Sparta Leonida. Pronto alla vendetta, il vecchio re esiliò il genero Cleombroto e giustiziò l'ex collega Agide. L'ambizioso e idealista progetto del giovane re, condannato a morte dalle stesse istituzioni Spartane e da Leonida, suo stesso collega, fu curiosamente raccolto dal figlio di Leonida stesso, Cleomene. Il giovane re (che di Agide aveva sposato la

---
[20] Un'iscrizione ateniese del 367 attesta per la prima volta il *koinon* etolico, *cfr.* Corsaro Gallo 2010, p. 288
[21] Rizzo 1992, p. 361, n. 6; Marasco 1980ᵃ, pp. 153 - 180, *cfr. ivi*, in *Appendice*, III, 1.

vedova), salito al trono nel 235, si propose di perseguire le riforme sociali di Agide, ma si differenziò dal suo predecessore Europontide, sia nell'attuare i propri progetti in modo molto più drastico e violento (senza disdegnare, proscrizioni ed esili), sia nel gestire i rapporti con Arato di Sicione: tanto quanto Agide gli era stato alleato, così Cleomene gli fu acerrimo nemico.

La Lega Etolica e la Lega Achea erano, però, in quegli anni, curiosamente alleate in funzione antimacedone: quando, nel 239, Demetrio II, succeduto ad Antigono Gonata, appoggiò il regno dell'Epiro, sentendosi minacciata nel proprio dominio, la Lega Etolica non si fece scrupoli, infatti, di stipulare un'alleanza con la Lega Achea, dando inizio a quella che fu in seguito chiamata guerra demetriaca, conclusasi solo con la morte di Demetrio, nel 229.

Lo stesso anno, però, la Lega Achea iniziò la guerra con Cleomene: ad Arato di Sicione preoccupava il progetto egemone nel Peloponneso da parte dello Spartano, mentre per quest'ultimo, l'Acheo rappresentava un ostacolo, così Cleomene occupò il tempio di Atena a Belbina.

Mentre in Grecia alleanze poco prima strette si sfaldavano nei vortici dell'avidità umana, un'altra potenza, Roma, poneva le proprie attenzioni all'Illiria, da troppo tempo patria di provenienza di energici pirati: le conseguenze del contatto tra Roma e l'Illiria avrebbero avuto anche ripercussioni sul contrasto, che contemporaneamente si svolgeva in Grecia, tra Macedoni e Achei da un lato e Spartani dall'altro.

Sempre nello stesso anno, il 229 a.C., in seguito alle continue scorrerie dei pirati Illiri a danno dei commercianti italici, Roma mandò un'ambasceria alla regina illirica Teuta, la quale non esitò a far uccidere uno dei delegati, provocando l'immediato intervento di Roma e l'istituzione, in seguito alla cosiddetta prima guerra illirica, del protettorato Romano sull'Illiria. Fu in questa occasione che emerse l'ambiguo Demetrio di Faro, ex collaboratore di Teuta, che ora si proponeva come alleato di Roma venendo così ricompensato con la concessione dell'isola in Dalmazia di Faro.

Nel frattempo, per contrastare l'accresciuta potenza della Sparta di Cleomene (il quale lo aveva sconfitto, nel 226 a Dyme, in Acaia e nel 225 si era impadronito di Argo), Arato non si fece scrupoli di richiamare, nel Peloponneso, addirittura il re macedone, che ora era Antigono Dosone; l'intesa sorta tra i Macedoni e la Lega Achea diede luogo alla Lega di Egion[22], dalla quale restò fuori la Lega Etolica (oltre ad Atene e poche altre città). Arato cedette ad Antigono addirittura, la rocca di Corinto che egli aveva liberato, proprio dai Macedoni, circa vent'anni prima a un così caro prezzo: lo stratego fu così disposto a sacrificare gran parte di quanto aveva conquistato, pur di

---

[22] Sulla Lega di Egion e considerazioni su Arato, si veda Gruen 1972, p. 625; Polibio II, 54, 1; II, 54, 12; IV, 6, 5 – 6.

vedere sconfitto il re di Sparta Cleomene, e sarebbe stato esaudito, con la vittoria del Dosone contro lo Spartano, a Sellasia, nel 222. L'alleanza tra Achei ed Etoli era finita per sempre, così come per sempre era finita la grandezza di Sparta.

Sconfitto, Cleomene ordinò a Sparta di accogliere Antigono quale nuovo sovrano, poi se ne dipartì, in esilio volontario, ad Alessandria d'Egitto. Antigono entrò così a Sparta, che non oppose resistenza, ma fu obbligata a entrare nella Lega di Egion.

Il Dosone morì poco tempo dopo la sua vittoria su Sparta a Sellasia, e nel 221 salì al trono macedone il giovane Filippo V, il quale, assieme ai suoi alleati della Lega di Egion, pose a dura prova le resistenze degli Etoli i quali, nel frattempo, saccheggiavano il Peloponneso.

Mentre nel panorama ellenico si combatteva quella che sarebbe stata chiamata la guerra sociale che oppose Filippo V (del quale Arato era divenuto, nel frattempo, un fidato consigliere) e gli Achei agli Etoli, al suo interno Sparta era divisa tra sostenitori degli Etoli e sostenitori degli Achei: solo due dei cinque efori erano filomacedoni e filoachei, mentre gli altri tre, antimacedoni e antiachei, facevano causa comune con gli Etoli, nella speranza d'esser, grazie a questi, liberati dai Macedoni e dagli Achei; l'orientamento antimacedone, filoetolico e nostalgico di Cleomene, di questi ultimi tre efori, indusse gli Etoli ad avviare trattative segrete con Sparta. Solo per salvare le apparenze, Sparta inviò alla Lega Achea, quando la guerra sociale riprese, pochi fanti e cavalieri mentre in gran segreto, sosteneva gli Etoli.

5. *La prima e la seconda guerra macedonica; Filopemene e Tito Quinzio Flaminio*

Mentre, nel frattempo vittorioso, Filippo V marciava su Sparta, i tre efori filoetolici e antimacedoni, nonché la popolazione che li sosteneva, si organizzarono per opporgli resistenza. L'eforo Adimanto, uno degli altri due efori che, invece, sostenevano i Macedoni e gli Achei, protestò a gran voce, ma non appena terminò di esporre perché, a parer suo, non bisognasse più temere i Macedoni ma, semmai, accoglierli come liberatori, gli avversari gli piombarono addosso e lo trucidarono, massacrando anche altri filoachei e filomacedoni. In seguito a questo fatto di sangue, una delegazione spartana incontrò Filippo a Tegea, offrendo al Macedone un'astuta versione dei fatti, secondo cui era stato Adimanto il colpevole della sommossa, per tutta risposta Filippo risparmiò Sparta (alcuni consiglieri gli avevano addirittura intimato di distruggerla) ma esigette che Sparta rinnovasse il giuramento di fedeltà ai Macedoni.

Era il 219 a.C. Cleomene, che dopo la sconfitta di Sellasia si era rifugiato alla corte del re d'Egitto (prima Tolomeo III, poi Tolomeo IV), si dava la morte ad Alessandria dopo aver fallito il proprio tentativo di liberarsi dall'angusta e opprimente prigionia dorata egizia. Poiché con il re spartano avevano trovato la morte anche i suoi giovanissimi figli, occorreva trovare un nuovo re per Sparta: invano si tentò di ripristinare la diarchia poiché, mentre per la casata degli Agiadi (la stessa di Cleomene) saliva un pronipote di Cleomene stesso (figlio del figlio della di lui sorella) Agesipoli III, sulla casata degli Europontidi s'instaurava, dopo aver corrotto gli efori, il tiranno Licurgo.

Alfine vittorioso sugli Etoli, Filippo V concluse, due anni dopo, il conflitto con la sterile pace di Naupatto del 217.

Due anni dopo, Demetrio di Faro, che otto anni prima da Teuta era passato ai Romani, dopo aver tradito questi ultimi ed esser stato da loro sconfitto nel corso della seconda guerra illirica (l'ex isola di Demetrio, Faro, era ora entrata nell'orbita Romana), si rifugiò presso il nuovo e giovane re macedone, divenendone un fidato consigliere.

Demetrio indusse così Filippo V ad approfittare della difficoltà in cui versava Roma, impegnata nella seconda guerra punica, ad allearsi segretamente con Annibale, il generale Cartaginese che un anno prima, nel 216, aveva inflitto una terribile sconfitta ai Romani, accerchiando il loro esercito con il proprio, pur numericamente inferiore, a Canne.

Filippo acconsentì: si avvicinò ad Annibale poiché le proprie ambizioni sull'Adriatico Meridionale trovavano un ostacolo nel protettorato che, nel frattempo, Roma era riuscita a imporre sulle città greche della costa. Nel frattempo, però, grazie a Fabio Quinto Massimo, Roma occupava Taranto (che nel frattempo era passata dalla parte dei Cartaginesi) e, successivamente, con Marco Claudio Marcello, riconquistava Siracusa, per poi inviare una flotta di 50 quinqueremi nell'Adriatico onde scongiurare il rischio che Filippo il Macedone si congiungesse ad Annibale. Aveva così inizio la prima guerra macedonica.

Sul tramonto della Grecia ellenistica sorgeva la Roma repubblicana, con la quale erano schierati gli Etoli; gli Achei, invece, ora sotto la guida del loro nuovo stratego, Filopemene di Megalopoli, si schierarono dalla parte di Filippo V, contro gli Etoli e contro Roma.

Nel 213, a Egion, nel frattempo si spegneva Arato di Sicione, forse avvelenato proprio da Filippo V, che, se dapprima gli era stato amico, lo aveva alfine tradito, seducendo la moglie del di lui figlio e, poi, secondo Plutarco, togliendolo di mezzo, in quanto ormai scomodo. Arato il giovane sarebbe morto lo stesso anno del padre. Forse, con la morte di Arato e di suo figlio, si chiudeva un'epoca che aveva avuto il proprio fulcro a Sellasia, battaglia nella quale era tuttavia emersa la figura di Filopemene. All'epopea di Arato sarebbe infatti succeduta quella di Filopemene, il quale, a differenza del suo predecessore, non solo sarebbe entrato in Sparta ma l'avrebbe anche annessa alla Lega Achea, pur con tutte le nefaste conseguenze che ne sarebbero sorte[23].

Nel frattempo, la Sparta di Licurgo (il tiranno aveva detronizzato il collega Agesipoli, regnando da solo) continuava ad esser schierata con gli Etoli, con Roma e contro Filippo, contro il quale, tuttavia, Licurgo non ottenne gli aiuti che sperava dai Messeni, e dovette rinunciare allo scontro finale. Costretto a ritirarsi a Sparta, non senza essere entrato in contrasto con gli efori, sparì dalla scena politica, lasciando, come tutore del figlioletto Pelope, un nuovo tiranno, Macanida. Questi riuscì dapprima a sconfiggere, assieme agli Etoli – coi quali aveva rinnovato l'alleanza, Attalo di Pergamo e i Romani, Filippo V, ma, alla fine, perì nella fatale battaglia tra Etoli (che egli sosteneva) e Achei, a Mantinea, nel 207, da Filopemene, stratego della Lega Achea.

Lo stesso anno, il tiranno Nabide conquistò il potere a Sparta; eliminato in breve Pelope, il figlio di Licurgo (che il suo predecessore Macanida aveva, invece, protetto), si distinse per il suo governo autocrate e repressivo, ma partecipò alla pace che Roma concluse alfine, assieme ai suoi alleati Etoli, con gli Achei e Filippo V, nel 205 a Fenice, nell'Epiro, che concludeva la prima guerra macedonica.

Le ostilità risorsero tuttavia ben presto allorché Filippo V si spinse, con le proprie mire, ad insidiare l'Egeo e le coste dell'Asia Minore: il regno di Pergamo e la repubblica di Rodi, alleati contro il re macedone vinsero, al largo di Chio, Filippo V, ma questi ebbe la sua rivalsa, poco dopo, a Lade (tra Samo e Mileto). Ormai alleata della Lega Etolica, Roma comprese la necessità di intervenire in quel conflitto che, ormai, si allargava all'intero mondo ellenistico: Filippo V, dal canto suo, si era, nel frattempo, alleato con il re di Siria Antico III, mentre Pergamo cercava di intessere alleanze con Roma stessa.

Presentandosi come protettrice della Grecia, Roma inviò a Filippo un ultimatum che il Macedone, prontamente, calpestò, così, nel 200, sbarcò ad Apollonia. Aveva così inizio la seconda guerra macedonica. Due anni prima, a Zama, grazie a Scipione l'Africano, Roma aveva alfine vinto su Annibale.

Nel 198 Tito Quinzio Flaminio, nuovo comandante romano, intimò a Filippo la liberazione della Tessaglia, proponendosi così come liberatore della Grecia dalla potenza macedone: quel che aveva fatto ambiguamente Arato (dapprima scacciando e poi richiamando in Grecia i Macedoni) quel che aveva fatto Cleomene (perdendo, contro i Macedoni, a Sellasia), quel che era oggetto di contesa a Sparta (l'alleanza o la guerra coi Macedoni) era ora prerogativa di Roma, anzi, di Quinzio.

Fu in quel mentre che la Lega Achea ruppe con i Macedoni e si alleò con Roma, in cambio, curiosamente, della promessa della cessione di Corinto: una città emblematica, ponte di alleanze e tradimenti tra gli Achei e i Macedoni: dapprima l'Acheo Arato

---

[23] Shimron 1972, p. 102

l'aveva liberata dai Macedoni, poi, per scongiurare l'espansionismo dello spartano Cleomene, l'aveva donata, nuovamente, ai Macedoni stessi. Ora era Roma che prometteva di liberare Corinto dai Macedoni, per restituirla agli Achei, in cambio della loro alleanza.

Nel frattempo il tiranno di Sparta Nabide aveva riconquistato l'intera Laconia e parte della Messenia, ma non era riuscito ad espugnare la roccaforte della Lega Achea, Megalopoli; astuto e ambiguo politico, si era schierato con Filippo V che lo aveva ricompensato concedendogli il protettorato su Argo; ora, scegliendo di passare dalla parte di Roma, convocò Tito Quinzio Flaminio per comunicarglielo. Tito Quinzio impose allora a Nabide di cessare gli attacchi agli Achei e di mandargli rinforzi contro Filippo, condizioni che Nabide, prontamente, accettò. Il tiranno di Sparta suscitò, tuttavia, riprovazione tra gli alleati di Roma (in primis il re Attalo) perché si tenne Argo (che gli era stata ceduta da Filippo allor quando gli era alleato) anche ora che, tradendo Filippo, era passato dalla parte di Roma. Sarebbe stato proprio il possesso di Argo a condurre in rovina Nabide.

Alla fine dello stesso anno, Flaminio rifiutò di proseguire le trattative di pace con Filippo V (che era ormai conscio di non poter vincere i suoi oppositori, forti dell'alleanza di Roma), e proseguì sino all'anno successivo la guerra: nel 197, a Cinocefale, Flaminio ottenne la sua vittoria, annientando l'esercito macedone nella stessa regione che i Macedoni detenevano sin dai tempi di Filippo II e di Alessandro Magno, la Tessaglia.

Filippo fu costretto a soggiacere alle dure condizioni di pace impostegli da Roma, inviandovi pure il proprio figlio Demetrio come ostaggio, e detenne – con disappunto, tuttavia, degli Etoli – solo il regno di Macedonia.

Pressato dagli Achei, che manifestavano il loro malcontento poiché Nabide si teneva Argo, Tito Quinzio Flaminio decise alfine di mandare un ultimatum all'ambiguo alleato affinché cedesse la città, ma questi, com'era prevedibile, si oppose. Tito Quinzio allora assediò Argo, ma Nabide riuscì a mantenere il controllo sulla città e, con estrema crudeltà, massacrò numerosi personaggi eminenti a Sparta, a riprova del proprio potere. Soltanto dopo aver perso il Giteo (l'arsenale navale spartano), il tiranno si arrese a Roma e propose un'offerta di pace, offerta che Tito Quinzio Flaminio, tuttavia, rifiutò, per muovere guerra, nuovamente, contro il nemico e, ora, cercar di togliergli Sparta. Nonostante il favorevole esito della spedizione, né Tito Quinzio né Appio Claudio riuscirono, con le loro truppe, ad entrare in Sparta, che oppose a Roma una strenua resistenza. Tuttavia, ormai piegato, anche se ancora detentor della tirannia sulla sua città, Nabide chiese a Quinzio, ancora una volta, di firmare una tregua: questa volta il Romano accettò e impose al tiranno di consegnargli la flotta, pagare un'indennità e inviare il proprio figlio Armenes come ostaggio a Roma.

Un anno dopo, nel 196, in occasione dei Giochi Istmici, il Romano Flaminio dichiarava la liberazione della Grecia: nella stessa città, Corinto, che era stata oggetto di guerra proprio tra Achei e Macedoni (prima liberata dai Macedoni per opera dell'Acheo Arato di Sicione, poi da questi restituita ai Macedoni in cambio dell'alleanza antispartana, poi offerta dalla Lega Achea ai Romani in cambio dell'alleanza e, ora, infine, sede dell'ufficializzazione della propria liberazione), Roma innalzava lo stendardo della libertà della Grecia, che, dall'altro lato, mostrava la propria egemonia sull'Egeo. Se, da un lato, l'egemonia macedone era tramontata per sempre, dall'altro, quella Romana sorgeva nelle luci della propria alba.

6. *La terza guerra macedonica*

Flaminio aveva celebrato un trionfo di tre giorni, nei quali aveva ostentato il bottino ottenuto nelle campagne di Grecia e, come prigionieri sul carro trionfale, Demetrio e Armenes, figli, rispettivamente, di Filippo V e di Nabide.

L'esercito Romano aveva lasciato la Grecia nel 194, a Roma Scipione l'Africano, il vincitore di Annibale era entrato in contrasto con Tito Quinzio Flaminio, il vincitore di Filippo V: il primo sosteneva che bisognasse lasciare un presidio in Grecia, il secondo sosteneva che, invece, bisognasse mantenere l'impegno preso ai Giochi Istmici.

In Grecia, intanto, gli Etoli erano rimasti profondamente insoddisfatti di quanto ottenuto da Roma, nonostante il loro appoggio, vedendosi anche ridimensionato il loro koinon. Sostenendo – con una certa lucidità – che la Grecia fosse solo passata dal dominio macedone a quello Romano, arrivarono ad invitare Antioco III re di Siria a liberare la Grecia dai Romani.

Nel frattempo, approfittando del nuovo conflitto tra Roma da un lato e gli Etoli con Antioco dall'altro, Nabide tentò di riprendersi il porto del Giteo ma fu sconfitto dallo stratego della Lega Achea, Filopemene, e fu costretto a ritirarsi entro le mura di Sparta, di cui ancora deteneva il potere. In un estremo tentativo di rivincita, si rivolse allora agli Etoli, per ottenere un rinforzo contro la Lega Achea, ma uno di questi, Alassameno, tradì il tiranno e lo assassinò. Sparta era ora libera dalla tirannia, ed era nelle mani degli Etoli: Alassameno non fu tuttavia in grado di detenere il potere né di frenare i suoi uomini, che si diedero alla razzia. In breve entrò in Sparta Filopemene, che costrinse la città ad entrare nella Lega Achea. L'indipendenza di Sparta, passata dalle mani di re a quelle di tiranni, questa volta, era finita per sempre. Era il 192 a.C.

Antioco III di Siria, intanto, accettò l'invito degli Etoli e giunse a Demetriade, in Tessaglia, dove gli aiuti di coloro che lo avevano convocato, tuttavia, si rivelarono esigui e non poterono impedirgli d'esser sconfitto dal console Manlio Acilio Glabrione, nel 191 a.C., alle Termopili.

Chiaramente allarmata per la mossa siriaca, Roma non poté lasciare impunito il pur già sconfitto Antioco: un anno dopo, i fratelli Lucio e Publio Cornelio Scipione, invasero l'Asia Minore via terra col sostegno dell'ora ammansito Filippo V di Macedonia, e via mare assistiti dalle flotte di Pergamo e Rodi: le ripetute vittorie romane, portarono alfine allo scontro finale a Magnesia sul Sipilo, dove l'esercito di Antioco venne distrutto. Nel 188 a.C., ad Apamea, Roma impose alla Siria pesanti condizioni di pace[24].

Lo stesso anno Sparta tentò di ribellarsi alla Lega Achea dal cui stratego Filopemene, quattro anni prima, era stata soggiogata. Lo stesso Filopemene, furioso, represse la ribellione mandando a morte numerosi Spartani, abbattendo le mura della città e abrogando la costituzione del mitologico sovrano Licurgo durata, tra alti e bassi, più di sei secoli.

Cinque anni dopo, nel 183 a.C., anche Messene tentò di ribellarsi alla Lega Achea: Filopemene, allora, si precipitò in città, ma quivi fu catturato dai nemici, condotto in catene in prigione e costretto da Dinocrate, capo della ribellione, a bere il veleno, suicidandosi.

Per vendicare il suo predecessore alla strategia della Lega Achea, Licorta punì duramente Messene, Dinocrate si diede la morte.

Lo stesso anno l'ultimo re di Sparta, Agesipoli III, detronizzato ormai molti anni prima dal tiranno Licurgo, che aveva sempre sostenuto i Romani anche successivamente, nella guerra contro Nabide, lasciò la Grecia per recarsi a Roma, ove, al cospetto del Senato, avrebbe voluto un'udienza. Catturato in mare dai pirati, fu da questi ucciso.

È quasi simbolico che nello stesso anno perirono l'ultimo degli Achei e l'ultimo re di Sparta: simboli di un mondo finito per sempre.

Sempre nel 183 a.C. Annibale si suicidò: il Cartaginese si era rifugiato presso la corte del re di Bitinia e aveva saputo che Tito Quinzio Flaminio sarebbe venuto a prenderlo[25]. Lo stesso anno morì anche il suo vincitore, Scipione l'Africano.

Nonostante Filippo avesse sperato di riottenere una certa egemonia sulle città della costa trace, Roma vanificò immediatamente le speranze del re macedone, forte anche del sostegno di Pergamo, il cui re, Eumene II, era ormai dichiaratamente filoromano.

---

[24] Sulla pace di Apamea *cfr.* Giovannini 1982, pp. 224 – 236
[25] Tito Quinzio Flaminio sarebbe morto nel 174 a.C.

Senza darsi per vinto, Filippo inviò allora il proprio figlio Demetrio, che era stato ostaggio dei Romani, di nuovo a Roma, dove il giovane godeva comunque di buone amicizie. In segreto Filippo prese a ponderare la rivincita; la morte, tuttavia, non gli diede modo di attuarla.

Filippo V morì nel 179 a.C.; sul trono di Macedonia salì suo figlio Perseo, dopo aver prontamente eliminato, concorde il padre, il fratello filoromano Demetrio.[26] Perseo era chiaramente determinato a vincere laddove il padre aveva fallito.

Mentre Roma, in Grecia, accoglieva la proposta di Callicrate, politico della Lega Achea, di privilegiare i gruppi aristocratici a discapito delle classi meno abbienti, proprio Perseo si presentava a queste ultime come un possibile liberatore dall'egemonia romana.

Quando, nel 172, Eumene di Pergamo, si presentò al Senato di Roma, con un elenco di accuse a Perseo per le sue mire espansionistiche: prese così avvio la terza guerra macedonica, nella quale Roma cercò di arrestare la crescente egemonia del nuovo sovrano macedone. Il nuovo re dell'Epiro, Genzio, sostenne Perseo nelle sue iniziali e strabilianti vittorie ma, alla fine, Lucio Emilio Paolo lo sconfisse, distruggendo il suo esercito a Pidna nel 168 a.C. Questa volta, la Macedonia aveva cessato, per sempre, di esistere: divisa in quattro repubbliche Romane, isolate tra loro, fu alfine privata delle proprie miniere d'oro e d'argento. Simile sorte toccò all'Illiria e ai Molossi dell'Epiro.

La Lega Achea, rea di ambiguità, fu costretta a consegnare a Roma mille ostaggi, tra cui il figlio dello stratego Licorta (succeduto nel comando all'amico Filopemene), Polibio.

Coinvolta parzialmente durante la terza guerra macedonica, Sparta divenne curiosamente il fulcro delle ostilità tra Roma e la Lega Achea. Uno spartano assai ambiguo, Menalchida, da stratego della Lega Achea divenne trasversalmente esponente della lotta di Sparta contro i dominatori Achei: contro l'Acheo Diaeo, Menalchida si trascinò in una faida rovinosa nella quale, alla fine, dovette intervenire Roma: toccando con mano quanto ormai, per parte Achea, fosse esploso l'odio contro Sparta e contro Roma, i Romani dichiarano infine guerra agli Achei, coi quali erano già arrivati ai ferri corti per il tiepido sostegno ricevuto durante la terza guerra macedonica, che Roma aveva combattuta e vinta contro il re Perseo.

L'agonia di Sparta e della Grecia intera, tuttavia, non era ancora finita. Mentre l'ultimo anello di congiunzione tra la Lega Achea e Roma, Callicrate, era morto, tentativi di ribellione di un certo Andrisco, che, proponendosi come figlio di Perseo, tentava di riunire e liberare la Macedonia, provocarono quella che venne chiamata la

---

[26] Probabilmente il sentimento filoromano nutrito da Demetrio era dovuto al fatto che fosse stato ostaggio a Roma

quarta guerra macedonica: nel 148 a.C. il pretore Quinto Cecilio Metello eliminò il ribelle macedone e staccò dalla Lega Achea, oltre ad Argo e Corinto, anche Sparta.

Perse le sue più importanti città, la Lega Achea combatté per un ultimo disperato tentativo di sopravvivenza, ma fu sconfitta dal console Lucio Mummio. Corinto, la città simbolo dei rapporti tra l'Ellade e Roma, fu saccheggiata e distrutta: la Macedonia divenne infine provincia romana, tutte le Leghe vennero sciolte. Era il 146 a.C. e questa volta la Grecia come entità consistente di diverse realtà autonome era finita per sempre.[27]

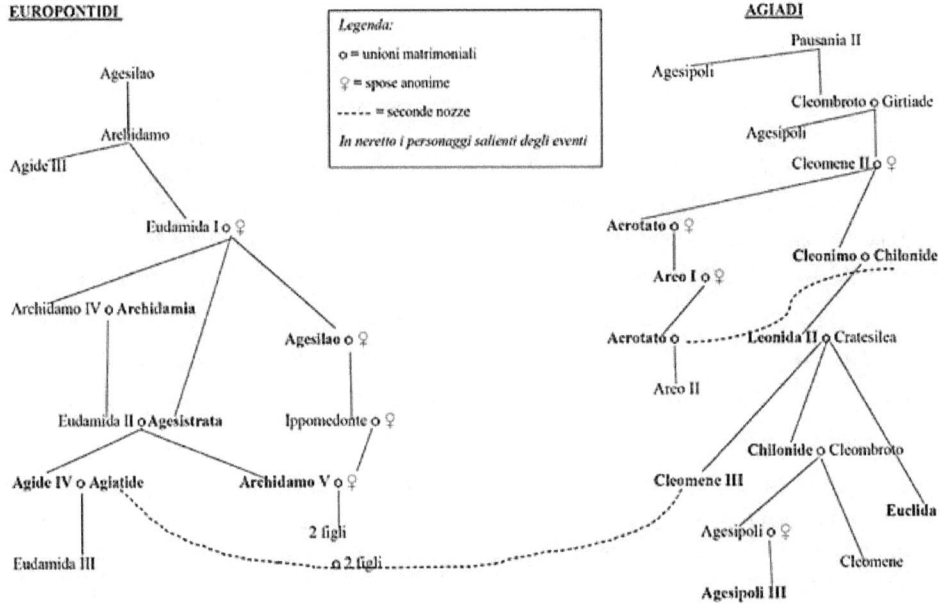

---

[27] Corsaro Gallo 2010, pp. 244 - 245, 247, 255, 278, 280, 290, 298; Geraci Marcone 2011, pp. 85 – 86, 92, 95, 97 – 99, 101 – 103; Musti 1989, pp. 489 ss., 515 ss., 527 ss., 546 ss., 553 ss., 557, 562 ss., 579 ss., 581 ss., 589 ss., 586 ss., 589 ss., 604.

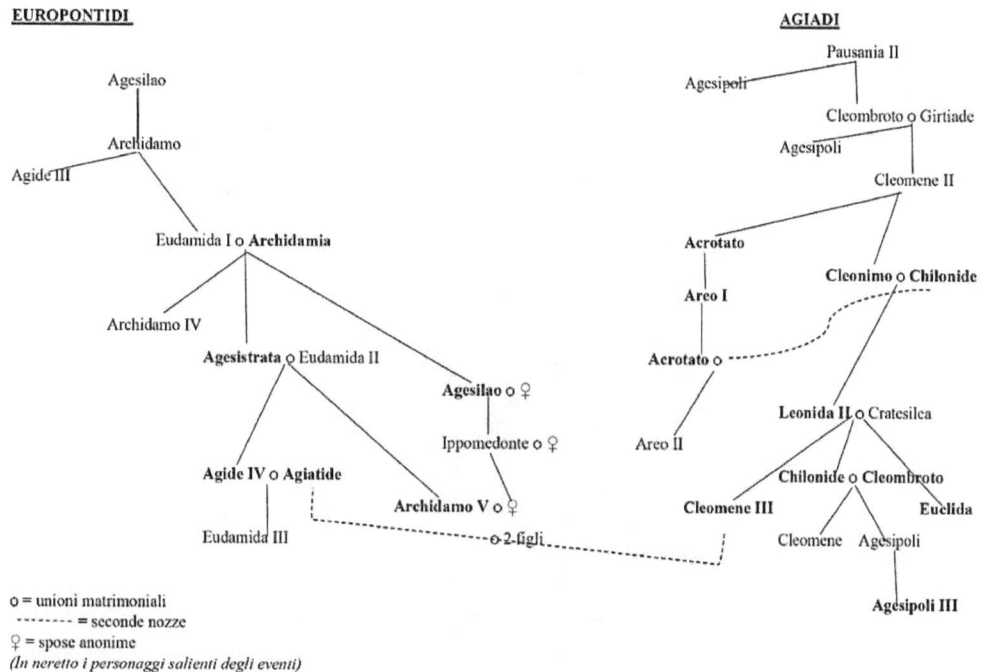

o = unioni matrimoniali
-------- = seconde nozze
♀ = spose anonime
(In neretto i personaggi salienti degli eventi)

In questa pagina: albero genealogico ricostruito tenendo fede a Plutarco. Nella pagina precedente: albero genealogico ricostruito secondo l'interpretazione ad oggi corrente. Vi sono, infatti, due possibilità di ricostruzione genealogica: o si considera Archidamia madre di Agesistrata e nonna materna di Agide IV (come, in effetti, vorrebbe Plutarco in Agide, IV, 1 – 2; XX, 3 – 4) e, quindi, moglie di Eudamida I e madre anche di re Archidamo IV (già morto all'epoca del regno di Agide) e dell'eforo Agesilao (come dimostra l'albero genealogico in questa pagina); oppure (come dimostra invece l'albero genealogico nella pagina precedente) la si considera madre di Eudamida II e quindi nonna paterna di Agide IV, suocera di Agesistrata e moglie di Archidamo IV (e non di Eudamida I). Quest'ultima seconda è quella generalmente ad oggi corrente, ma, a mio avviso, è più plausibile quella che invece dà fede a Plutarco. A tal proposito si veda anche Fantuzzi 2021. (Si riportano entrambe le ricostruzioni, albero genealogico dell'Autore). Di seguito i re Europontidi: Agesilao II 400 (o 398) – 358 (o 361); Archidamo III 360 – 338; Agide III 338 – 331 (o 330); Eudamida I 331 – 330 (oppure 330 – 294); Archidamo IV 330 – 275 (o 294); Eudamida II 275 – 244 (oppure 294 - 244); Agide IV 244 – 241; Eudamida III (regnando solo nominalmente) 241 – 228; Archidamo V 228 (o 227). Di seguito i re Agiadi: Pausania II 408 (?) – 394; Agesipoli I 394 – 380; Cleombroto I 380 – 371; Agesipoli II 371 – 370; Cleomene II 370 – 309; Areo I 309 – 265; Acrotato 265 – 259 (o 262); Areo II 259 (o 262) – 254; Leonida II 254 – 235 (243 – 241 in esilio); Cleombroto II 243 – 241; Cleomene III 235 – 219 (in esilio dal 222) Euclida 227 – 222 (salito al trono nel 227 regnò contemporaneamente al fratello Cleomene); Agesipoli III 219 (muore nel 183); *cfr. ivi.* in *Appendice*, I.

Capitolo Primo – Cleonimo

I. *Cleonimo, Chilonide, Acrotato: un tragico "triangolo" regale*

Poco si sa del re alla cui morte ebbe principio l'inizio della fine di Sparta. Cleomene II, della dinastia degli Agiadi[28] regnò per ben sessantun anni (370 - 309) in un periodo in cui Sparta, esausta, passava in secondo piano nel panorama degli affari greci[29]. Al contrario, molto ci è stato tramandato del suo collega Archidamo III della dinastia degli Europontidi[30], che combatté valorosamente ma perse a Mantinea nel 362 a.C.[31] contro i Tebani di Epaminonda. Cleomene II ebbe due figli, Acrotato e Cleonimo (nato attorno al 335[32]): Diodoro[33] è l'unico a riportare come il primogenito Acrotato, essendo inviso a più Spartani, cercasse un buon motivo per espatriare, così, quando i Sicelioti giunsero in Laconia per cercare un comandante che li guidasse nella lotta contro Agatocle, tiranno di Siracusa[34], egli fu ben soddisfatto di potersi mettere alla loro testa. Partito senza

---

[28] Gli Agiadi discendevano da Pausania, vincitore dei Persiani a Platea, da cui, in ordine genealogico, avevano regnato Plistoanatte, Pausania, Cleombroto (morto a Leuttra contro i Tebani di Epaminonda) il quale aveva due figli: Agesipoli e Cleomene; morto il primo, salì il di lui fratello, col nome di Cleomene II. Pausania I, 13, 4 – 5; Plutarco, *Agide*, III, 2 - 3

[29] Carr 2012, p. 124. Sappiamo che era figlio di re Cleombroto I, e, forse, di Girtiade, (*cfr. ivi* in *Appendice,* IV); che era succeduto al fratello Agesipoli II, morto senza eredi. Sappiamo anche che doveva amare i combattimenti tra i galli, poiché Plutarco testimonia che a coloro che gli promettevano di donargli dei galli capaci di morire combattendo per la vittoria, rispose: «donatemene piuttosto di quelli che siano capaci di uccidere combattendo, poiché sono i migliori.» *cfr. Basileon Apoftegmata kai Strateghon*, 191 E; *Apoftegmata Lakonika*, 224 C *cfr.* Fuhrmann 1988, p. 285, n. 6; p.329, n. 3. Il gallo, inoltre, era l'animale che gli Spartani sacrificavano ad Ares quando sconfiggevano i nemici in campo aperto (mentre quando li sconfiggevano con uno stratagemma, sacrificavano un bue), *cfr.* Plutarco, *Apoftegmata Lakonika*, 238 F

[30] Gli Europontidi discendevano da Agesilao (cui Senofonte aveva dedicato una biografia), da cui, in ordine genealogico, avevano regnato Archidamo, Agide e suo fratello Eudamida, il di lui figlio Archidamo. Plutarco, *Agide*, III.

[31] Carr 2012, p. 124; Montagu 2012, p. 42

[32] Marasco 1994, p. 387 n. 88

[33] Diodoro XIX, 70 - 71

[34] L'isola era infatti governata, con un compromesso, sia dall'oligarca Sosistrato (per quanto concerneva l'amministrazione interna della città) sia da Agatocle (che teneva in pugno i presidi extra siracusani) *cfr.* Musti 1989, p. 553; 576 n.67 e su Sosistrato, *cfr.* Bizière 1975, p. 99 n.3. sulle efferatezze di Agatocle, *cfr.* Diodoro XIX, 6 – 9, 65, 70. Del tiranno Agatocle, contro il quale partì per combattere Acrotato, Plutarco in *Basileon Apoftegmata kai Strateghon*, 176 F racconta che, in quanto figlio di un vasaio, avesse l'abitudine di mostrare ai giovani coppe d'argilla dicendo loro che ora ne faceva di nuove, grazie agli sforzi e al coraggio. Inoltre, mentre assediava una città, un tale lo canzonò, chiedendogli: «dove troverai i soldi per pagare i tuoi soldati, vasaio?» ed egli rispose «lo vedrai quando avrò preso la tua città.» indi, preso a forza colui che lo aveva apostrofato, gli mostrò come vendesse i prigionieri appena catturati. Poi,

l'approvazione degli efori[35], Acrotato salpò per Agrigento ma sbarcò ad Apollonia, dove trovò la città assediata da Glaucia, re degli Illiri; convinto il re a stipulare un trattato con gli abitanti di Apollonia, conquistò Taranto, dove chiese al popolo di aiutarlo a liberare i Siracusani da Agatocle, ottenute da questo venti navi, ricevette la strategia di Agrigento. Benché avesse riempito i cuori dei Siracusani di speranze, Acrotato si mostrò crudele e sanguinario, scontentando i Sicelioti con le sue efferatezze ed il suo lusso, tant'è che essi presero a domandarsi se avessero chiamato un Persiano, piuttosto che uno Spartano[36]. Invitato a cena Sosistrato, un illustre esule di Siracusa, che si era rifugiato ad Agrigento, e che, assieme a Eraclide, aveva comandato l'armata di Antandro, fratello di Agatocle (non senza essersi macchiato di sacrilegi[37]), lo fece uccidere, per il solo pretesto che questi avesse tenuto d'occhio le sue azioni malvagie. Il fatto di sangue sollevò non poche proteste da parte dell'aristocrazia Siceliota, nonché da parte degli stessi che lo avevano chiamato. In rotta con gli alleati Sicelioti, Acrotato dovette così rientrare segretamente in patria, ove, misteriosamente, morì[38] anzi tempo prima del padre Cleomene, ma lasciò un figlio: Areo.

Morto Cleomene, il regno non passò al suo unico figlio rimasto: il secondogenito Cleonimo, racconta Plutarco[39], se pur «di stirpe regale, era considerato violento e dispotico, non ispirava né simpatia né fiducia» così, giudicato dalla gerusia inadatto, fu

---

rivolto agli stanti disse «se mi vi prenderete gioco di me, sarà coi vostri padroni che regolerò i miei conti.» infine, agli abitanti di Itaca, che lo rimproverarono di non aver tenuto a bada i soldati, che avevano rapito loro dei capi da bestiame, egli rispose «il vostro re, quando venne da noi, non si accontentò di portare via le greggi, ma accecò anche il pastore» con chiara allusione all'episodio omerico di Polifemo Omero, *Odissea*, IX, 375 ss.

[35] Marasco 1980, pp. 23 -24 e p.23 n.5 nota come la spedizione di Acrotato fosse un'iniziativa personale del principe spartano, poiché Sparta non ne fu direttamente coinvolta. Marasco riporta come Manni 1966 noti che un interesse di Sparta per la Sicilia in quel tempo non fosse plausibile: la stessa opposizione degli efori alla partenza del principe dimostra come questi ritenessero inopportuno l'allontanare uomini validi da Sparta in un periodo in cui la situazione politica del Peloponneso era piuttosto preoccupante.

[36] E sì che, come riporta Plutarco in *Apoftegmata Lakonika,* 216 E, Acrotato si sarebbe opposto a un'azione disonesta (non specificata) propostagli dai genitori: il senso della giustizia che tanto aveva da bambino dovette poi scemare, divenuto adulto; Zanetto 1996, p. 74; sul fatto che sia riferito al primo Acrotato, *cfr.* Fuhrmann 1988, p. 321, n. 5; Zanetto 1996, p. 183, n. 79

[37] Diodoro XIX 3, 3; Bizière 1975, p. 99 n.3

[38] O, forse, morì a Creta. Pausania VIII, 27 è l'unica fonte a scrivere che, invece, morì a Megalopoli, combattendo contro il tiranno Aristodemo ma io penso che Pausania abbia fatto confusione con un altro Acrotato, nipote di questi, il quale morì realmente a Megalopoli, *cfr. ivi,* in *Appendice,* IV, 1.

[39] Plutarco, *Pirro,* XXVI, 16 ss.

detronizzato e il trono Agiade fu affidato invece al di lui giovane nipote, Areo[40]. Per dissuaderlo dal divenire nemico di Sparta, gli efori blandirono Cleonimo ponendolo a capo dell'esercito[41], mentre Areo saliva al trono degli Agiadi col nome di Areo I.

Detronizzato[42], Cleonimo, cercò allora fortuna in Italia (senza però trovarvela)[43]: posto a capo di una spedizione per portare aiuto a Taranto, impegnata a combattere contro Lucani e Romani, partì dopo aver arruolato cinquemila mercenari a Capo Tenaro;[44] giunto a Taranto, arruolò altri cinquemila mercenari, ventimila fanti e duemila cavalieri tarentini, riuscendo a trarre dalla sua parte la maggior parte dei Greci d'Italia e le tribù dei Messapi[45] (questa prima impresa dovette fruttare a Cleonimo un discreto successo, poiché i Lucani conclusero la pace con Taranto). Cleonimo promise poi ai Lucani di invadere il territorio dei Metapontini, per punire questi ultimi del mancato aiuto in guerra, e, quando gli abitanti si rivolsero a lui per aiuti, si introdusse nella città e pretese una somma di 600 talenti e dodici nobili fanciulle per la propria libidine[46]. Come Acrotato prima di lui, in Italia Cleonimo agì con lucro e crudeltà (secondo Diodoro[47] progettò di seguire le orme del fratello nell'attaccare Agatocle di Siracusa, ma non lo fece mai), assediò Corcira e vi insediò una guarnigione; rifiutato un accordo con gli ambasciatori di Demetrio Poliorcete e Cassandro, tornò a Taranto per sedare la ribellione degli abitanti della città contro di lui, dove però, nella battaglia perse duecento uomini e, in una tempesta, venti navi[48]. Come racconta Livio[49], assalì poi la città di Turi, nel Salento, ma fu sconfitto dal console romano Emilio; quindi circumnavigò Brindisi, si spinse nell'Adriatico, e, tenendosi lontano dalla costa Illirica (brulicante di pirati), raggiunse il Veneto. Qui gli fu riferito che vi era davanti una sottile striscia di terra,

---

[40] Diodoro XX, 29 ss. è l'unico a non riportare la controversia sorta al momento dell'elezione al soglio Agiade di Areo: lo storico riporta che il giovane fu semplicemente eletto re. A riguardo si veda la controversia trattata *ivi*, in *Appendice*, IV, 2 - 3

[41] Pausania, III, 6, 3

[42] Pausania, III, 6, 4-6. Sull'esclusione al trono da parte di Cleonimo, sorge una controversia: Marasco 1980 non crede che Cleonimo fu escluso, poiché, semplicemente, non avrebbe potuto vantare pretese al trono, in quanto fratello e non figlio del defunto re e, a riprova di ciò, riporta l'unica fonte che non riporta la controversia per la successione al trono tra Acrotato e Cleonimo, ovvero Diodoro XX, 29 ss. *cfr. ivi* in *Appendice*, IV, 2 - 3

[43] Trogo, *Prologhi*, XV

[44] Diodoro XX, 104, 2. Sulla scarsa partecipazione di Sparta alla spedizione di Cleonimo sono state avanzate due ipotesi binarie: Sparta provava ostilità nei confronti del detronizzato, oppure, semplicemente, non intraprese imprese pubbliche per le ristrettezze in cui versava? Marasco 1980, pp. 39 – 40 propende per quest'ultima spiegazione.

[45] Diodoro XX, 104, 2 *cfr.* Marasco 1980, p. 41

[46] Diodoro XX, 104, 3 la stessa fonte ricorre in un frammento di Duride di Samo (FGrHist 76 F 18 = Athen. XIII 605 d-c); *cfr.* Marasco 1980, p. 41, m. 37.

[47] Diodoro XX, 104, 4

[48] Diodoro XX, 105

[49] Livio, X, 2, 1 - 14

superata la quale si trovavano delle lagune in cui penetrava l'acqua del mare e non lontano si scorgeva una campagna pianeggiante, più oltre, apparivano dei colli, infine, più avanti ancora, v'era la foce di un fiume molto profondo, dove le navi potevano essere tratte ad un ancoraggio sicuro (quel fiume era il Brenta[50]). Cleonimo ordinò di risalirlo e sbarcò «in una regione popolosa, abitata da tre tribù marittime di Patavini»: gli Spartani sbarcarono, espugnarono i villaggi, incendiarono le case, catturarono uomini e bestiame e si allontanarono. Immediatamente a Padova si propagò l'allarme: gli abitanti, preparati a combattere per le frequenti incursioni dei Galli, divisero le loro forze armate in due parti, l'una indirizzata contro i saccheggiatori, l'altra contro le navi che erano rimaste a presidio: combattendo abilmente sia sulla terraferma che sul Brenta, i Patavini sconfissero gli Spartani poi, informati dai loro prigionieri dove fosse Cleonimo, lo inseguirono sino alla foce del fiume, incendiando anche alcune navi spartane, sino a metterlo in fuga in alto mare. i rostri delle navi degli Spartani furono custoditi come trofeo dai Patavini nel tempio di Giunone. «Cleonimo si allontanò con solo un quinto della flotta intatto, senza aver incontrato fortuna in alcuna parte del mar adriatico».

Nel frattempo, in Grecia, il Poliorcete, dopo la morte di Cassandro (padre di Alessandro, all'epoca re di Macedonia), volse le sue mire a Sparta[51]. Fu nella battaglia di Mantinea, racconta Plutarco[52], che il re di Sparta Europontide, Archidamo IV, fu sconfitto, mentre, inseguito, rimase vittima di uno stratagemma operato dal Macedone, il quale incendiò un'intera foresta cosicché il vento di Borea sospingesse le fiamme, mettendoli in fuga[53]. Vincitore anche con l'inganno, Demetrio si portò sino alle mura di Sparta, ma desistette da assalirla, poiché costretto a intervenire nelle vicende di Macedonia per assicurarsi il trono di Macedonia (Alessandro, infatti, era morto, forse ucciso su mandato dello stesso Poliorcete). Sparta scampò così all'assedio, e fu fortificata con palizzate (ben presto un altro, ben più grave assedio, avrebbe attentato alla libertà della città più importante della Laconia). Durante la sua ritirata dalla Laconia, Demetrio attaccò la Beozia, in supporto della quale giunse Cleonimo, che era tornato, sconfitto, dall'Italia. Tuttavia, anche in questa missione, Demetrio Poliorcete prevalse e prese Tebe mentre Cleonimo, sopraffatto dal Macedone, si diede alla fuga[54]. Nel frattempo, il giovane re Areo aveva generato, con una donna di cui non è noto il nome, un erede, Acrotato[55]. Saputo che i re Tolomeo Cerauno, Antioco e Antigono erano in

---

[50] Chiamato da Livio «*Meduacus*»
[51] Pausania I, 13, 6
[52] Plutarco, *Demetrio*, XXXV, 1
[53] Polieno, *Strategemata* IV, 7, 9; Bradford ipotizza che Archidamo cadde in battaglia, ma non è certo *cfr.* Marasco 1980, p. 50.
[54] Plutarco, *Demetrio*, XXXIX
[55] in *Apoftegmata Lakonika,* 217 F, Plutarco riporta come Areo, ad alcuni che lodavano le proprie mogli, rispose: «Per gli dei! Una donna per bene non deve mai essere nominata! Anzi, nessuno

lotta tra loro, postosi a capo di una lega peloponnesiaca per riconquistare l'egemonia spartana nel Peloponneso,[56] Areo pensò di attaccare gli antichi nemici Etoli, e, messosi a capo di un esercito, passò in Focide, devastandola, forse per impedire che gli Etoli portassero aiuto ai Macedoni[57]. Attaccati da cinquecento pastori locali, gli Spartiati furono però uccisi in novemila, anche se, grazie all'azione del giovane re, la Beozia, Megara, parte delle città dell'Arcadia e, forse, la stessa Argo, riuscirono a liberarsi dal dominio macedone[58], tuttavia da lì a poco il sogno di Areo di rivalsa sugli storici nemici Etoli sarebbe tramontato per sempre. Intanto il Cerauno saliva al trono di Macedonia: sarebbe morto pochi anni dopo in battaglia, nel 279 a.C., combattendo contro l'invasione dei Galati in Macedonia. Sconfitta in Focide dagli Etoli, Sparta, che era in guerra ora coi Messeni, si rifiutò di concludere con questi una tregua, impedendo loro, di fatto, di intervenire contro i Galati. Nel frattempo, colui che sarebbe salito al trono di Macedonia, Antigono Gonata, deteneva Trezene che Cleonimo, racconta Polieno[59] cercava, invece, di liberare. Riuscitovi, la saccheggiò e vi lasciò una guarnigione[60]. Cleonimo fu poi inviato da Sparta a Creta, affinché riappacificasse le città di Polirrenia e Falsarna, tra loro rivali.[61]

Ormai maturo, Cleonimo aveva sposato Chilonide, una donna presumibilmente molto più giovane di lui, «bella e di sangue reale» della casata degli Europontidi (l'altra dinastia regnante su Sparta, come indica il nome del di lei padre, Leotichida) che gli aveva dato un figlio, a cui era stato dato lo stesso nome dell'eroico sovrano delle Termopili, Leonida.
La giovane disprezzava il marito, che invece l'amava violentemente[62] e, in breve, intrecciò una relazione adultera con il bel Acrotato, figlio del re Areo I. Rancoroso, per il fatto che fosse il nipote Areo a regnare al posto suo e per il fatto che il figlio di questi gli avesse sedotto la moglie, Cleonimo si sdegnò terribilmente con la sua città a tal punto

---

deve sapere che tipo è, ad eccezione dei suoi familiari». Curiosamente, non ci è, infatti, giunto il nome della sposa di Areo, madre di Acrotato. Tuttavia un *Apoftegmata* similare è tuttavia riportato anche per Euboida, 220 C – D, *cfr.* Fuhrmann 1988, p. 322, n. 7; p. 326, n. 1

[56] Giustino XXIV, 1, 1 – 8 *cfr.* Marasco 1980, p. 64

[57] Marasco 1980, p. 70

[58] Marasco 1980, p. 66

[59] Polieno, *Strategemata,* II, 29, 1; III, 6, 7

[60] Il caso di Trezene, scrive Marasco 1980, pp. 82 ss., costituisce l'unico scontro diretto di Sparta col Gonata. Per alcuni studiosi, dopo la presa della città da parte di Cleonimo, Sparta avrebbe stipulato, nel 276, un'alleanza con Antigono. L'ipotesi non appare convincente a Marasco.

[61] Un'epigrafe attesta la riuscita di Cleonimo nell'azione diplomatica, Inscr. Cret, II, xi, n° 1 = Schmitt, St., n° 471, *cfr,* Marasco 1980, p. 84

[62] Partenio, *Narrationes amorum* XXIII *Chilonis,* 3

che se ne dipartì[63] e decise di recarsi da Pirro, re dell'Epiro che si professava discendente di Achille, e di invitarlo ad assalire Sparta.

Dal canto suo, Pirro ribolliva ancora della cocente umiliazione subita da parte dei Romani che lo avevano sconfitto, e dei sei anni persi nella vana conquista dell'Italia e della Sicilia. Pur sconfitto, conservava ancora intatto il suo coraggio[64] se pur non gli fosse propria la perseveranza: anziché consolidare il dominio delle recenti conquiste, forse per avidità, preferiva conquistarne di nuove. Così, in cerca di un bottino per mantenere l'esercito, attaccò il regno macedone di Antigono Gonata, contro il quale serbava un certo rancore per un netto rifiuto ad antiche richieste di supporto militare nella sua campagna d'Italia contro i Romani[65]. Razziata la Macedonia, ottenuto l'agognato bottino, Pirro conquistò anche diverse città e ottenne che duemila soldati di Antigono passassero dalla sua parte: indi, assalito Antigono in una gola[66], distrusse tutto il suo esercito, consacrò parte del bottino al tempio di Atena Itonide, nell'Acaia, e conquistò le città, tra cui Ege, (l'attuale Edessa).

Non sappiamo se Cleonimo partecipò, a fianco di Pirro, a tutta la campagna contro Antigono, certo è che lo Spartiata aveva in comune, con Pirro, il nemico: anch'egli era avverso ai Macedoni e aveva combattuto – perdendo - contro il loro precedente re, Demetrio (padre dell'attuale re Antigono) in aiuto dei Beoti[67] (anche se poi questi, abbandonati da Cleonimo, spaventato, si erano arresi a Demetrio). Non sappiamo nemmeno se Leonida, il figlio che Cleonimo aveva avuto da Chilonide fosse già abbastanza grande da seguire il padre e combattere a suo fianco, ma possiamo presumere di sì ed immaginarcelo pronto ad assediare la città che gli aveva detronizzato e tradito il padre, per vendicarlo e porlo come re[68].

Cleonimo giunse quindi al cospetto di Pirro in tempo per partecipare alla presa di Ege[69]: all'antica città, in cui erano sepolti i sovrani macedoni, toccò il destino

---

[63] È più plausibile, nota Marasco, che Cleonimo scelse in prima di persona di allontanarsi dalla città che lo aveva sdegnato, piuttosto che esserne esiliato come, invece, testimonia Pausania I, 13, 5; III, 6, 3 e come sostengono Dorysen e Niccolini, *cfr.* Marasco 1980, p. 93, n. 3: secondo costoro Cleonimo avrebbe invece voluto rovesciare l'oligarchia capeggiata da Areo e, perdendo nell'impresa, sarebbe stato esiliato. Nessuna condanna ufficiale all'esilio di Cleonimo ci è pervenuta, *cfr.* Marasco 1980, p. 98, n. 22; *cfr.* ivi in *Appendice,* IV, 3.
[64] Plutarco, *Pirro,* XXVI, 1
[65] Pausania, I, 13, 1 – 1; Giustino, XXV, 3, 1 – 3; Polieno, *Strategemata,* VI, 6,1 *cfr.* Marasco 1994, pp. 382 – 383 n. 80
[66] Probabilmente nei pressi dell'Aoo, presso Antigonia; Marasco 1994, p. 383 n. 81
[67] Plutarco, *Demetrio,* XXXIX, 2, 3.
[68] *cfr. ivi.* in *Appendice,* IV, 4.
[69] Marasco 1994, p. 386 n. 87 *cfr.* Polieno *Strategemata,* II, 29, 2; siamo nel 274 a.C. circa, *cfr.* Marasco 1980, p. 101

peggiore. I soldati Galati[70] saccheggiarono i tesori delle tombe e dispersero le ossa dei sepolti, Pirro perdonò la profanazione ai suoi soldati perché probabilmente necessitava di loro nelle successive guerre[71], ma i Macedoni non dimenticarono l'oltraggio subito. In un certo senso fu Cleonimo a far desistere Pirro dall'assoggettare tutta la Macedonia, sebbene poco gli mancasse, inducendolo ad intervenire nel Peloponneso e assediare Sparta[72].

Con la brama di conquista che gli era propria, Pirro accettò la proposta degli ambasciatori di Cleonimo, incontrati a Megalopoli, di assediare Sparta, rendendo tuttavia palese che non mirava a conquistare Sparta per Cleonimo, bensì il Peloponneso per sé[73]. Pirro si mosse e inaspettatamente saccheggiò così anche la Laconia, portandovi la guerra e, rispondendo agli ambasciatori che protestavano per l'inaspettato attacco, l'Epirota disse: «neanche voi Spartiati dite in anticipo ad altri ciò che state per fare[74]». Dercilida, membro della gerusia e ambasciatore, chiese allora quali condizioni proponesse Pirro e questi rispose che gli Spartani avrebbero dovuto riprendersi il loro re Cleonimo, oppure si sarebbero accorti di non essere affatto più valorosi degli altri.

Dercilida[75] rispose: «se sei un dio non abbiamo nulla da temere, poiché non facciamo alcun male, se invece sei un uomo, vi sarà un altro più forte di te.»

Minimamente scalfito dal profetico ammonimento, approfittando che il re Agiade, Areo I, si trovasse in quel momento a Creta (dopo la dipartita di Cleonimo, aveva continuato in prima persona la mediazione tra le città di Creta e, in quel tempo, portava supporto agli abitanti di Gortina impegnati in una guerra), Pirro mosse contro Sparta, credendola priva di difensori. Vi giunse di notte ma, contrariamente al consiglio di Cleonimo, non l'assalì subito, volendo invece attendere che sorgesse il sole.

---

[70] Dopo l'invasione del 279 in cui era morto Tolomeo Cerauno, i Galati erano confluiti nelle fila degli eserciti ellenistici (per esempio, sia di Pirro che di Antigono) Marasco 1994, p. 382 n. 79
[71] Diodoro, XXII, 12 *cfr.* Marasco 1994, p. 386 n. 87
[72] Pausania, I, 13, 4
[73] Plutarco, *Pirro,* XXVI, 21
[74] Plutarco, *Pirro,* XXVI, 22
[75] Plutarco, *Apoftegmata laconica,* 219 F; Stobeo, III, 7,6,1; in *Pirro,* XXXVI lo stesso detto è attribuito a Mandroclida. Commenta Zanetto 1996, p. 189 che è probabile che Plutarco abbia quivi fatto confusione con il famoso generale Dercilida, che agì nella guerra fra Sparta e la persia nel 400 – 395.

II.   *Archidamia, l'eroica Spartana*

In una sola notte Sparta si trovò assediata, tradita e divisa. I (pochi) sostenitori di Cleonimo e gli iloti addobbarono la casa di Cleonimo pronti a ricevere Pirro a pranzo quando, l'indomani, sarebbe entrato vittorioso; la gerusia, invece, attonita e demoralizzata, pensava di mettere in salvo almeno le donne e i bambini, mandandoli nottetempo a Creta, ma a questa decisione si oppose una donna. Era costei Archidamia[76], vedova del defunto re Europontide Eudamida I, madre del defunto re Archidamo IV, dei figli ancor vivi Agesilao e Agesistrata e suocera dell'attuale re Europontide Eudamida II[77]: entrata nel consiglio degli anziani sguainando una spada, li esortò a gran voce a non arrendersi, rimproverandoli, a nome delle donne di Sparta, perché volevano che esse sopravvivessero alla distruzione della loro città. Archidamia fu ascoltata e tutta la popolazione di Sparta si mobilitò contro Pirro: anziani, donne e fanciulle scavarono un fossato[78], nel quale furono impiantati carri che avrebbero ostacolato gli elefanti di Pirro. Le donne in particolare – le sposate indossando il mantello, le nubili indossando la tunica corta - lasciando che gli anziani riposassero, scavarono da sole un fossato «largo sei cubiti, profondo quattro e lungo otto pletri.[79]»

Al sorgere del sole l'esercito di Pirro si mosse: le donne porsero allora le armi ai giovani dicendo loro che dolce sarebbe stato vincere difendendo la patria, dolce morire tra le braccia di madri e di mogli[80]. Tra i giovani combattenti vi era anche il principe Acrotato: lo possiamo immaginare salutare, senza saper se dirle addio o sperare, l'amante Chilonide, prima di armarsi. Chilonide lo guardò andare, poi si ritirò in disparte

---

[76] Plutarco, *Pirro*, XXVII, 2; Polieno, *Strategemata*, VIII, 49, chiama la donna Archidamida, figlia del non altrimenti noto re Cleada; la ritroveremo soprattutto in *Agide*, IV,1 e XX, 3.

[77] Re Archidamo IV era morto probabilmente nel 275 a.C., ovvero tre anni prima i fatti or narrati, dopo aver perso a Mantinea contro Demetrio Poliorcete; Pausania I, 13, 6, Plutarco, *Demetrio*, XXXV, 1; Carr 2012, p. 138. Gli era succeduto il figlio Eudamida II del quale (a differenza di sua madre o suocera, a seconda delle diverse ricostruzioni, Archidamia) non ci è dato sapere cosa fece né dove fosse durante l'assedio di Sparta da parte di Pirro. Seguendo Plutarco, *Agide*, XX, 4, Archidamia figura, in effetti, come madre di Agesistrata, quindi suocera di re Eudamida II e quindi nonna materna di Agide IV. Esiste tuttavia anche un'altra versione della genealogia secondo cui Archidamia fosse invece moglie di Archidamo IV, madre di Eudamida II e quindi suocera di Agesistrata. Se Archidamia fosse moglie di Archidamo, si potrebbe allora presumere che talvolta le mogli dei re Europontidi assumessero il nome, femminilizzato, del marito, come per Agiatide moglie di Agide (*cfr. ivi.* in *Cap.* II, *Par.* II ss.). Sulla questione se Archidamia fosse moglie di Eudamida I o di Archidamo IV, si veda l'albero genealogico e Fantuzzi 2021.

[78] Sparta era già stata fortificata nel 294 all'epoca dell'attacco di Demetrio, Pausania, I, 13, 6; VII, 8, 5; *Cfr.* Marasco 1994, p. 388 n. 95

[79] Ovvero largo 2,70 m, profondo 1,80 m e lungo 240 m *cfr.* Marasco 1994, p. 389 n. 97

[80] Plutarco, *Pirro,* XXVII, 5, ss.

e si mise un cappio al collo: se Cleonimo fosse entrato a Sparta, al seguito di Pirro vincitore, ella, piuttosto che ritornare sua, si sarebbe impiccata[81].

III. *Il giorno più lungo di Sparta*

Gli Spartiati serrarono gli scudi, Pirro attaccò coi suoi opliti, ma con essi non riuscì a superare il fossato; il figlio di Pirro, Tolomeo, con Galati e Caoni, cercò allora di aggirarlo e passare sopra i carri ma nemmeno egli non vi riuscì, perciò il giovane epirota ordinò ai forzuti Galati di alzare i carri e liberare il passaggio: lo spartano Acrotato, accortosi del pericolo, aggirò subitaneo Tolomeo, attaccandone la retroguardia, con trecento Spartiati: i soldati del principe epirota si trovarono, quindi, costretti a voltarsi e a combattere contro gli Spartiati di Acrotato, non riuscendo, così, ad entrare a Sparta. Si combatté fino a notte fonda e all'alba del giorno seguente la battaglia riprese: gli uomini guerreggiavano con ardore, le donne porgevano loro cibo, proiettili e medicavano i feriti. Ad un tratto gli Spartani videro Pirro attraversare il fossato e lanciarono un grido: l'assediante attaccava chi aveva davanti e stava per entrare a Sparta, quando una freccia cretese ferì il suo cavallo. L'epirota fu scagliato su un pendio e gli Spartani, rinvigoriti dalla buona sorte, respinsero, ancora una volta, gli invasori. Giunse poi, in loro aiuto da Corinto, il focese Aminia, un generale di Antigono (forse per vendicare la distruzione, da parte dei Galati di Pirro, di Ege): questa inaspettata alleanza tra Macedoni e Spartani, dovuta alla necessità di respingere comunemente Pirro, contribuì non poco alla vittoria spartana.[82] Poco dopo pervennero duemila soldati: erano comandati da re Areo, tornato da Creta giusto in tempo per difendere la sua città[83]. Al tramonto del secondo giorno, anche grazie agli alleati Messeni e Argivi[84], Pirro fu finalmente respinto. Nella sua ritirata devastò la Laconia, Cleonimo, probabilmente, era con lui, Pausania, infatti, afferma che distrusse la città di Zaraco[85]. Pirro avrebbe voluto passarvi l'inverno, ma dovette recarsi ad Argo che il democratico argivo Aristea, in lotta con il filomacedone Aristippo, gli offriva di conquistare. Bramoso di conquista, Pirro lasciò la Laconia, dove

---

[81] Plutarco, *Pirro,* XXVII, 10. Dalla narrazione Plutarchea si evince come Leonida, figlio che Chilonide aveva dato a Cleonimo, non fosse con lei. Forse era proprio a fianco del padre, tra gli attaccanti di Sparta, *cfr.* in *Appendice,* IV, 4.
[82] Nessuna fonte, tuttavia, testimonia una conseguente pace stipulata tra Sparta e la Macedonia, *cfr.* Marasco 1980, p. 99, né Cleonimo rappresentava, come alcuni potevano supporre, un baluardo antimacedone, scomparso il quale Sparta si sarebbe avvicinata alla Macedonia. Questa tesi no è plausibile. *cfr.* Marasco 1980, p. 100
[83] Plutarco, *Pirro,* XXIX, 11
[84] Pausania, I, 13, 6
[85] Pausania III, 24, 1; *cfr.* Marasco 1980, pp. 112 ss.

tuttavia gli Spartani, appostati sotto la guida del re Areo sui passi più difficili, attaccavano e uccidevano i suoi Galati e i suoi Molossi[86]. Lo stesso Tolomeo, figlio di Pirro, fu inviato dal padre nella retroguardia, ma cadde in combattimento, ucciso, coi suoi uomini, dai soldati scelti di Sparta. Staccatisi dal loro esercito, questi ultimi, tuttavia, si trovarono accerchiati dai Molossi di Pirro che li trucidarono. Quella di voler uccidere Tolomeo era stata un'ambizione che Sparta aveva pagato a caro prezzo.[87] Ad Argo, Pirro trovò la morte, per mano di una vecchia: costei assisteva alla battaglia dall'alto del tetto della propria casa e vide il proprio figlio combattere corpo a corpo contro il sovrano: per difenderlo, scagliò una tegola sulla testa di Pirro, il quale cadde da cavallo[88] e fu decapitato da un tremante soldato di Antigono di nome Zofiro[89].

IV. *Chilonide e Acrotato, da romanzo a tragedia*

Sparta si era salvata dall'assedio di Pirro grazie al proprio valore, all'esortazione di Archidamia e al coraggio di Acrotato: quando costui, dopo aver tenuto impegnato l'esercito dell'epirota Tolomeo impedendogli di penetrare in Sparta, aveva attraversato di nuovo la città per tornare al suo posto, «coperto di sangue e fiero per l'esaltazione della vittoria» era parso «essere diventato più grande e più bello agli occhi delle spartane, che invidiavano a Chilonide il suo amore». Alcuni anziani lo avevano seguito gridandogli: «Va', Acrotato, unisciti a Chilonide: pensa solo a dare a Sparta dei figli valorosi![90]»

Dopo la morte di Pirro e la vittoria di Sparta sui suoi assedianti, gli eventi parvero assumere una veste nuova e definitiva. Il traditore Cleonimo, che aveva fallito nel muovere contro la sua stessa città, se ne andò presumibilmente in esilio, forse seguì Pirro, comunque, uscì di scena;[91] suo figlio Leonida, che secondo una leggenda gli aveva

---

[86] Plutarco, *Pirro,* XXX, 4 ss.
[87] Plutarco, *Pirro,* XXX, 11
[88] Pausania I, 13, 8; Plutarco, *Pirro,* XXXIV, 1. Pausania riporta anche la versione secondo cui la vecchia fosse la dea Demetra sotto mentite spoglie: Pirro sarebbe morto così per mano divina, come i suoi antenati mitici, Achille e il figlio di questi, Pirro.
[89] Plutarco, *Pirro,* XXXIV, 1. Sulla morte di Pirro non tutte le versioni concordano: per Giustino XXV 3- 5 Pirro sarebbe caduto sotto le mura di Argo, per Pausania I 13, 6 ss. nelle strade della città; Strabone VIII C. 376, fonde, invece, le due versioni. *Cfr.* Musti 1989 p. 378, n. 85
[90] Plutarco, *Pirro,* XXVIII
[91] Cleonimo esce così di scena dalle fonti antiche. Dopo Pausania, che lo ritrae ancor vivo e vecchissimo al tempo della salita al trono di suo figlio Leonida, nessuno ci tramanda più nulla a riguardo.

promesso che lo avrebbe vendicato, e avrebbe rovinato Sparta[92], fu mandato alla corte di un satrapo in Persia[93] del quale sposò la figlia; Trezene, che era stata conquistata da Cleonimo, espulse la guarnigione spartana; la Messenia, prima in guerra con Sparta, dopo averla sostenuta contro l'invasione del Molosso, ora porgeva ad essa ossequi e, per timore di suscitare in essa riprovazioni, non aderì alla Lega Achea,[94] su Argo trionfò il filomacedone Aristippo, cosicché la città si staccò per sempre da Sparta. Gli aiuti militari che i Macedoni avevano apportato a Sparta perché si difendesse da Pirro erano stati solo funzionali a respingere il nemico comune, perciò tra Sparta e la Macedonia non si instaurarono accordi. Antigono Gonata fece tuttavia cessare le mire dei suoi predecessori sulla Laconia, puntando solo, vittoriosamente, su Argo e su Megalopoli. Su quest'ultima città s'instaurò la tirannia di Aristodemo. Nel frattempo, si esasperò l'ostilità tra l'Egitto Tolemaico e la Macedonia quando il politico ateniese Cremonide propose, all'assemblea del 267 a.C., una coalizione tra Atene e Tolomeo in funzione antimacedone. Sparta fu invitata a parteciparvi e Areo, finanziato dal re d'Egitto, accettò[95]. Vincendo contro i Macedoni, avrebbe infatti potuto ripristinare l'egemonia spartana su tutto il Peloponneso, poco importava, ormai, l'aiuto offerto da questi, durante l'assedio di Pirro cinque anni prima. Re Areo era assai apprezzato come re, addirittura intraprese rapporti amichevoli coi Maccabei, testimoniati da scambi epistolari[96] ed inaugurò a Sparta un periodo di lusso e di splendore, ma dovette lasciare la città all'indomani della cosiddetta guerra cremonidea, che vedeva, quindi, da un lato gli Spartani alleati di Tolomeo, gli Ateniese, poi gli Elei, gli Achei, le città d'Arcadia di Tegea, Mantinea, Orcomeno, Figalea e Cafie e, infine, Creta (di cui quasi sicuramente l'alleata Gortina, difesa precedentemente da Areo e Polirrenia e Falasarna.), mentre, dall'altro, i Macedoni, coi loro domini greci di Argo, Megalopoli, Corinto. La Messenia, pur essendo in buoni rapporti con Sparta, era neutrale[97]. Per la prima volta dopo la trentennale Guerra del Peloponneso, Sparta e Atene si ritrovavano unite, come ai tempi delle Guerre Persiane, ma questa volta, al posto del Gran Re, c'era l'erede di Alessandro, Antigono Gonata.

Areo riunì attorno a sé tutte le forze ostili al Gonata (probabilmente sopravvalutando la potenza di Sparta[98]), ma non poté attraversare l'Istmo di Corinto,

---

[92] Pausania, III, 6,7 *cfr.* avanti e *ivi* in *Appendice*, IV
[93] Sul nome del satrapo e del re di Siria, entrambi Seleuco, *cfr. ivi* in *Appendice,* IV.
[94] Marasco 1980, p. 117
[95] Musti 1989, p. 522; Marasco 1980, pp. 122 ss. Se l'entrata in guerra fu dovuta all'iniziativa personale di re Areo o, piuttosto, al finanziamento da parte dell'Egitto a Sparta, è oggetto di disputa degli studiosi, anche se è più probabile la prima ipotesi, *cfr.* Marasco 1980, p. 142
[96] *Maccabei,* XII, 20 – 23; Flavio Giuseppe, *Antichità Giudaiche,* XII, 225, *cfr.* Marasco 1980, p. 161 ss.
[97] Il decreto di Cremonide è testimoniato dall'iscrizione Syll³. 434/5 = Schmitt, St., n° 476, *cfr.* Marasco 1980, p. 139, n. 1
[98] Così pensa Ehrenberg, *cfr.* Marasco 1980, p. 143, n. 26

occupato, appunto, da Antigono, né sbarcare a nord del Golfo, occupato, invece, dagli Etoli, e fu quindi impossibilitato a riunirsi con l'alleata Atene, la quale era egualmente minacciata dal Gonata. Vennero allora, in aiuto di Atene, gli Egizi di Tolomeo II, comandanti dall'ammiraglio Patroclo: sbarcati in Attica, cercarono di fortificare la zona contro i Macedoni, pur rivelandosi in chiara inferiorità numerica[99]. Vincente quindi sugli Egizi, Antigono assediò Atene; Patroclo, allora, invocò l'aiuto di Areo che avrebbe dovuto forzare l'Istmo, ma, essendo a corto di viveri, ne fu inabilitato: non poteva sacrificare i suoi migliori soldati (come già era successo attaccando Pirro e il di lui figlio Tolomeo in ritirata), mettendo a repentaglio la sicurezza di Sparta. Nel frattempo, Antigono dovette fronteggiare una ribellione di mercenari Galati[100] ma riuscì a sconfiggerli a Megara.[101] Ancora una volta vittorioso in guerra e sulle avversità del fato, il Gonata si rivolse a Corinto. Areo stava cercando di forzare l'Istmo, a capo del quale Antigono aveva lasciato un presidio macedone, che combatteva ferocemente contro gli Spartani; sopraggiunto Antigono, la battaglia si fece cruenta e Areo stesso cadde alfine nello scontro sotto le mura di Corinto. Il re di Sparta era morto.[102]

Acrotato fu incoronato re e fece di Chilonide la sua regina. Quello che può sembrare il lieto epilogo di un tormentato romanzo ellenistico, era però destinato a infrangersi nella tragedia classica. Un anno dopo la sua incoronazione, Acrotato tentò di abbattere la tirannia di Aristodemo su Megalopoli, alleato del Gonata per estendere sulla città nemica l'egemonia spartana e, forse, per vendicare la morte del padre. Partì da Sparta, lasciò Chilonide incinta, andò in guerra. Cadde in battaglia, sotto le mura di Megalopoli, nel 263 a.C[103].

Chilonide diede alla luce un maschio: il nuovo re di Sparta era un neonato, fu chiamato col nome del nonno e salì al trono come Areo II[104]. Come tutore, forse per ironia della sorte o crudeltà del fato, fu scelto Leonida, il figlio della regina Chilonide e

---

[99] Pausania I, 7, 3; III 6, 5, *cfr.* Marasco 1980, p. 146
[100] I quali, forse, gli erano stati forniti da Antioco I di Siria, come ipotizza Welles, alla cui tesi Marasco pare non credere, *cfr.* Marasco 1980, p. 147, n. 34
[101] Giustino XXVI, 2, 1 – 9; Trogo, *Prologhi*, XXVI.
[102] Pausania, III, 6, 4 – 6; Plutarco, *Agide*, III, 4; Diodoro, XX, 29, 1 Montagu 2015, p. 117, Marasco 1980, pp. 146 ss.
[103] La morte di Acrotato si situa generalmente tra il 262 e il 263 a.C; *cfr.* Marasco 1980, p. 155; Montagu 2015, p. 117; Plutarco, *Agide*, III, 5. Curiosamente, proprio il padre di Acrotato, Areo I, vendendo un'incisione a Selinunte, in Sicilia, che riportava l'epigramma *il bronzeo Ares colse questi uomini mentre estinguevano / una tirannide: caddero alle porte di Selinunte*, avrebbe esclamato: «vi sta bene! non dovevate tentare di spegnere una tirannide in fiamme, ma al contrario aspettare che si consumasse sino in fondo.» *cfr. Apoftegmata Lakonika,* 217 F; Zanetto 1996, p. 79; n. 99 Proprio suo figlio cadde alle porte di una città, tentando di «spegnere una tirannide in fiamme».
[104] Un'iscrizione delfica in onore del re bambino lo ritrae come «figlio del re Acrotato e della regina Chilonide», Syll³. 430, *cfr.* Marasco 1980, p. 129; Oliva 1971, p. 205, n. 3.

del suo primo marito Cleonimo. L'erede di colui che aveva assediato Sparta rientrò nella città che aveva preferito un altro re a suo padre[105], e vi rientrò per fare da tutore al nipote di quello stesso re, che era ora un re bambino, figlio di colui per il quale sua madre aveva abbandonato suo padre. Leonida divenne tutore del fratellastro Areo II, frutto dell'adulterio commesso da sua madre con Acrotato, causa per la quale suo padre Cleonimo aveva mosso guerra a Sparta[106]. Cosa pensò Leonida, nell'esser tutore di Areo II, suo fratellastro, nipote del re che era stato preferito a suo padre e, quindi, indirettamente, anche suo rivale? Come Cleonimo era stato detronizzato in nome del nipote Areo I, così Leonida veniva ora detronizzato in nome del fratellastro Areo II: ma il re bambino morì all'età di otto anni, per malattia.

Il più prossimo al trono Agiade era Leonida, figlio del (per Sparta) reietto Cleonimo. Lo Spartano cresciuto alla corte di Persia, salì al trono col nome di Leonida II. Se sia Plutarco che Pausania non esplicitassero che Areo II morì di malattia, si potrebbe supporre che mentre Cleonimo potrebbe aver rimpianto di non aver eliminato il nipote e protetto Areo I, in seguito suo rivale sia sul trono che in amore, Leonida, forse evitando deliberatamente di non cadere nello stesso errore del padre, non mancò di eliminare il fratellastro Areo II, succedendovi come re. La triste vicenda è narrata anche da Partenio che annovera Chilonide tra le infelici eroine protagoniste di amori tragici, ma il finale della narrazione è frammentario, pertanto il motivo per cui Partenio considerava Chilonide infelice è a noi ascoso. Si può chiaramente dedurre che la ragione dell'infelicità della regina fosse la morte in battaglia dell'amato, sposato dopo guerre e sofferenze, e anche la morte del figlio di questi; ci si potrebbe spingere ad ipotizzare che fosse Partenio a scrivere quel che viene quasi spontaneo pensare, ovvero che un re bambino muoia per mano di colui che è reggente a suo nome (a maggior ragione se questi ne è il fratellastro più prossimo in linea di successione) il quale, appunto, diventa re al suo posto, ma sono pure congetture.[107]

Nessun storico, tuttavia, riporta che tale accusa fosse tra le altre mosse, in seguito, a Leonida. Secondo un'accusa riportata da Pausania, invece, Leonida, da bambino,

---

[105] Seguo qui di seguito le fonti di Plutarco e Pausania. Per la controversia sulla successione, *cfr. ivi* in *Appendice*, IV, 2.

[106] Leonida e Areo II erano, fra loro, anche cugini, in quanto i loro due padri, primo e secondo marito di Chilonide, Cleonimo e Acrotato, erano rispettivamente prozio e nipote: quindi il figlio del primo, Leonida, rispetto al figlio del secondo, Areo, era, oltre che fratellastro, anche cugino di secondo grado *cfr.* Carlier 1984, p. 242

[107] Pausania, III, 6, 6; Plutarco, *Agide*, III,8. Quest'infelice finale per la storia d'amore tra Chilonide e Acrotato sarebbe stato il motivo per cui Partenio avrebbe inserito Chilonide tra le eroine tragiche, protagoniste di amori infelici: il componimento dedicatole è, però, frammentario e privo della conclusione. *Cfr. Narrationes amorum* XXIII *Chilonis*, 3. Sui dubbi della morte di Areo II *cfr. ivi.* in *Appendice,* IV, 4.

avrebbe giurato al padre Cleonimo di vendicarlo, rovinando Sparta[108]. Ora quel bambino era divenuto re, e poteva attuare il suo giuramento.

La regina Chilonide, che aveva sperato di sostituire all'odiato marito Cleonimo, l'amato Acrotato, si trovava ora sconfitta dal fato, vedendosi morire, uno dopo l'altro, prima l'amato poi il figlio dell'amato e salire al trono colui che era sì suo figlio, ma frutto di un'unione sofferta e aborrita. Cleonimo era certamente ancora in vita quando Leonida salì al trono Agiade, poiché Pausania riferisce che era «ormai vecchissimo.[109]» Con l'incoronazione del figlio, Cleonimo otteneva il proprio riscatto a una vita di sconfitte.

Quando Leonida divenne re Agiade, nel 254 a.C., il re Europontide era Eudamida II. Questi aveva sposato Agesistrata, la figlia di quella valorosa Archidamia[110] che aveva esortato gli Spartiati a resistere all'assedio di Pirro e di Cleonimo. Quando Eudamida morì, forse prematuramente, nel 244 a.C., salì al trono Europontide il suo giovane figlio[111], col nome di Agide IV[112].

---

[108] Pausania, III, 6,7 *cfr. ivi* in *Appendice*, IV
[109] Pausania, III, 6, 7
[110] Questo secondo Plutarco, *Agide,* XX, 4. Secondo un'altra ricostruzione genealogica, invece, Archidamia era la madre di Eudamida II e la suocera di Agesistrata. Si veda in questo volume l'albero genealogico e Fantuzzi 2021.
[111] Non era ancora ventenne, quindi doveva essere nato attorno al 265/264 a.C. *cfr.* Bernini 1978, p. 58 n. 125
[112] Plutarco, *Agesilao,* XL; *Agide,* III, 2

Capitolo Secondo – Agide

I. *Leonida II, il controverso conservatore*

Leonida aveva passato la giovinezza in Persia, tra lo sfarzo e il lusso, alla corte di un satrapo nel regno di Seleuco II[113] e ne aveva sposato la figlia Cratesiclea, con la quale aveva generato tre figli, Chilonide[114] (alla quale aveva dato il nome della di lui madre), Cleomene[115] e Euclida[116]. Poiché malvisto dalla moglie Cratesiclea[117], che forse era stata da lui abusata[118], Leonida se ne era tornato a Sparta ove, in mancanza di eredi legittimi, era stato incoronato re. Quivi non collimano a perfezione le due fonti di Pausania e di Plutarco: il primo sostiene che Leonida fosse stato tutore del re bambino Areo II, il secondo sostiene che Leonida se ne fosse tornato in patria solo dopo la morte del sovrano infante (quest'ultimo, secondo sia Pausania che Plutarco, sarebbe morto di malattia e non da Leonida assassinato per ordine di Leonida). Plutarco, però, riporta ciò attraverso l'accusa mossa a re Leonida da parte dell'eforo Lisandro, accusa peraltro consona a quella mossa sempre a Leonida da parte del di lui genero Cleombroto (cioè di aver giurato al padre di odiare Sparta) e riportata da Pausania, al momento del successivo esilio del sovrano. Pertanto, a livello generale, cioè per quanto riguarda la comune avversione nei confronti di Leonida, le fonti sono concordi. La primogenita di Leonida, Chilonide, era dunque andata in sposa al suddetto Cleombroto, uno Spartiata «di stirpe reale[119]», costui in stretti rapporti con il re Europontide, Agide e con l'eforo Lisandro.

Sparta, in quegli anni, era all'apice della propria decadenza: la corruzione aveva iniziato a serpeggiare in essa da quando, vincitrice della Guerra del Peloponneso contro Atene, si era «riempita d'oro e d'argento[120]»: alle ricchezze acquisite per «brama d'oro e d'argento» si erano aggiunte la «cupidigia, l'avarizia»; inoltre, il «godimento del lusso» aveva comportato uno stile di vita dedito al «fasto e alla mollezza[121]». A ciò si

---

[113] Seleuco II, detto il Callinico, della dinastia dei Seleucidi, governò dal 242 al 226 a.C. Magnino 1991, p. 143. Sull'omonimia del satrapo e del Callinico, *cfr.* Marasco 1980, p. 56, n. 96 e *ivi* in *Appendice*, IV.
[114] Plutarco, *Agide,* XVII, 2
[115] Plutarco, *Agide,* XXII, 2
[116] Plutarco, *Cleomene,* XI, 5; Pausania, II, 9; Polibio II, 65, 68. Chiamato anche con le varianti «Epicleida» da Pausania, «Euclida», «Euriclide» e «Epiclide» da Plutarco, «Euclide» da Polibio.
[117] Plutarco, *Agide,* XI, 6
[118] Carr 2012, p. 137
[119] Plutarco, *Agide* XI, 7
[120] Plutarco, *Agide,* V, 2
[121] Plutarco, *Agide,* III

era aggiunta la rottura dell'originaria ereditarietà dei beni (fissata dall'originario re Licurgo): per mano di un eforo nomato Epitadeo che aveva voluto diseredare il figlio, era passata una legge secondo la quale chiunque potesse donare o vendere il proprio patrimonio: la conseguenza fu che i potenti poterono acquistare «beni senza freni» a discapito degli eredi legittimi, arricchendosi, così, a dismisura[122]. Diminuì la classe degli Spartiati, con pieno reddito e piena cittadinanza, ridotti, ora, a solo settecento unità: tra questi, solo un centinaio era tale per diritto gli altri, arricchitisi «senza onore», oziavano in città[123]. Sparta non aveva più nulla che ricordasse le sue passate virtù e andò «indegnamente» degradando[124] «sino al tempo in cui regnarono Agide e Leonida[125].»

---

[122] Sulla *rhetra* di Epitadeo e un'analisi della situazione economica e sociale a Sparta *cfr.* Asheri 1961, pp. 45 – 68; Carlier 1984, pp. 303 ss; Marasco 1960 p. 24 n.28, Fuks 1962 pp. 251 – 252 *cfr.* Shimron 1972, pp. 151 - 155

[123] Plutarco, *Agide,* V, 2 – 7; Walbank 1985, pp. 181 – 184; Tuttavia la crisi demografica di Sparta riguardava solo gli ὅμοιοι, poiché la popolazione della Laconia era la più popolosa del Peloponneso sino al tempo di Polibio, come afferma Polibio II 38, 3 *cfr.* Marasco 1960, p. 25; si veda Fuks 1962 p.245ss. sulla controversa numerazione dei cittadini di pieno diritto, dei geronti (da Fuks stimati essere 28) e ancora Fuks 1962 pp. 254ss.

[124] Il decadimento di Sparta dal punto di vista economico fu decretato anche dalla perdita della Messenia, in seguito alla battaglia di Leuttra e alla conseguente spedizione di Epaminonda del 370 che aveva tolto alla città il dominio sulla sua fertile regione *cfr.* Marasco 1960, p. 19 ss.

[125] Plutarco, *Agide,* III. Priva dell'ardimento bellico che l'aveva precedentemente caratterizzata, Sparta era costretta, sin dalla sconfitta di Agide III a Megalopoli (*cfr. supra*) a ricorrere spesso a eserciti mercenari (in quest'ultima occasione aveva contato diecimila mercenari su un totale di ventiduemila uomini), *cfr.* Marasco 1960, p.27 n.42

II. *Agide, l'idealista riformatore*

Agide era infervorato da un sincero ideale di rinnovamento, complici i suoi vent'anni pieni di speranze. Aveva una madre e una nonna che lo adoravano, un fratello, Archidamo[126] e una moglie «di eccezionale bellezza», Agiatide la quale gli aveva da poco dato un bimbo[127]. Superiore per doti naturali e concezioni[128] a qualunque sovrano (compreso Leonida), nonostante provenisse dall'opulenta famiglia di due regine vedove, Archidamia (sua nonna materna[129]) e Agesistrata (sua madre), pensò «che fosse una bella cosa, come in effetti era, eguagliare i diritti di tutti e riequilibrare le condizioni di popolamento in città[130]». Vantò il sostegno enfatico dei giovani, ora votati alla virtù[131], mentre fu avverso agli anziani, nei quali era più radicata la corruzione, ma riuscì nel suo intento grazie al sostegno di tre influenti uomini: Lisandro «il più famoso di tutti i cittadini», Mandroclide «il più abile di tutti i Greci a macchinare intrighi» e allo zio Agesilao (fratello di sua madre Agesistrata). Il sostegno di Agesilao era, purtroppo, motivato da una ragione tutt'altro che limpida: mediante la rivoluzione che il nipote Agide avrebbe attuato, egli sperava di liberarsi dei debiti che aveva. La stessa corruzione che Agide tentava di combattere era radicata nel suo stesso familiare e avrebbe travolto i suoi virtuosi sogni di gloria. Fu grazie ad Agesilao, tuttavia, se Agide riuscì nel persuadere la madre e la nonna – inizialmente perplesse - ad attuare la riforma che si era proposto. Il ruolo delle donne a Sparta era infatti particolarmente importante essendo esse, come riporta anche Aristotele[132] in genere ricche ereditiere, detentrici di circa 2/5 dei possedimenti di tutta la Laconia e, come riporta Plutarco, assai influenti e interessate in materia politica; proprio per questo, Agide si trovò di fronte alle prime difficoltà: non

---

[126] Che Bernini 1978, p. 31 n. 10 ipotizza essere più giovane di Agide, poiché fu quest'ultimo a salire al trono.
[127] Plutarco, *Cleomene,* I; Pausania III, 9 – 10. Il bimbo è chiamato «Eudamida» da Plutarco, «Euridamida» da Pausania.
[128] Plutarco, *Agide,* IV
[129] Archidamia era la nonna di Agide IV. Secondo Plutarco era la nonna materna, in quanto madre di Agesistrata *Agide,* XX, 4; secondo un'altra ricostruzione genealogica, invece, era la nonna paterna, in quanto madre di Eudamida II, padre di Agide. Si veda a proposito l'albero genealogico e Fantuzzi 2021.
[130] Magnino 1991, p. 145 n. 16 riporta come sull'accentuata diminuzione della classe degli Spartiati avesse contribuito anche un grave spopolamento che aveva colpito tutta la Grecia. Cloché 1943, pp. 58 ss. nota l'indiscussa importanza del ruolo di Agesistrata, madre del re. Sull'emulazione, da parte di Agide, di Licurgo *cfr.* Solari 1907, pp. 225 ss.
[131] Sui sostenitori di Agide *cfr.* Cloché 1943, p. 55, il quale nota il contrasto relativo a come la classe agiata non sembra aver sostenuto Agide, anche se alcuni ricchi spartani aderirono alle riforme del giovane re.
[132] Aristotele, *Politica,* II, 9, 15 riportato da Magnino 1991, p. 149, n.19

volendo privarsi né del lusso né del potere ottenuto, la maggior parte delle donne[133] di Sparta si rivolse al re Agiade Leonida, esortandolo a frenare il giovane collega Europontide riformatore.[134] Agide allora ottenne che Lisandro fosse eletto eforo nell'autunno del 243 a.C.[135], cosicché, con una sì potente carica, potesse sostenerlo al meglio; per mezzo di Lisandro, Agide presentò una legge (*rhetra*) alla gerusia consistente in due punti, da attuarsi contemporaneamente[136]: punto primo era l'esenzione dei debiti, punto secondo era la lottizzazione della terra in quattromilacinquecento lotti nella zona «dal vallone di Pellene al Taigeto e Malea e Sellasia» da distribuire agli Spartiati e, oltre i suddetti limiti, in quindicimila lotti da distribuire «ai perieci in grado di portare armi[137]». Per tutti quanti Agide prevedeva pasti in comune (*fidizie*) «di quattrocento o duecento membri ciascuna» perseguendo così «il modo di vivere degli antenati[138]». La legge non fu però approvata dalla gerusia: Lisandro, allora, convocata l'assemblea, ricordò l'antico oracolo pitico, già riferito da Licurgo, secondo cui soltanto la brama di denaro avrebbe mandato in rovina Sparta[139], rammendò inoltre i recenti vaticini che proferivano la medesima cosa, inviati agli Spartani dalla dea Pasifaa[140] (il cui santuario oracolare sorgeva a Talame ed era molto onorato dagli Spartani). Intervenne poi il re Agide, che metteva a disposizione del popolo il suo ampio patrimonio «consistente in pascoli e campi e seicento talenti di danaro liquido» e allo stesso modo facevano sua madre e sua nonna, nonché i suoi amici e i suoi familiari «che erano i più ricchi a Sparta»; sbalordito, il popolo ammirò il giovane sovrano. Il prestigio di Agide era alle stelle, tant'è che Plutarco commenta «dopo trecento anni era apparso un re degno di Sparta.» Leonida, dal canto suo, aveva le mani legate: avrebbe voluto soccorrere i ricchi, ma era impossibile; avrebbe allora dovuto fare come Agide, ma non ne avrebbe ricavato lo stesso prestigio, agendo per secondo; pensò allora di mettere in difficoltà il

---

[133] Curiosa è l'ipotesi del Bernini 1978 p. 56, n. 119 che scrive che si potrebbe pensare che tra le donne di Sparta che si opposero ad Agide avrebbe potuto esserci anche Cratesiclea, moglie di Leonida, la quale, tuttavia, era già in rotta col marito, *cfr.* Carr 2012, p. 137

[134] Plutarco, *Agide,* VI – VII

[135] Magnino 1991, p. 150 n.20

[136] Plutarco, *Agide,* XIII, 3

[137] Plutarco, *Agide,* VIII. I perieci erano spartani che prestavano servizio militare ma non avevano gli stessi diritti degli Spartiati, Magnino 1991, p. 150, n. 22. Tarn 1978, pp. 171 – 171; Rostovzev 1966, I, p. 216

[138] Plutarco, *Agide,* VIII, Magnino 1991, p. 151, n.23

[139] Diodoro, VII, 12, 5, Magnino 1991, p. 151 n. 23. Il medesimo responso è riportato sempre da Plutarco nell'*Apoftegmata* 239 E.

[140] Plutarco riporta che la dea fosse identificata sia con una delle figlie di Atlante che, unitasi a Zeus generò la divinità egizia Ammone, sia con Cassandra figlia di Priamo, sia con Dafne, figlia di Amicla, sfuggita ad Apollo che la bramava e che, trasformatasi in alloro, avrebbe dal dio ricevuto capacità profetiche. L'etimologia del nome significa, secondo Plutarco, «colei che dà vaticini a tutti» (Πασιφάαν). Plutarco, *Agide,* IX, 2 – 3; Magnino 1991, pp. 151 – 153 n. 25, 26, 27, 28, 29

giovane collega, chiedendogli, al cospetto di tutti, se egli ritenesse che Licurgo fosse stato un re giusto e virtuoso. Agide rispose di sì. Leonida allora lo incalzò:

«quando mai – gli chiese - Licurgo concesse l'abolizione dei debiti oppure inserì tra i cittadini degli stranieri, proprio lui che riteneva che la città fosse non sana se non ricorreva a espulsioni di stranieri?»

Agide non fu colto impreparato, ma, anzi, passò all'attacco:

«Licurgo - rispose - abolendo la moneta, vietò prestiti e debiti ed espelleva gli stranieri non perché fosse loro ostile, bensì perché temesse che il loro modo di vivere, molle e lussuoso, contaminasse lo stile di vita spartano. Terpandro, Taleta, Ferecide[141], anche se stranieri, furono trattati con onore, perché sostenevano, nei canti e nelle opere, gli stessi principi di Licurgo. Tuttavia non mi stupisco – concluse, passando all'attacco – che tu, Leonida, non sappia ciò: tu, educato in terra straniera, padre di figli nati dalla figlia di un satrapo, tu lodi efori che spesero il loro tempo a tagliare due corde alla lira dei musici Frinide e Timoteo perché, a loro dire, due corde in più generavano una musica disarmonica ed effemminata[142]: tu lodi dunque coloro che si preoccuparono di ridurre l'inutile in musica ma biasimi noi, che allo stesso modo ci preoccupiamo di ridurre l'eccessivo in politica!»

Il popolo applaudì e si schierò con Agide[143]. Tuttavia, la battaglia tra i due re, il riformatore e il conservatore, non era ancora finita: i ricchi, schieratisi con Leonida, ottennero la maggioranza per un sol voto, così i sostenitori di Agide dovettero passare a un altro stratagemma.

---

[141] Plutarco, *Licurgo,* V,2; V,5 ss.; Magnino 1991, p. 154 n. 32, 33, 34
[142] Magnino 1991, p. 155, n. 36, 37
[143] Plutarco, *Agide,* VIII - XI

III. *Leonida, un re in esilio*

Lisandro ricorse a un'antica legge, secondo cui, poiché le due famiglie reali di Sparta discendevano, secondo la tradizione, entrambe da Eracle, non dovessero essere "contaminate" da altre stirpi: così erano state escluse dalla successione Demarato o Leotichida, forse figlio illegittimo di Alcibiade[144]. Ricorrendo al pretesto che avesse generato figli con una straniera, Leonida fu quindi, in virtù di tale legge, ritenuto indegno. Inoltre, Lisandro fece appello alla tradizione secondo la quale, ogni nove anni, gli efori dovessero scrutare il cielo in una notte di luna nera: un'eventuale stella cadente sarebbe stata interpretata come un presagio nei confronti di uno dei due sovrani; gli efori ne avrebbero quindi sospeso l'operato, in attesa di un vaticinio da Delfi o da Olimpia. La pratica di tale vaticinio potrebbe ricollegarsi alla temporaneità della regalità degli antichi re, in particolare di Minosse, il quale, secondo la tradizione, ogni otto anni si sarebbe ritirato in una caverna per discernere gli ordini di Zeus[145]: con un *escamotage* non, perciò, completamente inventato, Lisandro riuscì nel suo intento. Vide rifulgere l'astro, decretò che Leonida fosse indegno per il suddetto motivo, infine, persuase il genero di questi, Cleombroto, affinché lo sostituisse sul trono Agiade di Sparta. Timoroso per la sua stessa vita, Leonida si rifugiò supplice nel tempio di Atena Calcieca, sull'acropoli di Sparta. Chiamato in giudizio, non si presentò: condannato in contumacia e dichiarato decaduto, si recò in esilio a Tegea. Lo seguiva la figlia, Chilonide, la quale, come si vedrà anche in seguito, aveva una certa propensione per soccorrere i familiari nella sventura: ella preferì infatti abbandonare il marito divenuto re, per seguire il padre, re esiliato. La giovane donna partì da Sparta per seguire il padre in esilio[146], tenendo per mano i due figli che aveva avuto da Cleombroto, il maggiore, Cleomene e il minore, Agesipoli[147].

Pausania, che curiosamente non menziona nemmeno Agide, riguardo l'esilio di Leonida dà spessore alla figura del di lui genero Cleombroto, riportando come questi nonostante ne avesse sposato la figlia Chilonide, non fosse con lui in buoni rapporti e, anzi, contro di lui si fosse alleato con Lisandro rinfacciando al suocero varie accuse, tra cui quella di aver giurato, da bambino, al padre Cleonimo, di distruggere Sparta[148].

---

[144] Magnino 1991, p. 156 n. 39
[145] Magnino 1991, p. 157 n. 40
[146] Cleomene, che doveva avere circa diciotto anni, probabilmente, rimase in Sparta, assieme alla madre Cratesiclea *cfr*. Bernini 1978 pp. 52 ss. Curiosamente il Bernini, p. 56, non ritiene che Chilonide partì da Sparta per seguire Leonida, bensì sostiene che rimase a Sparta pur vivendo separata dal marito, rancorosa con esso per averle detronizzato il padre.
[147] Polibio, IV, 35, 11
[148] Pausania, III, 6, 7

Detronizzato dagli efori e tradito dal genero che gli usurpò il trono, Leonida, con una sorte analoga a quella del padre Cleonimo, se ne andò in esilio a Tegea, nell'Arcadia meridionale, a nord della Laconia. Sulla via dell'esilio, fu raggiunto dai sicari di Agesilao, affinché fosse assassinato. Al momento estremo, alcuni uomini lo difesero, scortandolo «sano e salvo a Tegea»: i difensori di Leonida erano uomini fidati di Agide il quale, pieno di onore e di virtù, non aveva voluto che lo zio Agesilao uccidesse il suo rivale. Intanto, a Sparta, Agesilao, era stato eletto eforo.

IV. *La rovina delle riforme*

Nel frattempo, infatti, il mandato dell'eforato di Lisandro e Mandroclide era scaduto: costoro erano stati accusati, dai loro successori, di aver «illegalmente decretato la remissione dei debiti e la distribuzione della terra[149]». I due avevano allora persuaso Agide e il nuovo re Cleombroto a destituire i nuovi efori accusatori – se i due re erano d'accordo non era lecito, per gli efori, immischiarsi nei loro affari - per eleggerne, al loro posto, dei nuovi loro concordi: tra questi era stato eletto Agesilao[150]. Questi, come detto zio di Agide, era «abile oratore» ma «uomo molle e attaccato al denaro» - sollecitato dal figlio Ippomedonte «uomo che si era guadagnato buona fama in più guerre e che aveva una grossa influenza di cui godeva presso i giovani[151]» (primo cugino, quindi, di Agide) – Agesilao sperava, come detto, nella riforma del nipote unicamente per la remissione dei propri debiti: «mosso dal vizio più turpe, e cioè dall'avidità, mandò all'aria tutto, rovinando un piano bellissimo e veramente spartano.» E pensare che, pur di eleggerlo, poiché credeva in lui, Agide si era presentato, assieme a Cleombroto, in armi, armando

---

[149] Anche Cicerone, *De Officiis* II, 79 – 81 scrive: «quale equità garantisce il fatto che entri in possesso di una terra già da molti anni posseduta da altri chi non ha mai posseduto nulla, e la perda chi l'ha sempre posseduta? E per questo tipo di azione ingiusta i Lacedemoni scacciarono l'eforo Lisandro e uccisero il re Agide, cosa mai accaduta prima di allora, e da quel momento conseguirono tante grandi discordie che fecero sorgere tiranni, fecero scacciare i nobili, e uno stato tanto illustre finì col crollare. Non crollò la sola Sparta, ma contaminò con i propri mali l'intera Grecia. Le contese per la terra non mandarono in rovina i Gracchi, nostri concittadini, figli dell'illustre Tiberio e nipoti di Scipione Africano maggiore? Al contrario viene giustamente lodato Arato di Sicione, che, poiché la propria città era in mano ai tiranni da cinquant'anni, partito da Argo ed entrato in Sicione di nascosto, si impadronì della città e con il suo arrivo liberò lo stato.» (traduzione di R.R. Marchese 2012). È interessante notare come Cicerone 1) accosti le riforme di Sparta a quelle dei Gracchi 2) abbia di entrambe una considerazione in negativo 3) individui nell'epopea riformista di Agide e Lisandro il punto di non ritorno da cui principia la decadenza di Sparta 4) citi, oltre ad Agide, un altro personaggio della suddetta epopea (e portante per questa trattazione): Arato di Sicione. Sulla costituzione di Sparta *cfr.* Polibio VI, 48 ss.
[150] Plutarco, *Agide*, XII
[151] Plutarco, *Agide*, VI

anche molti giovani e prigionieri liberati: gli efori deposti avevano temuto un massacro ma nessuno era stato ucciso, Agide continuava davvero a comportarsi onorevolmente, incapace, forse proprio per i suoi troppo alti ideali, di vedere il pericolo nella persona a lui più vicina, lo zio: questi, non potendo pagare i debiti da cui era sommerso e non volendo neppure vendere le proprietà, persuase Agide a non attuare contemporaneamente i due punti della sua proposta, bensì di concedere, primariamente, la remissioni dei debiti ai proprietari terrieri (il punto primo della riforma agidea) e solo successivamente pensare alle riforme di redistribuzione della terra (punto secondo). Sostenuto anche da Lisandro, Agesilao riuscì nel suo intento e bruciò in piazza i documenti dei creditori[152] i quali furono assai irritati, ma egli li schernì dicendo «che non aveva mai visto una fiamma più brillante o un fuoco più puro[153]». Attuato il primo punto, Agide e Cleombroto ordinarono di redistribuire la terra al popolo, ma Agesilao riuscì a procrastinare per non attuare il secondo punto della riforma sino a quando riuscì – complice il destino e la volonterosa giovinezza di Agide - ad allontanare il nipote da Sparta: un mattino giunse una lettera agli efori di Sparta, era di Arato di Sicione, stratego della Lega Achea[154], che guidava una spedizione contro[155] la Lega Etolica per impedire che gli Etoli passando per la Megaride, invadessero il Peloponneso.

Originario di Sicione, Arato fu senza dubbio un genio della sua epoca: sfuggito, da bambino, al massacro della sua famiglia ad opera di Abantida[156], a vent'anni si era ripreso la rocca di Sicione strappandola al tiranno Nicocle,[157] aveva poi strappato Corinto al generale macedone Antigono Gonata e aveva, infine, annesso la riconquistata città alla Lega Achea[158], una confederazione di cui Arato stesso sarebbe stato stratego per ben diciassette volte, in funzione anti Etolica[159]. Suo alleato era il re d'Egitto Tolomeo III che, in funzione antimacedone, gli mandava sei talenti l'anno per finanziarlo.

---

[152] Che Plutarco chiama «*claria*»: potrebbe trattarsi di ipoteche accese su proprietà fondiarie. Magnino 1991, p. 160 n. 43
[153] Plutarco, *Agide,* XXIII
[154] Per la supremazia di Arato di Sicione nella Lega Achea, *cfr.* Polibio I, 3; II, 40 – 41; Criniti Golin 1987, p. 179
[155] Polibio, II, 46
[156] Plutarco, *Arato,* II ss.
[157] Plutarco, *Arato,* IV ss.
[158] Pausania, II, 8, 5
[159] La Lega Achea fu uno stato federale (κοινόν) del Nord del Peloponneso (Acaia), dal 251 sotto il controllo di Arato di Sicione grazie al quale, nel 243 strappò Corinto ai Macedoni. Alleata della Lega Etolica nella guerra demetriaca, nel 225 restituì Corinto a Antigono Dosone (successore di Demetrio) chiedendo l'alleanza della Macedonia per contrastare la Sparta di Cleomene, contro la quale vinse a Sellasia nel 222. Alleatasi con la Macedonia di Filippo V siglò con la Lega Etolica la Pace di Naupatto (217). La Lega Etolica fu invece uno stato federale del centro ovest del Peloponneso (Etolia); oppostasi vittoriosamente ai galati nel 279, mirava all'egemonia del Peloponneso. Secondo la testimonianza di Pausania, unica tuttavia e ad oggi respinta dagli

La questione riguardava chiaramente Sparta, così gli efori mandarono subito Agide, «galvanizzato dall'ambizione e dal coraggio dei suoi soldati» i quali erano «giovani e poveri» ma speranzosi che, al loro ritorno, le terre sarebbero state redistribuite[160].

A capo del suo esercito, Agide attraversò il Peloponneso senza recar danno alcuno, quasi senza far rumore, indossando un'armatura e un elmo semplici come quelli dei suoi sodati: la sua giovinezza e la sua disciplina lo rendevano ammirato e invidiato dal popolo, ma avverso ai ricchi, che temevano che un analogo afflato per le riforme sorgesse anche altrove. A Corinto Agide si incontrò con Arato, al quale disse che preferiva non attaccar subito battaglia, per evitare che la guerra penetrasse nel "suo" Peloponneso, devastandolo. Arato fu concorde in ciò e, anzi, disse che preferiva «lasciar passare i nemici piuttosto che mettere a repentaglio tutto, considerato che i contadini avevano già raccolto quasi tutti i frutti». È un vero peccato che non ci siano giunte le *Memorie* di Arato, stratego controverso e straordinario, attraverso le quali, forse, avremmo potuto comprendere meglio l'oscuro motivo di una tale mancata battaglia, tuttavia esse sono confluite, in parte, nella *Vita di Arato* di Plutarco il quale anche in essa scrive di come Agide sollecitasse al combattimento gli Achei, dinnanzi alla Megaride, ma «Arato vi si oppose e dovette sopportare molti insulti, scherni e beffe sulla sua debolezza e mancanza di coraggio, ma il timore di passare per vile non gli fece abbandonare ciò che egli considerava l'interesse pubblico e lasciò che i nemici passassero la Gerania[161] senza combattere e penetrassero nel Peloponneso.[162]» Agide, che pur avrebbe voluto combattere[163], fu così congedato e intraprese il ritorno sulla via di Sparta.

Riguardo i rapporti tra Agide e Arato, non certo privi di ambiguità, Pausania riporta in ben tre passi l'informazione di una successiva battaglia tra lo Spartano e l'Acheo avvenuta in Acaia, a Pellene nella quale nel 241 a.C.: secondo Pausania, Agide prese la città ma, al sopraggiungere di Arato, fu da questi sconfitto: sceso a patti con Arato, Agide se ne tornò quindi in patria[164]. Plutarco, invece, scrive che furono gli Etoli a impadronirsi

---

studiosi, fu inizialmente sostenuta da Agide IV ma tuttavia sconfitta dalla Lega Achea di Arato a Pellene nel 241 *cfr. ivi.* Appendice, III. In funzione antimacedone, si alleò poi con la Lega Achea pur di vincere Demetrio II (guerra demetriaca), sino alla morte di questi (229); schiacciata da una nuova alleanza degli Achei con i Macedoni (Lega di Egion), capitolò infine, costretta alla Pace di Naupatto (217) con la Lega Achea *cfr. ivi* in *Prefazione,* II, 4.

[160] Per un'analisi sociale della povertà in cui versava l'esercito si veda Fuks 1962 p. 248 – 249; Cloché 1943 p. 67
[161] Monti sull'Istmo di Corinto
[162] Plutarco, *Arato,* XXXI, 1 - 2
[163] Plutarco, *Arato,* XXXI, 1
[164] Pausania, II, 8, 5; VII, 7, 3; VIII, 27, 14 *Cfr.* Rizzo 1992, p. 361, n. 6. Pausania menziona in VIII, 27, 14 la morte di Agide a Mantinea. Se quest'ultima testimonianza è chiaramente

della città di Pellene, e menziona il suddetto fatto immediatamente dopo la mancata battaglia di Arato (alleato di Agide) contro gli Achei. È possibile che i rapporti tra Agide e Arato si deteriorarono quindi in seguito a questa mancata battaglia e sfociarono in un'aperta ostilità tra i due, verificatasi, appunto, a Pellene?[165] Anche Polibio riporta di come Arato sconfisse gli Etoli a Pellene[166], ma Pausania è l'unico a riportare che nello scontro prese parte attiva Agide. La notizia che, secondo la maggior parte degli storici moderni sarebbe da considerare forse inattendibile, potrebbe tuttavia essere un campanello d'allarme sugli ormai irrimediabilmente corrotti rapporti tra Sparta e gli Achei, che sarebbero sfociati in aperto conflitto col successivo re di Sparta, Cleomene, ma non è quivi la sede di tale disputa[167].

Riguardo invece la mancata battaglia da parte di Agide e Arato contro gli Etoli, sempre Plutarco riporta, contraddicendola, la notizia dello storico Batone di Sinope, autore delle perdute *Storie Persiane,* il quale scrive, erroneamente, che Agide non volesse combattere, mentre, come lo stesso Plutarco riporta, Arato stesso avrebbe scritto di se stesso di essere stato colui che avrebbe rifiutato di attaccar battaglia. «Poiché dunque Arato rifiutò di combattere e rimandò gli alleati ringraziandoli, Agide se ne tornò fra l'ammirazione generale, mentre già la situazione interna di Sparta presentava tumultuosi segni di cambiamento[168]».

Nel frattempo, infatti, a Sparta, l'eforo Agesilao, libero dalla presenza del nipote-re, aveva fatto precipitare la situazione (e il prestigio di Agide) senza astenersi «da alcuna malefatta che gli garantisse un vantaggio economico»: per riscuotere illegalmente tributi, aveva persino inserito un tredicesimo mese. Circondato da guardie del corpo, poiché consapevole di essere ormai odiato da tutti, con sfrontatezza dichiarava

---

un'imprecisione, può tuttavia essere funzionale alla narrazione filoachea di Pausania; su questo e sulla controversia sulla battaglia di Pellene, *cfr. ivi* in *Appendice,* III.

[165] Da notare come Plutarco, a differenza di Pausania, non menzioni la presenza di Agide nella battaglia di Pellene. *cfr.* sotto e *ivi,* in *Appendice,* III.

[166] Polibio, IV, 8, 4

[167] Quanto piuttosto in *Appendice,* III, 1; Rizzo 1992, p. 361, n. 6; Marasco 1980ª, pp. 157 – 158 riportando come l'autenticità della notizia sia stata generalmente respinta, scrive che Pausania avrebbe potuto confondere Arato con gli Etoli, anche se, come nota Marasco, questa presunta confusione da parte di Pausania ci mostra come Etoli e Spartani appaiano comunque già uniti. Sulla controversia riguardo la veridicità o meno della battaglia di Pellene, *cfr. ivi,* in *Appendice,* III.

[168] Plutarco, *Agide,* XV. Sul repentino rovesciamento della situazione in Sparta, Marasco 1980ª, pp. 155 ss. ha delle riserve: se l'ostilità del popolo fosse sorta solo per causa della mancata attuazione delle riforme, allora il ritorno di Agide, sostiene Marasco, avrebbe dovuto placare gli animi, ma così non fu, e, anzi, passò addirittura un anno, al termine del quale Agesilao cercò di farsi riconfermare come eforo. I motivi del mutamento di fiducia nei confronti di Agide da parte del popolo, sarebbe da ascrivere, secondo Marasco, anche al mutamento di alleanze di Sparta con Etoli e Achei. *cfr. ivi, Appendice,* III, 1.

di aver considerazione soltanto di re Agide in quanto suo nipote, mentre di non tenere in alcun conto Cleombroto (quanto quest'ultimo aveva avuto l'appoggio dell'eforo Lisandro, così, ora, aveva tutta l'avversione dell'eforo Agesilao); inoltre, fece correre la voce che sarebbe stato riconfermato eforo[169]. Per i suoi nemici era veramente troppo: fu così che richiamarono dall'esilio Leonida e lo rimisero sul trono di Sparta. Per Agide e per il suo sogno riformatore, era la fine.

V. *Cleombroto e Chilonide*

Leonida ritornò a Sparta acclamato - con repentino cambiamento di vedute - dal popolo, deluso dalla mancata redistribuzione delle terre. «Questo - scrive Plutarco - capita a chi fa politica compiacendo il popolo: costui, mettendosi a capo di una massa che procede alla cieca, non è in grado di riprendere né di frenare il disordine», come se in un serpente guidasse la coda anziché la testa, la prima, cieca, scortichereberbe la seconda, ormai incapace di riprendersi il comando. Infiammando di pari ambizione sé stesso nei riguardi del popolo e viceversa il popolo nei suoi riguardi, Agide non si era accorto di essere ora in una spirale «di azioni nelle quali il continuare non era più qualcosa di nobile, e l'arrestarsi era ormai qualcosa di turpe[170]».

Agide fuggì riparandosi come supplice al tempio di Atena Calcieca, luogo simbolo della circolarità della sorte: era lo stesso in cui, neanche tre anni prima, si era riparato il suo avversario Leonida, cui era toccato l'esilio e che, ora, si riprendeva la sua vendetta. Con Agide, Leonida non sarebbe stato altrettanto clemente.

Volse la propria ira dapprima contro Cleombroto, il genero che lo aveva spodestato. Circondato dai soldati, lo raggiunse al tempio di Poseidone, dove il giovane si era riparato come supplice. Forse la scena si svolse nel tempio di Poseidone presso capo Tenaro, il punto più estremo del Peloponneso e della terraferma tutta, dove le onde si infrangono recando memoria della lontana Libia, forse presso il tempio di Poseidone Gaiaocos, alle porte della città, forse ancora in quello di Posidone Aspalio, nell'agorà di Sparta[171]. Attorniato dai soldati, Leonida rinfacciò il tradimento al genero, il quale, seduto e disperato, taceva. Soggiunse ad un tratto una donna, addolorata e scarmigliata, con due bambini per mano: era Chilonide, figlia di Leonida e moglie di Cleombroto, la *concordia cordium* della situazione. Aveva seguito il padre in esilio, non senza risentimento per il marito che era rimasto a regnare a Sparta al suo posto, «ora, con il

---

[169] Plutarco, *Agide,* XVI
[170] Plutarco, *Agide,* II
[171] Magnino 1991, p. 166, n. 49

mutar della fortuna, mutò atteggiamento e la si vide prostrata, supplice, con suo marito, abbracciata a lui e ai figli, che teneva ai suoi piedi, uno da un lato e l'altro dall'alto.» Iniziò a supplicare il padre, ora «vittorioso re di Sparta», di non privarla del marito, minacciando altrimenti il suicidio. Anche di lei Plutarco ci tramanda la voce. «Padre» disse «se per pietà di sua moglie, tua figlia, lo ucciderai, egli avrà una pena ben più grave di quella che tu vuoi, perché vedrà me, a lui carissima, precederlo nella morte. Con quale coraggio infatti io devo vivere di fronte alle altre donne, io che non trovo comprensione né quando prego mio marito, né quando prego mio padre?» ella ben sapeva indossare la veste tragica che il destino le aveva affidato e continuò: «dunque il mio destino di figlia e di sposa è di partecipare alla sventura e al disonore dei miei». Ricordò al padre, ma senza rinfacciare, di averlo seguito nell'esilio: «se costui aveva qualche motivazione accettabile, io gliela tolsi allorquando mi schierai dalla tua parte e diedi testimonianza contro le sue azioni» infine, pronunciò una velata condanna alla sete di potere che aveva travolto gli affetti: «ma tu gli rendi ben giustificabile l'errore dimostrando che il regno è qualcosa di così grande e ambito che per esso è giusto anche uccidere i generi e non curarsi dei figli[172].»

Piegato e colpito, come tutti gli stanti, dalla virtù della supplicante figlia, Leonida risparmiò Cleombroto. Gli ordinò di alzarsi e di partire per l'esilio. Se pur pregata dal padre di restare al suo fianco, Chilonide non si lasciò persuadere: affidò uno dei figli a Cleombroto, e tenendo per mano l'altro, s'incamminò seguitando allo sposo. Con ammirazione Plutarco commenta una sì straordinaria donna: «se Cleombroto non fosse stato del tutto fuorviato da una sciocca brama di gloria avrebbe ritenuto che con simile moglie l'esilio era una fortuna più grande del regno[173].» il destino della stirpe dinastica che più tardi sarebbe salita sul trono diede, come vedremo, premio e riscatto a Chilonide della sua perseveranza.

---

[172] Sulle Filarco e Batone di Sinope come fonte di Plutarco per la narrazione del suddetto episodio, *cfr.* Bernini 1978, pp. 55 – 56, nn. 115, 117, 118
[173] Plutarco, *Agide,* XVII - XVIII

VI. *La tragedia di Agide*[174]

Al rientro di Leonida, l'eforo Agesilao era fuggito, salvato *in extremis* dal linciaggio della folla, dal figlio Ippomedonte. Nominati nuovi efori a lui vicini, tra cui un certo Anfare[175], Leonida volse quindi la propria vendetta contro Agide. Da diversi giorni il giovane si era riparato nel tempio di Atena Calcieca, sull'acropoli di Sparta, dal quale talvolta usciva tuttavia per recarsi ai bagni: tale libertà di movimento dimostra l'alta considerazione in cui, pur da destituito, egli era tenuto[176]. Dapprima Leonida tentò di persuaderlo a regnare con lui, sostenendo che «i cittadini lo avevano perdonato nella convinzione che, giovane e ambizioso, si fosse lasciato ingannare da Agesilato.» Agide, però, rimaneva sospettoso: la prudenza non bastò, però, a salvarlo. Un giorno, tre giovani Spartiati, Damocare e Arcesilao e l'eforo Anfare, lo trassero fuori dal tempio, per riaccompagnarvelo in seguito: costoro acquisirono confidenza con Agide, al punto che egli prese a fidarsi di loro. Agide non sapeva che sua madre Agesistrata avesse prestato ad Anfare vesti e calici preziosi, e che questi non fosse intenzionato a restituirli ma volesse tenerli per sé (non è chiaro il motivo di tale prestito[177] ma possiamo presumere che Agesistrata sperasse di trarre al sicuro il proprio figlio elargendo doni all'eforo), così, un giorno, mentre si recava ai bagni, vide Anfare, Damocare e Arcesilao venirgli incontro, salutarlo e parlargli affabilmente. I tre presero a fare la strada con lui. Ad un certo punto, all'altezza di una deviazione che conduceva al carcere, l'eforo Anfare gli pose una mano sul braccio e gli disse «ti porto dagli efori, Agide, a dar conto della tua politica.» In quel preciso istante Damocare «che era grosso e robusto gli cinse il mantello attorno al collo e si mise a trascinarlo. Altri, secondo un disegno premeditato, lo spingevano da dietro; nessuno lo soccorreva, perché la via era deserta; così lo buttarono in carcere.» subito accorse Leonida, che, coi suoi soldati, circondò il carcere. L'eforato e la gerusia entrarono, per intentare un processo farsa ad Agide.

Di fronte alla loro finzione, il giovane si mise a ridere. «Pagherai cara la tua tracotanza!» gli disse allora il traditore Anfare.

Un altro eforo, invece, per venirgli incontro, gli chiese di confessare, imputando le colpe a Lisandro e ad Agesilao. «Nessuno mi costrinse mai» rispose Agide «ho agito da solo, emulando Licurgo»

---

[174] La vicenda di Agide ispirò Vittorio Alfieri che nel 1786 scrisse la tragedia *Agide*, traendola quasi completamente – pur con lievi discrepanze funzionali all'aumento della tragicità - da Plutarco. Si veda a proposito il mio saggio, *cfr.* Fantuzzi 2021
[175] Su Anfare si veda Cloché 1943 p. 68
[176] Magnino 1991, p. 170 n.51
[177] *Cfr.* Magnino 1991, p. 171 n. 52

«Pentiti, allora» continuò l'altro «di quello che dici di aver fatto tu»

«No, non mi pento delle mie deliberazioni, che erano bellissime.» rispose Agide. A quelle parole, gli efori e la gerusia lo condannarono a morte. Ordinarono di portarlo nella stanza detta *Decas*, dove sarebbe stato strangolato. Una guardia lo vide passare e si mise a piangere, commossa. «Cessa di piangere per me, amico mio. illegalmente vengo mandato a morte, ma sono migliore dei miei uccisori[178].» Agide offrì il collo al laccio, senza opporre resistenza[179]. Moriva così, a neanche venticinque anni,[180] un re che aveva osato sognare di rivestire la sua Sparta della passata virtù invece che del recente oro.

Fuori dal carcere, Agesistrata si era gettata ai piedi di Anfare, supplicandolo, in nome dell'amicizia che li legava, di vedere il figlio. Anfare annuì con perfidia e spaventosa calma, ordinando che fosse portata da Agide. Agesistrata chiese ed ottenne che con sé venisse anche la di lei madre[181] Archidamia: Anfare acconsentì, anzi, mandò avanti per prima l'anziana spartana «che era già molto vecchia ed era vissuta fino a quel tempo nella più grande considerazione delle concittadine.» Sola nella *Decas*, Archidamia fu impiccata sul corpo del nipote. Saputo che Archidamia era morta, Anfare fece entrare Agesistrata. La donna vide il corpo della madre pendere dal soffitto, quello del figlio giacere per terra. Con estrema dignità nel momento più terribile, sciolse, con l'aiuto dei servi, il corpo della madre, lo compose, lo ricoprì e lo stese accanto a quello di Agide. Si inginocchiò vicino al figlio, ne baciò il volto e gli disse addio: «Figlio, la grande pietà, la mitezza, l'amore per i cittadini ha ucciso te con noi.»

Dietro di lei soggiunse Anfare. «Se dunque pensavi come tuo figlio, subirai la stessa sorte» le disse.

Agesistrata si alzò e, come aveva fatto il figlio, offerse il collo al laccio. «questo almeno» disse «possa giovare a Sparta.»

I tre corpi furono portati fuori, i cittadini ne furono sconvolti: presero in odio Leonida ed Anfare, poiché l'uccisione di un re spartano, che aveva un'aurea di sacralità divina, era a tutti gli effetti un'empietà.

Così commenta Plutarco: «a Sparta Agide fu il primo re ucciso dagli efori, per aver scelto imprese nobili, degne di Sparta, a un'età nella quale gli uomini sono giustificati quando commettono errori; egli fu rimproverato più giustamente dagli amici che dai nemici

---

[178] Il detto è riportato da Plutarco, oltre che in *Agide* XX, XXI, anche in *Apoftegmata Lakonika*, 216 D.
[179] Plutarco, *Agide,* IX - XX.
[180] Carr 2012, p. 147; Bernini 1978, p. 58 n. 125
[181] Plutarco, *Agide,* XX, 4; si veda a proposito l'albero genealogico e Fantuzzi 2021.

perché aveva salvato Leonida e si era fidato degli altri, lui che era l'uomo più mite e più mansueto[182].»

---
[182] Plutarco, *Agide,* XX – XXI

Capitolo Terzo – Cleomene

I. *Agiatide, due volte regina*

Nonostante avesse mandato a morte Agide, la di lui madre Agesistrata e la di lui nonna Archidamia, Leonida non riuscì a catturare il di lui fratello Archidamo, il quale, riuscito a fuggire, si rifugiò a Messene. Il vecchio re, che ora governava da solo, costrinse la giovane vedova di Agide, Agiatide, a sposare il di lui figlio, Cleomene[183]. Agiatide che aveva un bambino infante da Agide, oltre che straordinariamente aggraziata era, infatti, anche unica erede del suo defunto padre Gilippo; odiando il suocero che le aveva mandato a morte il marito, si comportò però con dolcezza nei confronti del nuovo sposo, di poco più giovane di lei, cui diede due figli[184]. Agiatide parlava spesso del sogno di riforma che era stato di Agide e Cleomene ascoltava attentamente[185]. Insoddisfatto dalla pigrizia in cui versava la città, il giovane principe notava con disgusto come il padre trascurasse gli affari pubblici e come ognuno sprofondasse nel lusso e nell'ozio: coltivava una speranza di rivalsa, ma sapeva bene che «non era prudente parlare di educazione severa ei giovani, o di uguaglianza, o di austerità, dopo la morte di Agide[186].» Nel 235 a.C., Leonida morì. Aveva regnato per diciannove anni, tre dei quali era stato in esilio e nell'ultimo aveva mandato a morte il collega Europontide. Gli successe, dunque, a circa ventisette anni, Cleomene[187]. Magnanimo e ambizioso, ma meno temperante di Agide, il nuovo re, impulsivo e irascibile, avrebbe potuto ora attuare il suo progetto d'emulazione di Agide, da lui ammirato e da suo padre assassinato.

---

[183] Una mossa «eccezionale», quella di Leonida, a detta di Bernini 1978, p. 33, che scrive che «Agiatide avrebbe dovuto rimanere, sia sposandosi nuovamente, sia restando vedova, nell'ambito della famiglia Europontide insieme al figlioletto affidato ad un tutore appartenente alla medesima, ma non passare agli Agiadi.» e ad esempio di tale interpretazione, porta il tutoraggio esercitato da Leonida II nei confronti di Areo II, figlio di Acrotato *cfr.* Bernini 1978, p. 33, n.18. Sulle ombre in Leonida tutore di Areo II, *cfr. ivi* in Appendice, IV

[184] Plutarco, *Cleomene,* XXII; XXXVIII. In XXII Plutarco parla di un solo bambino, in XXXVIII di due. Non sono noti i nomi dei figli di Cleomene e Agiatide.

[185] Sul commento critico alla narrazione di Plutarco si veda Bernini 1978, p. 43

[186] Plutarco, *Cleomene,* I- II; si veda anche Clochè 1943 pp. 70 - 71

[187] Cleomene doveva essere nato pochissimo tempo dopo Agide, non dopo il 260 a.C. *cfr.* Bernini 1978, p. 58 n. 125

II. *Cleomene, emulatore di Agide*[188]

Da adolescente, Cleomene era stato allievo del filosofo stoico Sfero di Boristene[189], ma lo stoicismo – commenta Plutarco – non aveva fatto che infiammare la sua ambizione. Insoddisfatto dalla corruzione che dilaniava la città e ostacolato dagli efori che, di fatto, detenevano il potere di Sparta, Cleomene iniziò a pensare concretamente a riproporre le riforme per le quali Agide aveva perso la vita. Dapprima chiese a un suo amico intimo, Senare, di raccontargli di Agide ma quando questi comprese i disegni nella mente del giovane re, tentò, invano, di dissuaderlo dal progredire e ruppe con lui. Cleomene allora decise di agire da solo, confidando che una nuova guerra avrebbe smosso le acque placide della situazione: cercò il conflitto proprio con l'antico alleato di Agide, Arato di Sicione[190]. Forse un'ulteriore ragione per proporsi come un "nuovo" ma "modificato" Agide.

Formidabile stratego della Lega Achea, Arato voleva riunire tutti i Peloponnesiaci in una sola confederazione[191], ma non era ancora riuscito a convincerete gli Spartani, gli Elei e gli Arcadi. Aveva incominciato ad infastidire questi ultimi – soprattutto coloro che confinavano con Sparta – subito dopo la morte di Leonida, per mettere alla prova gli Spartani, non tenendo conto di Cleomene, che giudicava inesperto. Invece Cleomene fu mandato dagli efori a difendere, all'ingresso della Laconia, il tempio di Atena a Belbina, luogo conteso agli Spartani da parte dei Megalopiti. Quando seppe che Cleomene occupava Belbina, Arato tentò, di notte, di prendere Tegea ed Orcomeno, città dell'Arcadia, ai confini della Laconia.[192] Prendere le città di notte, d'altra parte, per Arato non doveva essere una novità: così lo stratego, da ragazzo, aveva strappato la rocca

---

[188] La suddetta espressione fu da me scelta prima di scoprire che fosse stata impiegata anche da Bernini 1978, p. 30, in un contesto, peraltro, di critica concettuale.
[189] Uno dei primi discepoli del fondatore dello stoicismo, Zenone di Cizio, *Cfr.* Plutarco, *Cleomene,* II; Magnino 1991, p. 179, n. 5
[190] Ritengo che questo cambiamento di alleanze sia da ascrivere all'attrito ormai irreparabile tra Sparta e la Lega Achea, ostilità che, in una spirale sempre più drammatica, avrebbe portato alla fine di Sparta stessa: riguardo l'avvicinamento di Sparta agli Etoli e, soprattutto, l'ormai avviato contrasto tra Sparta e la Lega Achea, è interessante notare come un numero - non stimabile, Fuks ipotizza poco meno di cento - di partigiani di Agide, dopo la tragedia del re, lasciarono Sparta, rifugiandosi proprio tra gli Etoli, *cfr.* Polibio IV, 34, 9 *cfr.* Fuks 1962 p. 247. Inoltre, l'ultimo tirannicida che tentò di liberare Sparta dalla tirannia di Nabide (dalle ambigue alleanze), fu proprio un Etolo, Alassameno, mentre colui che, al fine, prese la città (che Alassameno, pur avendo liberata, non riuscì a tenere), fu proprio un Acheo, nientemeno che lo stratego della Lega, Filopemene. *cfr. ivi* in *Appendice,* III, 1.
[191] Polibio II, 42, ss.
[192] Plutarco, *Cleomene,* III – IV, Magnino 1991, p. 183 n. 12; Polibio II, 46, 2

di Corinto al tiranno Nicocle.[193] Tuttavia questa volta Arato non ebbe successo: i traditori di Tegea e Orcomeno, timorosi, rifiutarono di consegnargli le città, cosicché l'Acheo dovette tornarsene a mani vuote. Saputa la sortita, Cleomene gli scrisse ironicamente dove fosse andato quella notte e Arato rispose d'esser sceso in campo per tentare di impedirgli di fortificare Belbina. «Perché, allora, ti venivano dietro fiaccole e scale?» insistette, con guerresca ironia, Cleomene. Saputa la domanda, Arato rise, ma Damocrate, un esule spartano nelle fila dello stratego, disse a costui: «Se vuoi fare qualcosa contro gli Spartani, sarà bene che ti sbrighi, prima che questo pulcino metta gli speroni.» La guerriglia tra Cleomene[194] e Arato proseguì successivamente: quando il primo fu richiamato dagli efori e se ne dipartì, il secondo occupò Cafia, Cleomene, allora, conquistò Metridio, d'eccellente posizione strategica per controllare sia i Megalopiti che gli Achei e razziò l'Argolide[195]. A Pallanzio, a metà strada tra Megalopoli e Tegea, Cleomene incontrò Aristomaco, generale di Arato, contro il quale avrebbe voluto scontrarsi ma Arato, colpito dal coraggio del giovane spartano, impedì al suo generale di mettere a rischio le truppe e, così come aveva fatto con Agide, comandò la ritirata, ora come allora schernito da ambedue le parti. Ai suoi, Cleomene disse «gli Spartani non chiedono quanti siano i nemici, ma dove sono![196]» sempre conto Arato, Cleomene, portando rinforzi agli Elei, vinse presso il monte Liceo – in una battaglia talmente cruenta tanto che si pensò che Arato stesso fosse morto: indi raggiunse Mantinea e vi instaurò un presidio[197].

---

[193] Plutarco, *Arato,* IV - XIII
[194] Cleomene poteva essere suscettibile, *cfr.* Gruen 1972, p. 624.
[195] Plutarco, *Cleomene,* IV, Magnino 1991, p 184 n. 13
[196] Plutarco, *Moralia,* 215 D. *Cfr.* Magnino, 1991, p 184 n. 15
[197] Plutarco, *Arato,* XXXVI, 1

III. *Archidamo V, re un sol giorno*

Cleomene decise poi di reinstaurare la diarchia a Sparta e fece richiamare l'Europontide Archidamo, fratello di Agide, dal suo esilio in Messenia. Per Plutarco, Archidamo era fuggito dalla città natia subito dopo l'uccisione del fratello, per Polibio, invece, era scappato per paura di Cleomene[198]: quivi si diramano, infatti, le due differenti versioni, derivate dai filoni rispettivamente innocentista (prescelto da Plutarco, che attinse da Filarco) e colpevolista (cui attinse, invece, Polibio). Come racconta Polibio, Archidamo si era riparato in Messenia dove un amico intimo, Nicagora, gli aveva fornito una casa e i beni di prima necessità. Qui il giovane spartano si era sposato con la figlia del cugino Ippomedonte e aveva generato due figli[199]. Fu proprio Nicagora a mediare le trattative riguardo il rientro di Archidamo a Sparta. Il riavvicinamento tra Sparta e l'Etolica Messene, nonché tra Cleomene e l'ultimo esponente del partito riformatore di Agide, il fratello di questi Archidamo, appunto, furono, infatti, eventi assolutamente correlati[200], anche se le conseguenze, principalmente per Archidamo, furono nefaste.

Quando Archidamo giunse a Sparta per regnare col nome di Archidamo V, fu ucciso. Da chi? Secondo Polibio, fonte di certo non benevolente nei confronti del re spartano Agiade - da Cleomene in persona: «Archidamo era tornato a Sparta, fiducioso nei patti conclusi per la mediazione di Nicagora: Cleomene però era venuto incontro ad Archidamo e lo aveva fatto uccidere, mentre aveva risparmiato Nicagora e gli altri compagni.[201]» Secondo Plutarco, invece, Archidamo fu fatto uccidere da «quelli che avevano ucciso Agide» i quali «temendo di dover pagare il fio se Archidamo fosse tornato, gli andarono incontro segretamente e si unirono alla scorta nell' accompagnarlo in città, ma lo uccisero subito» Plutarco non assolve totalmente Cleomene «non si sa se sia opposto, come pensa Filarco» scrive, riportando il pensiero dell'altro storico dichiaratamente innocentista e aggiunge una velata conferma dell'accusa «o, persuaso dagli amici, abbia lasciato nelle loro mani l'uomo.» poi, però, chiosa, con aria difensiva «la colpa maggiore infatti ricade su di loro, perché sembrava avessero forzato Cleomene[202].» Riguardo, infine, il mediatore Nicagora, sembrerebbe, almeno seguendo Polibio (Plutarco non ne parla, non ora, almeno), che egli fosse realmente estraneo ai fatti e sembrerebbe addirittura che quest'uccisione a tradimento sia stata la causa del

---

[198] Polibio, V, 37
[199] Polibio, IV, 35, 6 - 15
[200] Marasco 1980ª, p. 163 - 174
[201] Polibio, V, 37, 4 - 5
[202] Plutarco, *Cleomene*, V; su Archidamo e sulla sua uccisione *cfr. ivi* in *Appendice*, IV, 6 - 9

successivo tradimento, da parte di Nicagora stesso, nei confronti di Cleomene, come si vedrà più avanti.

IV. *Eudamida, il mai re*

Gli ultimi eredi di Agide e degli Europontidi andavano così estinguendosi: Archidamo, fratello di Agide, era morto assassinato, rimaneva ora il figlio adolescente di Agide, Eudamida[203], la cui madre Agiatide, come scritto, era stata costretta a sposare Cleomene, pertanto il giovinetto si ritrovava ad essere figliastro (e rivale) del re di Sparta. Pausania racconta che Cleomene lo avvelenò[204]. Si dirama qui l'ambiguo rapporto tra Cleomene e sua moglie Agiatide: da un lato abbiamo la testimonianza di Plutarco secondo cui egli l'amasse sinceramente e onorasse, attraverso i di lei racconti, la figura del suo defunto sposo Agide,[205] dall'altro lato abbiamo le testimonianze di Polibio e di Pausania che ci tramandano come Cleomene eliminò prima il fratello poi il figlio di Agide, rispettivamente cognato e figlio dell'amata Agiatide. Scrive Polibio:[206] «Cleomene di Sparta non è forse stato, prima il migliore dei re e poi il più spietato dei tiranni, quindi, di nuovo, come privato cittadino, il più cortese e amabile? Ora: non si può certamente dedurre che in uno stesso individuo esistano disposizioni così diametralmente opposte, ma che alcuni principi, costretti dal mutare delle situazioni a cambiare essi stessi, assumono spesso di fronte agli altri degli atteggiamenti completamente opposti al proprio naturale carattere, cosicché non è possibile scoprire attraverso tali atteggiamenti la loro autentica natura; questa, anzi, ne riesce alquanto oscurata.»

Potremmo, quindi, ivi riassumere una dinastia degna di una trilogia tragica: Cleonimo non uccise il giovane Areo II, che regnò al posto suo, e Cleonimo dovette poi pentirsene poiché il figlio di Areo, Acrotato, gli sedusse la moglie Chilonide e lo sconfisse mentre tentava di assediare Sparta. Il figlio di Cleonimo, Leonida, forse per non ripetere l'errore del padre, uccise il fratellastro Areo III, figlio di sua madre Chilonide e di Acrotato, che morì a otto anni (nessun autore, però, è bene dirlo, accusa Leonida di tale colpevolezza: forse fu solo il fato favorevole a Leonida). Il figlio di Leonida, Cleomene, uccise (stando alla testimonianza di Pausania) il figliastro Eudamida III, per non avere rivali al trono. La sorte del nonno Cleonimo e del padre Leonida –

---

[203] Che portava, quindi, il nome del nonno paterno Eudamida II. Da Pausania II, 9, il ragazzo è chiamato Euridamida
[204] Pausania II, 9, 1, *cfr. ivi.* in *Appendice*, IV, 4.
[205] Plutarco, *Cleomene*, I; XXII. Si veda però Bianco 2014 p. 586, sull'ipotesi che Plutarco abbia inserito il pianto di Cleomene per la moglie scomparsa, al solo scopo di caratterizzare l'*ethos* del re spartano.
[206] Polibio IX, 23, 3 *cfr.* Criniti Golin 1987, p. 672

avversa al primo, favorevole al secondo – dovevano averlo ben istruito. D'altronde, uccidendo il figliastro, non si privava totalmente di figli, poiché la povera Agiatide già vedova di Agide ed ora madre di un figlio assassinato, gli aveva dato altri due bambini. Il fato, però, quando forzato, pare chiedere sempre un altissimo prezzo: Cleomene lo avrebbe esperito in Egitto.

Per non essere l'unico re, Cleomene astutamente reintrodusse – apparentemente – la diarchia spartana: si associò al trono il fratello Euclida. Era la prima volta, nella storia di Sparta, che due re provenissero dalla stessa casata[207].

V.   *Cleomene, spregiudicato sovrano*

Così come Agide aveva avuto l'appoggio di sua madre Agesistrata, così Cleomene ebbe sostegno da parte di sua madre persiana Cratesiclea, or vedova del - da lei aborrito – re Leonida. La donna si risposò con Megistono, un facoltoso e potente spartiata per finanziare al meglio l'ambizioso figlio. Cleomene, nel frattempo, sconfisse nuovamente Arato a Leuttra e a Megalopoli: in quest'ultima città perì l'ex stratego della Lega Achea, Lidiada di Megalopoli[208]. Costui, da tiranno, aveva deliberatamente deposto la sua corona, per far aderire la sua città alla Lega Achea di Arato[209]: da parte di Arato, tuttavia, era permasa sempre una certa ostilità e invidia nei confronti di Lidiada, il quale, contro il di lui volere, era stato eletto stratego della stessa Lega Achea per ben tre volte[210]. Recuperato il corpo di Lidiada, Cleomene lo rivestì di porpora e gli pose una corona in testa: indi rimandò il cadavere a Megalopoli[211].

Sul fronte interno, Cleomene si rivolse al patrigno Megistono, per concordare un piano per eliminare gli efori: Senza più vincoli istituzionali, avrebbe agito liberamente

---

[207] Plutarco, *Cleomene,* XXXII; Solari 1907 pp. 72 ss. ritiene però che la nomina a coreggente di Euclida non sia da ritenersi per forza successiva all'eliminazione di Eudamida, ovvero che la menzione congiunta due fatti renda gli stessi l'uno la conseguenza dell'altro. Solari propone inoltre di sostituire il nome di Leonida a quello di Cleomene; Bernini 1978 p. 35 n. 27, *cfr.* ivi in *Appendice,* IV

[208] Lidiada era divenuto tiranno di Megalopoli due generazioni dopo il già menzionato Aristodemo (contro il quale era morto, combattendo, Acrotato, figlio di Cleomene II). Pausania, VIII, 27

[209] Polibio, II, 46, 5; Plutarco, *Cleomene,* XXVII, 6 – 7.

[210] Plutarco, *Arato,* XXX – XXXI; XXXV ss. si veda anche Gruen 1972, pp. 613 ss.

[211] Bernini 1981 p. 440 sostiene curiosamente che Cleomene poté armare un esercito di mercenari, che gli consentì la superiorità numerica nella battaglia di Megalopoli (Plutarco, *Cleomene* VI, 3 ss.; Plutarco, *Arato,* XXXVI, 4 – 5) poiché il re spartano riceveva già allora finanziamenti del re d'Egitto, segretamente. L'alleanza, comunque, sarebbe stata ufficiata più avanti.

sia nel guerreggiar con gli Achei, sia nell'attuare le riforme che non aveva potuto attuare Agide, ovvero nel porre a disposizione dei cittadini i propri beni. Complice un sogno (proprio!) di un eforo, che si trovava presso l'oracolo di Pasifaa, secondo cui nella sala degli efori vi era un solo seggio anziché cinque, Cleomene si decise ad agire. Conquistate Erea ed Arsea e lasciato in Arcadia il grosso dell'esercito, rientrò in Sparta con pochi mercenari, cui confidò il proprio piano di eliminazione degli efori. Mandò il proprio fratello di sangue Euclida al cenacolo degli efori, affinché li distraesse, per poi prorompere, assieme a due suoi fratelli di latte, Tericione e Febida, con le spade sguainate nell'eforato: tutti gli efori furono massacrati, tranne Agileo, che si rifugiò all'interno del Tempio del Timore[212] e il mattino seguente fu risparmiato. Plutarco racconta come Cleomene non uccise i dissidenti né impedì loro di abbandonare Sparta, ma ne proscrisse ottanta all'esilio: a costoro, tuttavia, assegnò un lotto di terra ciascuno[213]. Indi tenne un discorso al popolo in cui, citando ad esempio Licurgo, si scagliò contro la lussuria, lo sperpero, i debiti e l'usura e inneggiò alla difesa della patria. Mise a disposizione il suo stesso patrimonio e così fecero il suo patrigno Megistono e tutti i suoi amici, integrò i perieci, riformò l'esercito introducendo la lancia *sarissa* (lancia macedone, e più lunga della δόρυ dei greci) e reintrodusse la tipica educazione spartana (Σφαῖρος)[214].

Cleomene divenne l'emblema degli antichi re spartani, ritornando al rigore peculiare di Sparta. Morigerato in tutto, frugale sia nel vestire che nel cibarsi, trattava affabilmente gli ospiti (cui concedeva pranzi un poco più articolati del classico brodo nero e focaccia) e non si circondava di danzatrici o di musici. Irriverente, sfrontato, battagliero, decise di uscire - imprudentemente – da Sparta subito dopo aver attuato la propria rivoluzione cosicché Arato potesse vedere la sua sfrontatezza, e, a capo di un corteo privo di fasto, di danzatrici e di musici, assistette a uno spettacolo teatrale, per dimostrare che non temeva gli attacchi altrui[215].

---

[212] Plutarco racconta come gli Spartani avessero Templi dedicati al timore, alla Morte e al Riso. Plutarco, *Cleomene*, IX

[213] Plutarco, *Cleomene*, X. Polibio, II, 47, 3, invece, descrive le mosse di Cleomene come la trasformazione della monarchia in una tirannia. Si veda a proposito anche Fuks 1962 p. 247

[214] Plutarco, *Cleomene*, VII- XI

[215] Plutarco, *Cleomene*, XIII. Bernini 1981, p. 441 e *ivi* n.17, nn. 442 ss. ta come il comportamento di Cleomene non sarebbe da Plutarco descritto in ordine cronologico, bensì globale. Il controverso giovane sovrano, adornato tanto di virtù eroiche quanto di ombre, subì, a detta del Bernini una trasformazione comportamentale: dapprima «fedele seguace degli efori», con l'espressione di Gabba (*cfr.* Bernini 1981 p. 441 n.19), per emulazione del proprio padre Leonida II (il quale era stato rispettoso dell'eforato principalmente per due motivi 1) per la propria anzianità 2) perché l'eforato lo aveva appoggiato nell'eliminazione del suo rivale Agide), indi negatore dell'attività stessa del padre: Cleomene si evolve così da ossequioso delle istituzioni a sterminatore ed estirpatore delle stesse.

La consacrazione, per Cleomene, arrivò quando, nei pressi di Dyme (che era, per giunta, una delle città fondatrici della Lega Achea), mise alfine in rotta l'esercito di Arato e cacciò il presidio acheo da Langone, in Elide[216].

Sconvolto e furioso, Arato rifiutò la carica di stratego per l'anno a venire e, in sua vece, fu eletto Timosseno. Cleomene, che inizialmente si mostrò conciliante col nemico, mandò a dire agli ambasciatori achei che se questi gli avessero riconosciuto la supremazia, avrebbe loro restituito i molti prigionieri. Gli Achei accettarono e come luogo per sancire la tregua fu scelto Lerna, o forse Argo, in Argolide[217]. Tutto sembrava procedere per il meglio ma Cleomene si ammalò prima di giungervi (Plutarco racconta che «bevve inopportunamente molta acqua e vomitò molto sangue, perdendo la voce»). Così non poté far altro che rimandare agli Achei i prigionieri e differire la riunione.

Il mancato incontro, per Plutarco, fece precipitare le sorti della Grecia: Arato e Cleomene, senza potersi vedere per concordare un armistizio, divennero nemici giurati. Arato, per contrastare Cleomene, si alleò con il nemico storico[218], Antigono Dosone, nipote di quell'Antigono Gonata cui Arato stesso aveva, ventisette anni prima, strappato la rocca di Corinto. Per Plutarco, Arato «compì [tale] azione non utile ad alcun greco, a lui sconvenientissima, e del tutto incoerente» perché mal tollerava che un giovane quale era Cleomene gli sottraesse l'egemonia che egli aveva detenuta per quasi un trentennio[219]; Polibio, invece, scrive che Arato si avvicinò ad Antigono per l'intelligenza di questi, ma, conscio delle conseguenze nefaste che avrebbe comportato una tale alleanza, agì in segreto. Dopo molte trattative[220], Arato, che aveva passato quasi una vita a scacciare i Macedoni dal Peloponneso, li richiamò, accogliendoli in pompa magna[221]. Il suo alleato d'un tempo, Tolomeo III re d'Egitto, che fino ad allora gli aveva versato sei talenti l'anno per finanziarlo in funzione antimacedone, ovviamente, al momento di tale cambiamento d'alleanze, cessò di retribuirlo: l'anziano re d'Egitto avrebbe presto trovato un nuovo alleato, in funzione antimacedone e antiachea, proprio in Cleomene, ma per quest'ultimo la nuova alleanza si sarebbe rivelata fatale[222].

Un estremo tentativo di accordo fu tentato, a detta di Plutarco (che sembra, però, parteggiare apertamente per Cleomene) da parte del re spartano: si sarebbe dovuto incontrare con Arato ad Argo ma l'Acheo, che aveva già preso accordi con Antigono,

---

[216] Pausania, VII, 7, 3
[217] Plutarco, *Cleomene*, XIV – XV, *Cfr.* Magnino 1991, pp. 204 – 205 n.47, 48, 49, 50
[218] A tal proposito commenta Gruen 1972, p. 625: «Aratus' own explanation for his volte-face was ἀνάγκη. That may well be the correct explanation. »
[219] Plutarco, *Cleomene*, XVI
[220] Polibio, II, 47 -50
[221] Plutarco, *Cleomene*, XVI
[222] Polibio II, 51, 2; Plutarco, *Cleomene*, XIX, 9

temendo che la popolazione fosse affascinata da Cleomene per la sua grandezza, impose a questi di presentarsi da solo o di fermarsi con l'esercito alle mura della città. Cleomene rifiutò e protestò: tra coloro che avrebbero dovuto discutere di pace, scoppiò la guerra.

Furioso, Cleomene mieté successi: strappò ad Arato le città di Pellene, Peneo, Pentellio, Feneo, Filunte, Cleone, Epidauro, Ermione, Trezene e persino Argo e Corinto: ad Argo penetrò mentre si celebravano le feste Nemee e vi impose il proprio presidio, a Corinto entrò dopo che Arato era dovuto fuggire, a cavallo, di soppiatto e in incognito[223]. Volendo conquistare anche l'Acrocorinto (ovvero l'acropoli di Corinto che Arato, giovinetto, aveva strappato a Nicocle), Cleomene mandò ad Argo, in qualità di ambasciatori, prima il suo patrigno Megistono, poi Tritimallo di Messene, i quali chiesero ad Arato il versamento di molto denaro e la resa del presidio acheo dell'Acrocorinto. A queste richieste, Cleomene aggiunse quella – ardita – di proporre ad Arato di divenire suo alleato: gli avrebbe versato dodici talenti annui, il doppio di quanto Arato aveva ricevuto ogni anno da Tolomeo III. Dal canto suo[224], Arato persistette nell'essere alleato del sovrano macedone, cui mandò, in segno di lealtà, alcuni ostaggi, tra cui suo figlio.[225]

Quel che accadde in seguito furono accordi concitatissimi. Cleomene saccheggiò il territorio di Sicione e confiscò i beni corinzi di Arato[226], Arato offrì allora la rocca di Corinto ad Antigono[227], alla notizia di ciò Cleomene si dipartì da Sicione e accorse a porre l'esercito all'Istmo di Corinto, Antigono lo raggiunse ed i due avversari disposero gli accampamenti l'uno di fronte all'altro[228]. Antigono si trovò in difficoltà dai ben calcolati piani di Cleomene, il quale aveva eretto un muro e scavato un fossato a presidio non dell'Istmo ma della catena montuosa dell'Onea, prevedendo una guerriglia anziché uno scontro campale. Antigono pensò allora a un'uscita attraverso il porto occidentale di Corinto, il Lecheo, ma non vi riuscì e perse anche alcuni soldati. Mentre i soldati di Cleomene erano esaltati, Antigono si trovava quindi ad avere il morale a pezzi: non aveva rifornimenti sufficienti, non riusciva a forzare il passaggio presidiato da Cleomene e pensava, come unica via, di ritirarsi presso il promontorio, poco distante da Corinto e

---

[223] Plutarco, *Cleomene,* XVIII – XIX; Polibio, II, 52
[224] Verrebbe spontaneo dedurre che l'alleanza con Antigono avesse cagionato ad Arato la rottura col suo antico finanziatore d'un tempo (il re d'Egitto Tolomeo III, appunto), ma non è prettamente così: anche dopo aver ricevuto gli ostaggi di Cleomene (la madre e i figli di questi), Tolomeo III continuò a ricevere ambascerie da Antigono e, sempre secondo Bernini, non troncò definitivamente con la Lega Achea; si veda più avanti e *cfr.* Bernini 1981, p. 440 n.10
[225] Arato il giovane. Curiosamente, il nipote di Antigono Dosone e futuro re di Macedonia, Filippo V, avrebbe sedotto la moglie di Arato il giovane stesso.
[226] Plutarco, *Cleomene* XIX; Polibio, II, 52
[227] «eliminando» così, scrive Polibio II, 52«l'antica offesa arrecata alla casa regnante di Macedonia» (attuata quand'egli aveva conquistato l'acropoli).
[228] Polibio, II, 52

di fronte a Sicione, dove sorgeva il tempio di Era, quindi, da qui, trasportare le navi a Sicione e cogliere Cleomene da dietro[229]. Un progetto ben calcolato, ma che in quel momento Antigono era impossibilitato ad attuare; la fortuna inaspettata, tuttavia, come un *Deus ex machina* euripideo, gli piombò a favore proprio in quel mentre: giunse infatti la notizia che il presidio spartano di Cleomene stava perdendo Argo. Un certo Aristotele, amico di Arato, aveva guidato una rivolta interna ad Argo, sfruttando l'ostilità degli argivi nei confronti di Cleomene perché questi non aveva ancora ridistribuito la terra, come invece aveva promesso.[230] Aristotele, assieme allo stratego Timosseno[231] aveva assalito l'acropoli. Quando, verso mezzanotte, Cleomene venne a sapere che Argo stava cedendo, furioso, mandò, in tutta fretta Megistono, affinché, con duemila soldati, si riprendesse la città, ma questi fu ucciso e il presidio spartano crollò. Vano fu l'estremo e ultimo tentativo di Cleomene di assalire la città: alcuni alleati lo abbandonarono, altri, disfatti, consegnarono la città ad Antigono; questi, più tardi, vi entrò e vi lasciò una sua guarnigione[232].

---

[229] Plutarco, *Cleomene*, XXI
[230] Polibio, II, 53; Plutarco, *Cleomene*, XX - XXI
[231] Polibio, II, 53
[232] Plutarco, *Cleomene* XXI; *Arato*, XXXVIII

VI. *Agiatide e Cratesiclea, regina e regina madre di Sparta*

Era il 224 a.C., Cleomene, che regnava da nove anni, era in rotta, sia militarmente che moralmente: mentre ritornava, scendendo per il Peloponneso, a Sparta, fu raggiunto a Tegea dagli ambasciatori che gli recarono la notizia della morte della moglie Agiatide[233].

Poco sappiamo di lei, se non che, come già scritto, alla morte del primo marito aveva tentato di opporsi al matrimonio con Cleomene, poi, conosciutolo, l'aveva amato e rispettato e forse aveva influito su di lui nell'indurlo a perseguire ciò in cui Agide aveva perso. Assai riamata da Cleomene, «tanto che anche nelle spedizioni fortunate non riusciva a starle lontano a lungo, ma tornava di frequente a Sparta[234]» fu forse da questi tradita[235], quando egli le avvelenò il figlio di primo letto avuto con Agide. Pur avendo sinceramente pianto la moglie, successivamente Cleomene si prese per concubina una ragazza di condizione libera di Megalopoli, città conquistata in seguito dallo Spartano[236]. Agiatide lasciava due bambini, avuti con Cleomene, ora in custodia della suocera, la persiana Cratesiclea. Quali fossero i rapporti tra Cratesiclea e Agiatide, l'una regina madre l'altra regina consorte, non ci è dato a sapere: la prima era moglie di Leonida, l'uccisore di Agide, ma aveva aborrito il marito, energica sostenitrice del figlio, non aveva esitato a risposarsi con il facoltoso Megistono pur di contribuire all'ambizioso progetto; la seconda, rinomata per la sua bellezza, aveva visto morire un marito e un figlio ed ora moriva anch'ella: se di dolore, di malattia o assassinata, le fonti tacciono. Suocera e nuora sarebbero tuttavia entrambe state accomunate, in seguito, da un destino egualmente tragico.

Tolomeo III Evergete, recente alleato di Cleomene, vide il disastro da questi subito, così, gli promise di venirgli in aiuto, ma ad un patto: Cleomene avrebbe dovuto inviargli, come ostaggi, i figli e la madre[237]. Disperato per la difficile richiesta, Cleomene

---

[233] Plutarco, *Cleomene* XXII La sventurata e bellissima regina, quando morì, nel 224 doveva avere circa quarant'anni anni. Se si presuppone, infatti, che fosse all'incirca coetanea (o più giovane) di Agide, poiché questi morì a neanche venticinque anni (*cfr.* Bernini 1978, p. 58 n. 125) ed ella, quindi, al momento della morte dello sposo, doveva avere circa venti - venticinque nel 241, diciassette anni dopo, quando la morte la colse, poteva avere dai trentasette ai quarantadue anni. Cleomene l'avrebbe raggiunta cinque anni dopo, morendo anch'egli, all'incirca, a neanche quarant'anni.
[234] Plutarco, *Cleomene*, XXII
[235] Se si dà fede a Pausania II, 9, 1, *cfr. ivi.* in *Appendice*, IV, 4.
[236] Plutarco, *Cleomene*, XXIX, 3
[237] Sul finanziamento di Cleomene da parte di Tolomeo III si veda Bernini 1981, pp. 439 – 440 e p. 440 n.9, 10, 11. Bernini 1981, p. 440 e *ivi* n.12 e ss. nota inoltre come i contatti tra Cleomene e Tolomeo avvennero, con tutta probabilità, *de visu*. Sull'ambiguità di Tolomeo si veda Corsaro

fece venire i bambini e l'anziana madre al tempio di Poseidone, al Tenaro, senza sapere come rivolgersi a Cratesiclea, alla fine ne ebbe il coraggio. La donna, che aveva già intuito, rispose:

«Non fai dunque più in fretta a mettermi su una nave e a spedirmi ove pensi che questo mio corpo sarà più utile per Sparta, prima che esso si consumi qui di vecchiaia? Su, o re degli Spartani! Niente lacrime, indegne di Sparta. quanto alla sorte, è quella che il dio ci dà.»

Cratesiclea salpò per l'Egitto e fu accolta, assieme ai nipotini, come ostaggio, alla corte di Tolomeo. Quivi scoprì che l'alleato del figlio non era affatto limpido ma, anzi, riceveva ambascerie da Antigono[238], senza dare, nel frattempo, l'assenso a Cleomene per stipulare una tregua con gli Achei. Il re di Sparta, infatti, temeva ora a muoversi senza il consenso di Tolomeo avendo questi ora in ostaggio la vita di sua madre e dei suoi figli. Allora Cratesiclea mandò a dire al figlio di agire come meglio convenisse a Sparta, senza curarsi di una vecchia e di due bambini.[239]

Gallo 2010, p. 255 ove la prudenza di Tolomeo nell'appoggiare lo Spartano, è spiegata come dovuta alla di lui preoccupazione per quanto, nel frattempo, stava avvenendo in Asia (Seleuco III aveva intrapreso un'offensiva contro Attalo I di Pergamo, per riconquistare l'Asia Minore): il re d'Egitto pensava già a un tacito (e rinnovato) accordo con la Macedonia per contrastare quanto avveniva in Asia.
[238] Bernini 1981, p. 440 n. 10 sostiene addirittura che Tolomeo III mantenesse ancora contatti con la Lega Achea (*cfr. supra*)
[239] Plutarco, *Cleomene,* XXII. In realtà quivi Plutarco parla di un solo bambino, anche se più avanti specifica che i figli di Cleomene erano due.

VII. *La guerra di Cleomene*

Nel frattempo, in Grecia, dopo aver svernato nei pressi di Corinto e Sicione, Antigono aveva conquistato Tegea e si apprestava, ora, a penetrare in Laconia, ultimo possedimento rimasto a Cleomene. Prima, però, conquistò Orcomeno[240] e Mantinea (prive di soldati, poiché questi erano al seguito di Cleomene), Erea e Telfusa, nell'ovest dell'Arcadia[241]. Approfittando, perciò, del fatto che Antigono fosse impegnato su altri fronti, Cleomene si mosse verso Megalopoli e riuscì ad occuparla, grazie anche alla strenua azione del suo amico Panteo, un bellissimo giovane[242], che uccise le sentinelle e conquistò i torrioni di Megalopoli[243]. Tra i molti prigionieri di Megalopoli, furono catturati Tearide e Lisandride: il primo potrebbe essere il nonno dello storico Polibio[244], il secondo ebbe l'ardire di consigliare a Cleomene di non distruggere la bella ed antica città, ma di divenirne il salvatore. Cleomene, sorprendentemente, accettò di restituirla ai Megalopiti, a patto che essi uscissero dalla Lega Achea e divenissero suoi alleati. Mandò i due illustri prigionieri con un araldo a Megalopoli, ma questi furono cacciati da Filopemene, esponente di rilievo e futuro stratego della Lega Achea[245], che rifiutò l'offerta, accusando Cleomene di agire per interesse. Adirato, Cleomene, ordinò allora di saccheggiare e distruggere la città: i suoi soldati la rasero al suolo al punto che nessuno poté più sperare che essa potesse risorgere[246]. Plutarco racconta che Arato, quando seppe che Megalopoli era stata distrutta, pianse davanti ai suoi soldati riuniti a consiglio a Egion, mentre Antigono non poteva, in quel mentre, portargli supporto, rimanendo ad Argo. Proprio fin sotto le mura di Argo si spinse Cleomene, che nel frattempo aveva devastato l'Argolide, e gli gridò insulti e motti di scherno, poi si ritirò. Poco tempo dopo, quando Antigono si mosse – questa volta per davvero – verso la Laconia, Cleomene, saputo ciò, ordinò ai suoi soldati di distruggere tutto il raccolto dei campi dell'Argolide, colpendo il frumento con grossi bastoni. Antigono, nel frattempo, occupava tutti i valichi

---

[240] Plutarco, *Arato*, XXXVIII
[241] Bernini 1981 p. 439 n. 5, 6, 7 nota come Mantinea, Orcomeno e Tegea costituissero una fascia di territorio vitale per i collegamenti con l'Argolide a oriente e Megalopoli a occidente.
[242] Plutarco, *Cleomene*, XXXVII
[243] Polibio II, 55; Plutarco, *Cleomene*, XXIV. Di Megalopoli era natio Polibio stesso. Marasco 1980ª, p. 175 nota come la presenza di esuli a Megalopoli dimostri che a Messene si era svolta una lotta politica.
[244] Magnino 1991, p. 227 n. 88, ma Polibio non parla delle trattative coi prigionieri quivi esplicate di seguito e non menziona, quindi, il suo presunto avo.
[245] Nato nel 263 a.C. Filopemene sarebbe poi stato catturato dai Messeni e costretto a bere il veleno nel 183 a.C. *Cfr.* Magnino 1991, p. 228. Plutarco gli dedicò una biografia, Polibio anche, quest'ultima è però perduta.
[246] Polibio II, 55; Plutarco, *Cleomene*, XXIV; Pausania II, 2

montani, ma Cleomene, fingendosi di non curarsene, anzi, per canzonare Antigono, mandò messi a chiedergli le chiavi dell'Heraion di Argo: ovviamente non avendole ottenute, fece un sacrificio alla dea sotto le mura del tempio chiuso, poi ottenne un minimo successo a Oligirto, dove scacciò la guarnigione achea e si stanziò a Orcomeno, che aveva conquistata precedentemente[247]. Tentò, invano, di prendere Mantinea, che fu, invece, presa da Arato[248]. Nel frattempo l'esercito di Antigono fiaccava quello di Cleomene, con la tecnica della guerriglia: lo Spartano era ormai allo stremo: Tolomeo aveva cessato di elargirgli l'aiuto economico. Forse fu fortuna, per Antigono, fatalità per Cleomene.

VIII. *Sellasia, o l'inizio della fine di Sparta*

L'ultimo atto della guerra cleomenica si ebbe a Sellasia, una località a nord di Sparta, attraversata dal fiume Oinous da nord a sud e dall'affluente Gorgilo da est a ovest; il primo divideva la valle in due colline, l'Olimpo a sud ovest, l'Euas a sud est. L'esercito spartano fu schierato a sud, quello macedone coi suoi alleati a nord. Cleomene stanziò i suoi ventimila uomini (spartani e mercenari) sulla collina Olimpo e mise il fratello Euclida a capo di uno schieramento di perieci e di alleati; Antigono stanziò i suoi fanti macedoni, armati di scudi di bronzo e gli Illiri a nord est, cui pose a comando un certo Acmeto e Demetrio di Faro; dietro questi schierò gli Acarnani e gli Epiroti, infine duemila Achei di riserva. Cleomene pose la cavalleria spartana sul fiume Eununte, a sud, Antigono vi contrappose la sua cavalleria a nord, comandata da Alessandro, aggiungendovi duemila fanti tra Achei e Megalopiti. Antigono in persona comandava uno schieramento di mercenari e di rimanenti Macedoni, con i quali attaccò le truppe di Cleomene sulla collina Olimpo. Muovendo uno stendardo bianco, Antigono ordinò che gli Illiri e gli Acarnani attaccassero per primi[249]. Ordinò loro di circondare, senz'esser visti, Euclida. Illiri ed Acarnani si portarono nel letto dell'affluente Gorgilo, ove si nascosero. Cleomene, dall'alto della sua postazione, non vedendoli, temette che Antigono se ne servisse per un'operazione occulta così ordinò a Damocrate, capo della *krypteia*[250] di scrutare quale fosse la situazione alle spalle dell'esercito di Euclida.

---

[247] Plutarco, *Cleomene,* XXVII
[248] In seguito a Mantinea prevalse il partito spartano ma, alla fine, fu conquistata da Antigono nel 222 a.C. per la storia di Mantinea Polibio II, 57 - 63
[249] Polibio II, 65 - 66
[250] Istituzione spartana risalente a Licurgo, una sorta di "polizia segreta" e "caccia agli iloti". *cfr.* Magnino 1991, p. 237 n. 107

Plutarco racconta che Damocrate fosse stato precedentemente corrotto da Antigono, pertanto egli tornò e mentì a Cleomene riferendogli che ad Euclida occorreva solo respingere i fanti guidati da Alessandro. Al segnale convenuto di Antigono (un drappo rosso innalzato dall'alto della collina Olimpo), i cavalieri macedoni, gli Achei e i Megalopiti attaccarono l'esercito di Euclida; al secondo segnale (un drappo bianco) dal letto del fiume Goriglio fuoriuscirono gli Illiri e gli Acarnani: Euclida si trovò accerchiato, senza scampo alcuno. Cleomene, senza poter agire in nessun modo, assistette alla morte del giovane fratello. Polibio scrive che Euclida non aveva saputo sfruttare la propria posizione pur essendo sulla collina Euas, mentre riporta che il successo contro il giovane re spartano fu dovuto alla pronta azione di Filopomene, abilissimo e giovane condottiero (futuro stratego della Lega Achea), nativo di Megalopoli, (al quale Plutarco dedicò una biografia), che premette per attaccare Euclida prima del segnale di Antigono, per sfruttare l'esitazione dello spartano; conquistata tale altura, gli scudi di bronzo di Alessandro si trovarono a combattere contro la cavalleria spartana, che controllava il fiume Oinous: anche in questa occasione l'emergente Filopemene combatté valorosamente, sino a che il suo cavallo fu ferito ed egli stesso cadde, trafitto alle gambe. Alfine, Antigono attaccò Cleomene sulla collina Olimpo: temendo di subire la stessa sorte di Euclida, Cleomene fece abbattere la palizzata che aveva fatto costruire nei giorni precedenti e fece avanzare l'esercito su una sola linea in corrispondenza dell'accampamento. Allo squillo di tromba, entrambi gli schieramenti abbassarono le proprie falangi: poiché Cleomene aveva adottato la lancia *sarissa*, macedone, al posto della spartana, entrambi gli schieramenti videro cozzare fra loro lance lunghe più di cinque metri. Dapprima i Macedoni parvero ripiegare sotto l'impeto degli Spartani ma, alla fine, prevalsero: in ritirata, i Lacedemoni, subendo gravi perdite, si diedero a una fuga precipitosa. Cleomene aveva perso ed il fato gli si era mostrato avverso all'ultimo momento. Gli abitanti di Sellasia furono venduti come schiavi dagli Achei[251]. Due giorni dopo giunse ad Antigono un'ambasceria che lo richiamava in Macedonia, per difendere la sua terra natia dalla pirateria Illirica. Se solo Antigono avesse ricevuto quel messaggio prima di Sellasia, probabilmente per Cleomene la sorte sarebbe stata assai diversa[252].

Cleomene rientrò a Sparta sconfitto. A coloro che gli andavano incontro diceva «accogliete Antigono. Quanto a me, vivo o morto, farò quanto gioverà a Sparta.» Entrò in casa, ove la nuova moglie accorse per portargli da bere: rifiutò. Stette soltanto un

---

[251] Pausania III, 10, 7
[252] Polibio II, 65 – 69; Plutarco, *Cleomene,* XXVIII; Pausania, II, 2; per un'accurata ricostruzione della battaglia di Sellasia: Roberts, Bennett 2012, pp. 14 – 38; Nicolai 1998, pp. 259 – 269, nn. 274 – 296; Montagu 2015, pp. 120 – 121 e *cfr. ivi* in *Appendice,* III

attimo, appoggiato con la mano a una colonna, poi si dipartì. Non sapeva che quella sarebbe stata l'ultima volta in cui vedeva Sparta.

Si recò a Gizio, porto militare spartano e di qui salpò per Citera, di qui per Egialia, che occupò, a mezza via tra Citera e Creta. Da qui sarebbe partito per Cirene, prima tappa africana, per raggiungere Alessandria d'Egitto, ove stava il suo antico protettore Tolomeo[253]. Erano con lui circa quattordici fedelissimi[254], tra cui Panteo, colui che aveva preso Megalopoli e Tericione, suo fratello di latte assieme al quale aveva abolito, massacrandolo, l'eforato. Quest'ultimo, «molto coraggioso nell'animo e che nei suoi discorsi si era sempre rivelato fiero e di alti concetti[255]» implorò Cleomene di rimanere.

«Ci siamo lasciati sfuggire» disse al re «la morte più bella, la morte in battaglia. Eppure tutti sentirono dire che Antigono avrebbe vinto il re di Sparta solo se fosse passato sul suo cadavere. Ebbene, tu sei ancora vivo. Dove andiamo per mare, forse da tua madre? Per lei non sarebbe certo uno spettacolo onorevole un figlio prigioniero a corte. Ti prego, consegniamoci ad Antigono anziché a Tolomeo, i Macedoni sono superiori agli Egizi: non sarà un disonore che i discendenti di Eracle siano sottoposti ai discendenti di Alessandro. Oppure, rimaniamo a vendicare chi per noi morì a Sellasia»

Cleomene non si lasciò muovere dalle parole di Tericione. «Sciagurato» rispose «la morte liberamente scelta non dev'essere una fuga dalle azioni: dev'essere essa stessa un'azione. Morire per sé stessi, questo è quel che tu vuoi? No, conserviamo l'estrema speranza di riavere la nostra patria, e solo quando non avremo più scampo, solo allora potremo morire di nostra volontà.»

Tericione non rispose. Si allontanò lungo la riva del mare, dove le onde s'infrangevano indifferenti. Guardò l'orizzonte e si trafisse con la propria spada, cadendo sulla spiaggia[256].

Cleomene salpò da Egialia, senza sapere il suo era un addio alla Grecia. Con lui era Panteo, che aveva dovuto separarsi dalla giovane sposa, la quale avrebbe voluto seguirlo, ma i di lei genitori l'avevano tenuta in casa a forza. Poco tempo dopo la giovane, maestosa e bellissima, riuscì a scappare di casa e, procuratasi un cavallo e del denaro, fuggì di notte raggiungendo il Tenaro, donde s'imbarcò per l'Egitto, ove fu portata, alfine, da suo marito, con il quale visse brevi ma intensi giorni di vero amore[257]. Su tutti

---

[253] Plutarco, *Cleomene*, XXIX
[254] Plutarco, *Cleomene*, XXXVII
[255] Plutarco, *Cleomene*, XXXI
[256] Plutarco, *Cleomene*, XXXI
[257] Plutarco, *Cleomene*, XXXVIII

quegli ardimentosi, talvolta cruenti, impulsivi, idealistici cuori, su tutte quelle passioni, stava ormai per calare, per sempre, il sipario.

IX. *Tragedia Egizia*

Cleomene sbarcò in Libia, ove fu accolto da ufficiali del re e scortato sino ad Alessandria, ove, dobbiamo presumere, rivide i figlioletti e la madre[258]. Qui Tolomeo III Evergete, cercò di indagarne l'animo e, vedendo nell'esule spartano un uomo valoroso, si rammaricò di averlo abbandonato ad Antigono e di aver cessato, in precedenza, di sostenerlo. In breve, l'anziano re tornò ad infondergli coraggio, promettendogli che lo avrebbe rimesso sul trono di Sparta, con navi e denaro; nel frattempo gli elargiva ventiquattro talenti annui, che Cleomene impiegava a mantenere i suoi fedelissimi fuggiti con lui (che ora soggiornavano in Alessandria con le loro donne[259]). Tuttavia, prima che potesse concretizzare l'offerta promessa a Cleomene, Tolomeo III morì. Gli succedette il figlio, Tolomeo IV Filopatore, uomo dissoluto e di dubbia moralità. Il giovane re passava il tempo tra l'ebbrezza dei riti dionisiaci e la negligenza della politica estera: per Cleomene non parevano più prospettarsi speranze di un rientro in patria. L'esule spartano chiedeva al re che fosse mantenuta la promessa di suo padre, che gli fossero date navi e denaro, ma Tolomeo IV era troppo impegnato nei baccanali e delegava l'amministrazione del regno alla concubina Agatoclea, alla di lei madre Oinante e all'influente ministro Sosibio[260]. Motivo della costante dissoluta apatia di Tolomeo era anche la fiducia per gli eventi: il sovrano dei Seleucidi, Seleuco II era morto e gli era succeduto un fanciullo, Antioco III (futuro Antioco il Grande), allo stesso tempo anche Antigono Dosone, reggente per conto del nipote, era morto ed era perciò salito al trono di Macedonia un altro fanciullo, Filippo V.[261] Fu la stessa notizia a far sobbalzare Cleomene: Antigono, suo nemico e vincitore di Sellasia, era morto.

Dopo Sellasia, infatti, Antigono aveva preso d'assalto Sparta, ma aveva trattato la città e la sua gente con benevolenza, indi, dopo aver abolito le riforme cleomenee, era ritornato in Macedonia, a combattere contro i barbari che la stavano saccheggiando. Morì

---

[258] Plutarco, *Cleomene*, XXXVIII
[259] Plutarco, *Cleomene*, XXXVIII, 4
[260] Plutarco, *Cleomene*, XXXIV
[261] Polibio, V, 34; Antioco III salì al trono nel 223 a circa diciannove anni, Filippo V nel 221 a diciassette. *cfr.* Thornton 2002, p. 423, n.2

in battaglia, per una rottura vascolare mentre gridava: da tempo soffriva di tisi e vomitava sangue[262].

Saputo che Antigono era morto, Cleomene implorò allora il re di lasciarlo partire da solo, con i suoi amici: il re non lo ascoltò nemmeno, Sosibio, poi, riteneva pericoloso e inutile lasciar partire lo Spartano: se da una parte sarebbe stato testimone della dissolutezza in cui versava il regno egizio[263], dall'altra la spesa per lasciarlo partire sarebbe stata inutile, essendo Antigono ormai morto, inoltre senza più rivali, Cleomene avrebbe potuto sottomettere nuovamente la Grecia e divenire un avversario del loro stesso regno, molte erano, infatti, le zone che gli avrebbero offerto possibilità d'azione, pur non essendo sotto il controllo diretto dell'Egitto, come la zona di Samo, con la sua flotta, e quella di Efeso, con i suoi soldati[264]. Anche rinchiudere controvoglia quel "leone[265]" di Cleomene, non sarebbe stato, tuttavia, prudente per il regno: Sosibio lo sapeva bene.

Quest'ultimo aveva infatti agito, forse in prima persona, forse per volere del suo re, in una congiura di palazzo nella quale era stato coinvolto Cleomene.
Tolomeo IV aveva un fratellastro da parte di padre, Maga, figlio di Berenice, molto potente sull'esercito dei mercenari; timoroso che un tale esercito di uomini che rispondevano soltanto al suo comandante, potesse attentare alla sicurezza del suo regno, Tolomeo tramò di eliminare Maga e sua madre, informandone alcuni suoi conoscenti, tra cui Cleomene. Anche qui le fonti offrono pareri discordanti sulla complicità piuttosto che sull'innocenza di Cleomene: Plutarco riporta che lo Spartano tentò di far desistere Tolomeo dall'uccisione di Maga, Polibio sostiene che Cleomene avrebbe invece incalzato Sosibio ad eliminare il fratellastro del re[266]. Entrambi gli storici, tuttavia, concordano nel riportare l'ambigua affermazione che Cleomene avrebbe proferito e a causa della quale Sosibio si sarebbe insospettito: sia che ritenesse necessario l'assassinio di Maga, sia che lo ritenesse inutile, lo Spartano avrebbe addotto la seguente ragione: «tra i mercenari di Maga, quasi tremila stranieri vengono dal Peloponneso, mille da Creta. Ad un mio solo cenno, si presenterebbero al mio cospetto, in armi.» Nei giorni seguenti, Sosibio ripeté ossessivamente le parole di Cleomene e concluse che bisognasse agire, per prevenire la furia leonina di un simile prigioniero[267].

---

[262] Plutarco, *Cleomene*, XXX
[263] Plutarco, *Cleomene*, XXXIV
[264] Polibio, V, 35
[265] Polibio, V, 35; Plutarco, *Cleomene*, XXXVI
[266] Plutarco, *Cleomene*, XXXIII; Polibio, V, 36
[267] La speranza di Cleomene di reinsediarsi sul trono di Sparta da un lato, il timore paventato nei confronti del re spartano da parte di Sosibio dall'altro, potrebbero spiegarsi con lo straordinario favore che Cleomene stesso s'era procurato tra le fila dei suoi mercenari cui aveva elargito premi (ad esempio la concessione della cittadinanza, ma non solo) per i loro meriti bellici. Come ad

Forse chiamato da Sosibio o forse per fatale contingenza, giunse ad Alessandria Nicagora di Messene, ovvero colui che circa undici anni prima aveva protetto il fratello di Agide, Archidamo, mediando con Cleomene, affinché il suo amico potesse tornare a Sparta in tutta sicurezza e regnare come Archidamo V, legittimo re della casata Europontide, ma Archidamo, era stato assassinato: Nicagora di Messene si era così sentito profondamente tradito da Cleomene per la garanzia infranta[268]. Plutarco scrive invece che l'ostilità di Nicagora nei confronti di Cleomene sorgesse per il fatto che Cleomene gli avesse venduto «un bel podere, senza riceverne il prezzo pattuito, per difficoltà economiche, […] o per impegni bellici, a quanto sembra.[269]»

Quando Nicagora sbarcò ad Alessandria, il caso volle che Cleomene passeggiasse sulla banchina del porto. Vedendolo scendere da una nave da carico, lo abbracciò calorosamente, chiedendogli perché mai fosse in Egitto.

«Porto cavalli da battaglia al re» rispose Nicagora.

«Avrei preferito» rispose, sorridendo con sprezzante ironia, Cleomene «che, anziché cavalli, avessi portato suonatrici di sambuca e cinedi. Queste sono le cose che ora interessano soprattutto al re!»

A quelle parole, Nigacora non proferì risposta, sorrise soltanto. Piuttosto, gli ricordò quella vendita commissionatagli, che era finita male, e lo pregò di dargli il restante denaro, come pattuito. «non te lo chiederei,» aggiunse «se gli affari non andassero così male, per me.» Cleomene, per tutta risposta, gli disse che non gli restava neanche un soldo di quelli che gli erano stati dati.

Pochi giorni dopo, Nicagora entrò in contatto con Sosibio, per via dei cavalli: al cospetto del ministro, per mettere in cattiva luce Cleomene, il Messenio, irritato, gli rivelò quanto accaduto. Sosibio, allora, comprese l'ostilità che c'era tra i due e persuase Nicagora a scrivere una lettera di suo pugno contro Cleomene, nella quale accusasse lo Spartano di eversione contro il re, qualora questi non lo avesse lasciato partire.

Nicagora scrisse che Cleomene aveva intenzione di occupare Cirene, qualora non avesse avuto dal re triremi e soldati; poi sigillò la lettera e ripartì per la Grecia. Quattro giorni

---

Agide era stata mossa da Leonida l'accusa di aver ampliato la cittadinanza per aver non cttadini per Sparta ma guardie di corpo per se stesso (*Plutarco,* Agide, VII, 8), così a Cleomene fu mossa, questa volta dalla storiografia achea, storiografia achea, la medesima accusa, che contribuì a ritrarlo come tiranno anziché come legittimo re. *cfr.* Marasco 1979, p. 62.

[268] Polibio, V, 37, 4 - 5
[269] Plutarco, *Cleomene,* XXXV

dopo, un servo recò la lettera a Tolomeo. Concorde con Sosibio, il re imprigionò Cleomene in un palazzo dal quale non potesse più uscire[270].

Forse sospettando tutto, ma ancora non temendo niente, Cleomene riceva le visite di un alto funzionario della corte egizia, Tolomeo figlio Crisermo: questo omonimo del re, visitando l'esule spartano, dissimulava ogni sospetto. Una sera, però, Cleomene, senz'esser visto, lo seguì mentre se ne dipartiva da una delle sue visite e lo udì parlare con le sentinelle: Tolomeo le accusava di custodire pigramente una belva difficilmente controllabile. Amareggiato e tradito, Cleomene raccontò tutto ai suoi fedelissimi. In uno scatto d'ira, i tredici spartani decisero di tentare il tutto per tutto. Non avevano certo rifiutato, convennero, l'accordo con un combattente valoroso quale era Antigono, per sottostare alla volontà di un re debosciato quale era, invece, Tolomeo Filopatore. Giurarono di vendicarsi per la detenzione subita e di morire con onore.

L'indomani, casualità volle che il re Tolomeo partisse per Canopo, lussuosa città sul Nilo. Liberi da ogni restrizione, gli amici di Cleomene fecero astutamente correre tra i servitori la voce che il re avesse dato l'ordine di liberare il suo prigioniero e, per rendere credibile l'asserzione, mandarono ingenti doni a Cleomene, come prevedeva la tradizione per i prigionieri liberati. Vedendo i doni e l'opulento banchetto, in realtà preparato dagli Spartani, le guardie pensarono davvero che li mandasse il re e furono tratti in inganno: Cleomene le invitò a banchettare e le ubriacò: esse dormirono fino a mezzogiorno. Poiché uno dei servi, al corrente del piano, era andato a dormire fuori con l'amante, Cleomene, temendo una delazione, agì più veloce del previsto. A mezzogiorno, con i fedelissimi, armati di spada e di pugnale, uscì, eludendo la sorveglianza delle guardie, ancora addormentate. Spade sguainate e tunica allacciata sulla spalla sinistra, i tredici corsero per le strade di Alessandria. Tra essi Ippita, che era zoppo, pregò di essere ucciso, per non rallentarli: allora uno di loro, veduto un cittadino a cavallo, lo trasse giù dalla cavalcatura e issò sull'animale Ippita, cosicché potesse seguirli nella loro impresa. Tutto si svolse assai repentinamente. Scorsero Tolomeo figlio di Crisermo e, vendicandosi, in tre lo assalirono, uccidendolo; poi fu la volta del capo delle guardie della città, anch'egli chiamato Tolomeo: costui si slanciò contro di loro con il carro trainato da cavalli, ma gli Spartiati lo affrontarono, ne misero in fuga la scorta, lo trassero giù dal carro e lo fecero a pezzi. Vittoriosi e vendicati, salirono sulla rocca di Alessandria e volsero verso le carceri, nella speranza che i reclusi li coadiuvassero nella ribellione. Purtroppo per loro, però, le sentinelle li prevennero e si barricarono dentro. La corsa di Cleomene ed i suoi si arrestava. Lo Spartano si guardò intorno: la gente che, in quei terribili istanti, pur lo aveva ammirato e lodato, ora fuggiva terrorizzata. Cleomene e i suoi compresero che tutto, per loro, era finito. Si allinearono,

---

[270] Plutarco, *Cleomene*, XXXVI; Polibio, V, 38

pronti a morire degni del nome di Sparta[271]. Ippita chiese di morire per primo e fu colpito da uno dei giovani; ad uno ad uno ogni guerriero si uccise. Cleomene chiese a Panteo di uccidersi dopo di lui e di morire per ultimo, solo quando lo avesse visto cadere. Il giovane ubbidì: controllò, pungolando i suoi amici col pugnale, che ognuno fosse morto, quando punse la caviglia di Cleomene, vide che contraeva il volto, perciò gli diede un bacio e gli si distese di fianco, aspettando che spirasse. Poi, si uccise sul suo cadavere.

Alle donne degli esuli spartani toccò la stessa sorte. Quando Cratesiclea seppe della morte del figlio, perse ogni controllo e si disperò terribilmente, stringendo a sé i nipotini. Inaspettatamente, il maggiore tentò il suicidio gettandosi dal tetto, si ferì malamente, ma non morì e urlava, disperato, perché le guardie gli avevano impedito di uccidersi. Tolomeo Filopatore, venuto a sapere dell'accaduto, ordinò che la madre e i figli di Cleomene e tutte le donne del seguito spartano fossero uccisi. Tra questi v'era la bella moglie di Panteo, fu lei, racconta Plutarco, ad accompagnare al patibolo Cratesiclea, confortandola. L'anziana regina chiedeva solo di morire prima dei nipoti: non fu accontentata; prima di morire disse «O figli, dove siete andati?». La moglie di Panteo affrontò la morte dignitosamente: dopo aver composto le compagne che l'avevano preceduta nella morte, si avvicinò al carnefice, non permettendo a nessun altro che la si toccasse; «in morte» continua Plutarco ritraendo questa anonima quanto maestosa Spartana «mantenne intatto il decoro dell'anima e quel rispetto del corpo di cui si era cinta da viva.» Con un'intensa frase, Plutarco conclude questa tragedia in prosa: «Sparta, che contrappose la tragedia della donna nel momento estremo a quella dell'uomo, mostrò che la virtù non può essere oltraggiata dalla fortuna[272].»

Tolomeo ordinò che il corpo di Cleomene venisse messo in un sacco di cuoio e appeso. Pochi giorni dopo un gigantesco serpente gli avvolse la testa, nascondendogli quasi completamente il volto: era il segno, per la spiritualità antica, che Cleomene fosse un eroe poiché, come riporta Plutarco, v'era la credenza che i corpi degli eroi generassero serpenti. Terrorizzato, Tolomeo ordinò alle donne che si compissero riti espiatori, per la dimostrazione sovrannaturale della superiore spiritualità del giustiziato[273]. Così come Plutarco aveva principiato la narrazione di Agide e di Cleomene, con l'esempio del serpente, nel quale la coda chiese alla testa di guidare il corpo e inavvertitamente lo scorticò – metafora del riformatore travolto dal suo stesso popolo[274] –così conclude con

---

[271] Plutarco, *Cleomene,* XXXVII – XXXIX; Polibio, V, 39 – 40. Persino Polibio, che di solito non ha parole di stima per Cleomene, ammira quivi vivamente il coraggio con il quale lo spartano affrontò la morte.
[272] Plutarco, *Cleomene,* XXXIX, 2
[273] Plutarco, *Cleomene,* XXXVII - XXXIX
[274] Plutarco, *Agide,* II, 5; Magnino 1991, p. 137 n. 5

un richiamo ulteriore alla figura della serpe, ambiguo, emblematico e polisemico simbolo degli eroi.

Capitolo Quarto – Agesipoli

I. *Sparta senza re*

Dopo la disfatta di Cleomene a Sellasia, Sparta[275] era passata nelle mani di Antigono ed era stata forzata a sostenere la Lega Achea, ma all'interno della città v'erano posizioni assai discordanti: solo due dei cinque efori consideravano Antigono come un Evergete liberatore, mentre gli altri tre sostenevano ancora le riforme di Cleomene e, nostalgici della passata e perduta egemonia spartana sul Peloponneso, facevano causa comune con gli Etoli, contro gli Achei[276]. L'egemonia degli Etoli, infatti, si era recentemente opposta a quella macedone e della Lega Achea. Antigono Dosone era morto poco dopo Sellasia e sul trono di Macedonia gli era succeduto il diciassettenne Filippo V[277], il quale, soprattutto per la sua giovinezza, era tenuto in poco conto dagli Etoli, desiderosi, ora che non v'era più motivo di temere di Macedoni, di nuove insurrezioni che arrecassero bottino[278].

Tra la Lega Etolica e la Lega Achea era infatti scoppiata quella che Polibio chiama "guerra sociale" che vedeva gli Achei e tutti i popoli legati dalla precedente alleanza con Antigono (Epiroti, Focesi, Macedoni, Beoti, Acarnani, Tessali) contrapposti agli Etoli[279]. Tutto era iniziato, racconta Polibio, a causa di un preciso fatto che aveva visto gli Etoli razziatori dei Messeni.

---

[275] Shimron 1972, p. 154 scrive che gli Spartiati sopravvissuti a Sellasia e ritornati a Sparta erano circa 200; i cittadini in grado di portare armi, invece, dai 4500 di Agide si erano ridotti a 1200.
[276] Polibio, IV, 22, 4; si veda anche l'analisi di Marasco 1980ª, p. 179
[277] Antigono Dosone era figlio del fratellastro di Antigono Gonata. Filippo V era nipote aviatico di quest'ultimo: suo padre era, infatti, Demetrio II Etolico, figlio del Gonata. Cugino di Filippo V, Antigono Dosone ne era stato anche tutore.
[278] Polibio IV, 3
[279] Polibio, IV, 9, 4

II. *Sparta tra Etoli e Achei*

Emblema degli Etoli (per cui Polibio ci tramanda un personale disprezzo) era Dorimaco di Triconio, uomo avido e senza scrupoli (e, per di più, figlio dell'empio Nicostrato che aveva violato un'adunanza alle feste Pambeotiche); per incarico pubblico, Dorimaco fu inviato a nord di Messene, nella città di Figalea, alleata degli Etoli sin dal 244[280], per – come motivazione di facciata - difenderne gli abitanti e per – come reale motivazione – osservare la situazione nel Peloponneso. Ricevuti quivi dei briganti, Dorimaco non potendo loro impedirlo, permise che saccheggiassero la Messenia. Ovviamente, vedendo le loro messi e greggi distrutte, i Messeni si adirarono e mandarono assidue delegazioni a Dorimaco affinché portasse loro giustizia. Questi, che aveva partecipato al bottino dei briganti, si presentò tardi e schernì alcuni questuanti, nel mentre, come se non bastasse, i briganti saccheggiavano il piccolo podere detto di Chirone, trucidandone i difensori e rapendo e vendendo schiavi e bestiame. Era veramente troppo: gli efori di Messene convocarono Dorimaco davanti ai magistrati e uno degli efori, Scirone, ordinò a Dorimaco di restituire ai Messeni tutto quello che era stato loro tolto con le razzie. Sfrontatamente, Dorimaco ribatté: «siete degli sciocchi, se credete di insultare me solo e non l'intera Lega degli Etoli!» Scirone allora rispose: «Credi davvero che ci importi delle tue minacce, *Babirta?*» Barbirta era un sordido personaggio di Messene, molto simile a Dorimaco, il quale non digerì l'offesa: acconsentì a ripagare i Messeni ma, tornato in Etolia, per la ragione d'esser stato offeso, dichiarò loro guerra. Stratego degli Etoli era Aristone, parente di Dorimaco e di Scopa: a quest'ultimo, delegò il comando. Senza far leva sul pretesto personale che lo aveva mosso a portar guerra ai Messeni, Dorimaco mostrava a Scopa[281] da un lato l'assenza di rischi di una simile eversione, primo fra tutti la giovane età del Macedone Filippo V egemone di fatto nel Peloponneso, dall'altro lato la possibilità di guadagno nell'attaccare la Messenia, unica regione rimasta intatta durante la guerra cleomenica[282].

Ora, Messene aveva avviato trattative con gli Achei per aderire alla Lega Achea, inoltre era la tradizionale nemica di Sparta: in Sparta, pertanto, gli Etoli vedevano un possibile contrappeso all'egemonia acheo-macedone nel Peloponneso[283]. Sparta, però,

---

[280] Thornton 2001, p. 548, n. 6
[281] Sull'incitazione di Dorimaco a Scopa a intraprendere la spedizione contro i Messeni, si veda l'analisi di Marasco 1980ª, pp. 177 – 178; su Scopa *cfr.* Polibio XVIII, 53 ss.
[282] Polibio, IV, 5
[283] Thornton 2001, p. 550, n. 4. Per lo svolgimento della guerra sociale: Polibio, IV, 5 – 7.

dopo Sellasia[284] era caduta proprio in mano acheo-macedone e non poteva deliberare liberamente riguarda da che parte stare: questo il motivo dei suoi disordini interni.

Conscio dell'indebolimento di Sparta per il fatto che gli Spartani non avessero più intrapreso guerre, in seguito alla guerra cleomenica, lo stratego della Lega Achea designato per il 221/220, Timosseno, cercava di procrastinare la guerra, ma Arato, designato stratego per l'anno successivo, premeva per affrontare gli Etoli.

È interessante notare come le due città tra loro nemiche e ambite da ambo le parti della guerra sociale, Sparta e Messene, vennero in essa relegate a un ruolo marginale: a Messene fu negato l'ingresso nella Lega Achea, poiché, dissero i capi degli Achei, occorreva prima avere il consenso di Filippo V, a Sparta, invece, fu imposto di coadiuvare con gli Achei, ma con un ruolo di riserva. Gli Spartani si accamparono nel territorio dei Megalopiti, più come spettatori che come alleati. Dopo due giorni, però, Arato, vedendo che gli Etoli non si presentavano, rimandò in patria Achei e Spartani. Fu il suo più grave errore: Dorimaco, che nel frattempo aveva ottenuto rinforzi in Elide, li raggiunse (li trovò impreparati, poiché erano sulla via del ritorno) e li sconfisse nei pressi di Cafie[285]. Accusato di colpevolezza di una tale disfatta, Arato chiese perdono. I capi degli Achei mandarono allora un'ambasceria a Filippo V, agli epiroti, ai Beoti, ai Focesi, agli Acarnani, chiedendo da un lato il loro aiuto, dall'altro che accettassero che Messene entrasse nella Lega Achea. Posta sullo stesso piano di Messene, Sparta avrebbe dovuto offrire semplicemente supporto.

Sospettando che Filippo V non avesse interesse a intervenire in una guerra che non lo riguardasse totalmente, gli Etoli tentarono di isolare gli Achei, traendo Sparta dalla loro parte[286]: vi riuscirono. Segretamente Sparta mandò agli Etoli degli inviati segreti coi quali stipularono un accordo[287]. Così, quando la guerra sociale riprese, gli Spartani mandarono agli Achei solo quei pochi cavalieri e fanti che bastavano per salvare le apparenze.

La situazione a Sparta era dunque eterogenea: tra i due efori sostenitori di Arato e di Filippo V, vi era l'eforo Adimanto, il quale era al corrente dell'orientamento antimacedone, filoetolico e nostalgico di Cleomene, dei suoi tre colleghi. Questi ultimi, dunque, iniziarono a temere che Adimanto rivelasse a Filippo le loro azioni, così, quando

---

[284] Per Polibio V, 9, 9; IX 31, 4, di chiara impronta anti cleomenica, Sparta, dopo Sellasia, fu in una condizione, curiosamene, di *eleutheria*, cfr. Musti 1967, pp. 159; 177 ss. Sull'opinione di Polibio riguardo a Cleomene cfr. Musti 1967, pp. 170 ss.; Gruen 1972, p. 619
[285] Polibio IV, 9 - 13
[286] Thornton 2001, p. 556, n. 5. Filippo V, scrive Thornton, aveva più interesse nelle vicende dell'Illiria dove, nel 219, i Romani avevano sconfitto Demetrio di Faro, consolidando il proprio dominio.
[287] Polibio, IV, 16, 5

i Macedoni, trionfanti, stavano per entrare in Sparta, reclutarono alcuni giovani armati ed ordinarono loro che si recassero presso il recinto del tempio di Atena Calcieca (lo stesso ove, molto tempo prima, si era riparato Agide), per impedire o ostacolare l'ingresso dei Macedoni. Adimanto, allora, si sdegnò e proclamò a gran voce: «un'adunanza in armi si sarebbe dovuta proclamare contro i nostri nemici Etoli, quando erano prossimi ai confini, non contro gli alleati Macedoni, nostri salvatori!» a quelle parole, coloro che erano stati incaricati, armati, gli balzarono addosso, trucidandolo, assieme ad altri cittadini del suo stesso orientamento.

Dopo questo fatto di sangue, gli efori antimacedoni, con straordinaria spregiudicatezza, giunsero al cospetto di Filippo e lo incontrarono sul monte Partenio. Qui accusarono gli uccisi e lo esortarono a non entrare in Sparta sinché la situazione non si fosse calmata, promettendogli che avrebbero fatto di tutto per riconciliare Sparta coi Macedoni. Filippo rispose loro che avrebbe comunque marciato fino a Tegea, ove – lo esigeva – avrebbe incontrato gli Spartiati più idonei a discutere con lui di quanto accaduto. A Tegea Filippo incontrò una delegazione di dieci Spartiati, che accusarono Adimanto di essere stato responsabile dell'agitazione e rinnovarono le promesse di fedeltà ai Macedoni. Non tutti gli uomini del seguito di Filippo credettero alla versione che gli Spartani avevano astutamente creato, alcuni, addirittura, consigliarono al giovane re di distruggere Sparta e deportarne gli abitanti, così come Alessandro aveva fatto con Tebe[288], altri, invece, tra cui Arato, consigliarono a Filippo di punire e allontanare soltanto i responsabili della sommossa. Filippo disse che avrebbe deciso da solo, ma assecondò quest'ultimo consiglio: mandò Omia, il capo del consesso, Petreo e altri suoi fidi, a Sparta affinché la città rinnovasse il giuramento di fedeltà ai Macedoni[289].

Gli eventi successivi si susseguirono veloci: Filippo riunì tutti i suoi alleati a Corinto, sancì, assieme agli Achei, i capi d'accusa contro gli Etoli, ovvero numerosi saccheggi e spoliazioni di templi, tra cui il sacco di Megalopoli (che proprio in quel periodo veniva rifondata, dopo la distruzione attuata da Cleomene). Nel frattempo gli Spartani conquistarono la rocca Cadmea solo perché il polemarco Tebano Leonida, filospartano, tradì la propria città in favore del comandante spartano Febida;[290] quindi gli Spartani punirono Febida, ma non ritirarono la loro guarnigione dalla città. Filippo poi riuscì a scacciare la guarnigione etolica da Creta e a sostituirvi la propria; ottenuta la fedeltà degli Illiri, usò la loro flotta contro gli Etoli, successivamente strappò Figalea agli Etoli, indi mandò loro una lettera affinché convenissero ad una tregua. Mentre i

---

[288] *cfr.* Thornton 2001, p. 564, n. 4
[289] Polibio IV, 22 - 25
[290] Polibio IV, 26, 27; Thornton 2001, p. 566, n. 3 riporta come sia giudicata inattendibile la conclusione, riportata da Polibio, secondo cui Febida sarebbe stato punito dagli Spartiati stessi, in quanto vincitore sì ma col tradimento.

Messeni rispondevano agli Achei che non avrebbero contribuito alla guerra prima che Figalea fosse stata strappata agli Etoli, gli Spartani continuavano con le loro trattative segrete[291].

A Sparta, coloro che avevano provocato l'insurrezione terminata con l'uccisione dell'eforo Adimanto e di altri filomacedoni, mandavano infatti inviati agli Etoli, pretendendo l'invio di un ambasciatore: furono accontentati e giunse così a Sparta Macata, ambasciatore della Lega Etolica, che esortò gli Spartani ad allearsi apertamente con loro e a disertare i Macedoni. Gli anziani, tuttavia, ricordarono all'assemblea i danni subiti ad opera degli Etoli, quando questi avevano imposto – con l'inganno e con la forza - a Sparta di riaccogliere gli esuli (sostenitori di Agide IV, fuggiti in seguito alla sua uccisione[292]) nonché le loro razzie e devastazioni, di contro ai benefici, invece, ricevuti da Antigono e dai Macedoni. Prevalse il parere degli anziani e Macata se ne andò senza aver ottenuto alcunché. Apparentemente sconfitti, gli antimacedoni decisero così di provocare una sommossa simile a quella che aveva provocato la morte di Adimanto: approfittarono di una tradizionale cerimonia, nella quale gli uomini in età militare dovevano dirigersi, armati, in corteo al tempio di Atena Calcieca nel cui recinto gli efori avrebbero compiuto sacrifici in onore della dea. Alcuni uomini del corteo, al segnale convenuto, piombarono sugli efori che stavano celebrando il rito e li trucidarono: non li fermò né la pietà né la legge d'asilo che il luogo sacro incuteva, uccisero Girida, uno dei geronti, poi esiliarono tutti coloro che si erano opposti agli Etoli e nominarono efori che non ostacolassero i loro piani. Tale fervore riguardo a un'alleanza con gli Etoli contro i Macedoni, chiosa Polibio, rifulgeva nei rivoltosi per una sola ragione: la speranza che Cleomene, allora ancor vivo e prigioniero ad Alessandria, tornasse. «A tal punto» commenta Polibio, ponendo l'unico accenno di benevolenza nei confronti di Cleomene «gli uomini che sanno trattare con abilità chi li circonda lasciano, non solo quando sono presenti, ma anche quando sono molto lontani, scintille anche molto vive di benevolenza nei loro confronti.» I sostenitori del re esule, infatti, erano così speranzosi del suo ritorno[293], che non avevano osato nominare un nuovo re al suo posto, ma lo avevano atteso per ben tre anni. Alla fine, però, giunse la triste notizia che avrebbe troncato loro ogni speranza: Cleomene era morto ad Alessandria.

---

[291] Polibio IV, 27 - 28, 31, 34; si veda anche Musti 1967, p. 161
[292] Polibio IV, 34, 8, Thornton 2001, p. 573, n. 4
[293] Shimron 1972, p. 124

III. *L'ultimo legittimo re di Sparta*

Il popolo e il collegio degli efori si affrettò così a nominare i nuovi re di Sparta, restaurando, così la diarchia. Come parente più prossimo alla casa Agiade fu scelto Agesipoli. Egli era curiosamente l'aviatico di Cleombroto.

Nulla sappiamo, infatti, di quel che accadde a Cleombroto e a Chilonide dacché costoro si erano dipartiti da Sparta in seguito alla reinstaurazione sul trono di Leonida (per il quale erano rispettivamente l'odiato genero e l'amata figlia). Allorché Cleombroto aveva detronizzato il suocero, regnando assieme ad Agide, Chilonide lo aveva abbandonato per seguire in esilio il padre ma, quando con il ritorno dell'anziano re, Cleombroto era caduto in disgrazia, Chilonide lo aveva salvato dalla condanna a morte con le sue lacrime, per poi seguirlo in esilio, portando con sé i loro due figli. Scegliendo la perigliosa via dell'esilio e dell'ombra, Chilonide aveva, in qualche modo, salvaguardato la stirpe del sangue di Leonida e, quindi, di suo fratello Cleomene III, del quale aveva dato il nome al figlio minore. Chilonide e Cleombroto avevano avuto, come scritto, due figli, chiamati dunque Agesipoli e Cleomene; il primo era morto, lasciando un figlio, chiamato anch'egli Agesipoli, costui (che era quindi pronipote dell'ormai defunto Cleomene III), che all'epoca era un fanciullo, fu quindi eletto re Agiade e come suo tutore fu scelto suo zio Cleomene (il figlio minore, appunto, di Chilonide)[294].

Sorge quivi spontaneo il confronto tra due donne, entrambe contemporaneamente regine, dal destino assai differente: mentre Chilonide, grazie all'esilio, era sopravvissuta e il suo aviatico ora regnava su Sparta, Agiatide, nonostante dopo l'assassinio del suo primo marito Agide, avesse sposato il principe e poi re Cleomene (fratello di Chilonide), aveva visto morire il figlio che aveva dato ad Agide e che avrebbe dovuto regnare, Eudamida e non aveva visto morire i due figli che aveva poi dato a Cleomene, solo perché era morta prima di loro. Mentre il sangue di Cleomene pareva permanere, quello di Agide era scomparso per sempre.

---

[294] Polibio IV, 34 – 35; *cfr. ivi.* in *Appendice*, IV, 2.

IV. *Il tiranno Licurgo*

Parente più prossimo ad Agide era suo cugino Ippomedonte, figlio dell'eforo Agesilao. Il figlio aveva sottratto dal linciaggio della folla il padre (dal comportamento non limpido e, anzi, colpevole della caduta del nipote Agide) allor quando Leonida era stato richiamato a Sparta. Ippomedonte – che era ancora vivo - aveva avuto una figlia, la quale aveva sposato il fratello di Agide, Archidamo V[295] (in seguito assassinato), al quale aveva dato due figli. V'era anche un certo Chilone, che sosteneva di essere il più prossimo al trono, in linea di successione[296]. Tuttavia, né Ippomedonte né i suoi aviatici furono scelti per salire al trono Agiade: un certo Licurgo corruppe gli efori e, dando loro un talento ciascuno, si comprò la discendenza, divenendo discendente di Eracle e re di Sparta. «A tal punto erano diventati ovunque a buon mercato gli onori» commenta Polibio «ma in conseguenza di ciò non i figli dei figli, ma gli stessi che lo avevano nominato re, pagarono per primi il prezzo della loro follia.[297]» In effetti, da lì a poco, gli efori avrebbero pagato un caro prezzo per la loro scelta corrotta.

Ottenuta – bastava solo aspettare – l'alleanza di Sparta agli Etoli, Macata esortò quindi la città a portar guerra agli Achei: essa acconsentì. Licurgo portò con sé un esercito e fece irruzione nel territorio di Argo assalendo anche diverse altre città (occupò Policna, Prasie, Leuce e Cifante, mentre venne respinto a Glimpe e Zarace), in seguito Sparta vietò altri saccheggi a danno degli Achei e Macata ottenne anche l'alleanza dell'Elide.

Pur essendo sul trono Europontide, Licurgo voleva porsi come un nuovo Cleomene: quattro anni dopo la sua elezione, alla stregua dell'ultimo re riformatore, ripristinò la monarchia invece della diarchia, scacciando ed esiliando il collega Agiade Agesipoli.

Non sappiamo che ne fu del tutore del giovane, suo zio Cleomene, né se questi avesse ancora tale ruolo quando Agesipoli fu spodestato, possiamo solo affermare con certezza che il legittimo re spartano regnò appena dal 219 al 215 a.C., mentre da

---

[295] Archidamo V era fratello minore di Agide. Archidamo e Agide erano figli di Agesistrata, la quale era sorella di Agesilao, padre di Ippomedonte. Archidamo e Ippomedonte erano quindi primi cugini, quindi la figlia di Ippomedonte aveva sposato il cugino di secondo grado, erede al trono Europontide di Sparta col nome Archidamo V, che era però stato ucciso (probabilmente) da Cleomene III. *cfr.* Polibio IV, 35, 6 – 15; V, 37; *cfr. ivi* in *Appendice*, 6 - 9
[296] Polibio IV, 81. Di Chilone- probabilmente anch'egli un Europontide, almeno stando a quanto egli stesso sosteneva - non è però nota la genealogia.
[297] Polibio IV, 35

quell'anno Licurgo regnò da solo, facendo da nocchiere a una Sparta che sussultava nella tempesta del suo stesso, prossimo e vicino, epilogo[298].

Ancora una volta, però, quasi a punizione della sua corruzione e avidità, il fato si sarebbe rivoltato contro la stirpe di Licurgo, stroncandola sul nascere, come si vedrà innanzi. Così come Cleomene aveva fatto sì che la sua sola dinastia regnasse (associandosi al trono, dopo la morte sospetta di Archidamo V, il fratello Euclida) e così come prima di questi aveva fatto suo padre Leonida (che dopo l'esilio del rivale e genero Cleombroto e, soprattutto, dopo la condanna a morte del collega Agide aveva regnato da solo), così Licurgo instaurò la propria dinastia come unica sul trono di Sparta, pur nulla avendo della stirpe né degli Europontidi né degli Agiadi.

Quasi ponendosi come epigono di Cleomene, Licurgo assediò l'Ateneo (che era stato fortificato da Cleomene[299]) nei pressi di Megalopoli. Nel frattempo, Arato il giovane succedeva a suo padre alla strategia della Lega Achea, mentre il giovane re Filippo V si preparava a ripartire per la guerra dalla Macedonia, dove, nel frattempo, era tornato.[300] Arato il giovane era meno abile in guerra di quanto fosse stato suo padre e per di più non poteva mettere in campo alleati stranieri, poiché durante la guerra cleomenica gli Achei stessi non avevano retribuito le milizie mercenarie: ciò giovò a Licurgo, che riuscì alfine a prendere l'Ateneo di Megalopoli e altre città[301].

Intanto, a Sparta, il fato preparava la vendetta per gli efori che, lasciandosi corrompere, avevano eletto Licurgo. Chilone, che, come detto, si riteneva il legittimo erede Europontide, iroso per il disprezzo che gli efori gli avevano mostrato, calpestando i suoi diritti, progettò una rivoluzione, presentandosi, anch'egli come un nuovo Cleomene: il nome dell'ultimo re Agiade, sovversivo da vivo, ammaliava ancora da morto. Progettò così di suddividere e redistribuire la terra e si accordò con duecento sodali[302], armato e attrezzato, si vendicò degli efori per il torto subito: li sorprese mentre banchettavano e li trucidò. «A costoro» commenta Polibio «la fortuna impose una pena adeguata: e infatti si direbbe che abbiano subito una giusta sorte, considerando da chi e per quale motivo la subirono.» Indi Chilone assalì la casa di Licurgo, ma non riuscì a catturarlo: aiutato da alcune persone che abitavano nelle vicinanze, Licurgo gli si sottrasse e si riparò a Pellene. Fallito nel suo principale obiettivo, Chilone fu tuttavia

---

[298] Livio XXXIV, 26, 14. È interessante, a tal riguardo, come Musti e Walbank ritengano addirittura che nella frase di Livio in codesto passo «...*ab Lycurbo tyranno post mortem Cleomenis, qui primus tyrannus fuit*» la locuzione *qui primus tyrannus fuit* sia da riferire a Cleomene e non a Licurgo. *cfr.* Musti 1967, p. 178
[299] Polibio II, 46, 6
[300] Polibio IV, 36 - 37
[301] Polibio IV, 60
[302] Shimron 1972, p. 154

costretto a portare avanti il proprio progetto e, irrompendo nell'Agorà, assalì gli avversari, poi, assieme agli amici, annunciò le riforme che aveva in mente. Nessuno, però, gli diede ascolto e anzi in molti si radunarono contro di lui, al punto che fu bandito da Sparta: Chilone fu così costretto a fuggire e a riparare, da solo, in Acaia.

Anche per Licurgo, tuttavia, la fortuna si rivelò assai labile: temendo che Filippo (per il quale, nel frattempo, nonostante la sua giovane età erano aumentati il timore ed il rispetto) fosse ormai prossimo (e da lì a poco, infatti, sarebbe giunto), gli Spartani abbandonarono Megalopoli da poco riconquistata e, anzi, abbatterono la fortificazione dell'Ateneo[303]. Era ormai l'estate del 217 a.C.[304], Licurgo, ritornato a Sparta dopo il fallimento di Chilone,[305] se ne partì per una spedizione in Messenia[306], senza tuttavia compiervi alcuna azione degna di nota: tentò allora di prendere Tegea, ma anche qui fallì nell'assedio. Nel frattempo Dorimaco, a capo degli Etoli, attaccava la Tessaglia, per cercare – invano - di far defezionare Filippo, che, intanto assediava Pale[307]. Due fedeli comandanti del re di Macedonia, Crisogono e Petreo[308], impedivano a Dorimaco lo scontro campale: Filippo infatti, approdato a Corinto stava inviando messaggeri a tutte le città alleate della lega Achea (tra cui i Messeni, che gli inviarono subito duemila fanti e duecento cavalieri[309]) e marciava su Sparta la quale disperava che Licurgo giungesse in soccorso[310]. Saputo del rinforzo che i Messeni portavano a Filippo, Licurgo, presi con sé alcuni mercenari oltre ai suoi Spartiati, pensò bene di attaccarli: uccise solo otto cavalieri ma si impadronì dei loro armamenti, mentre tutti gli altri volgevano in fuga, ritornando in patria passando per Argo. Galvanizzato dalla riuscita dell'attacco, Licurgo si consultava con la propria cerchia per sferrare un ultimo e decisivo attacco alle truppe macedoni. Occupò egli stesso il Menelaio (ovvero la collina sulla quale sorgeva il sepolcro dell'eroe omerico Menelao, una delle alture appena fuori alla città, che si elevano sullo spazio che separa il fiume Eurota dalla città), comandando a quanti aveva disposto, invece, all'interno della città che, non appena avessero visto il segnale convenuto, schierassero l'esercito in più punti attorno alla città, rivolto verso il fiume Eurota[311]. Attendendo il passaggio di Filippo, l'esercito della città si dispose dunque sulla destra del fiume mentre Licurgo e i suoi uomini sui colli; gli Spartani, inoltre,

---

[303] Polibio IV, 81
[304] Thornton 2002, p. 463 n. 1
[305] Thornton 2002, p. 406 n. 1
[306] Polibio V, 5
[307] Polibio V, 17
[308] Thornton 2002, p. 413 n. 4
[309] Polibio V, 20
[310] Polibio V, 18
[311] Polibio V, 21 -22

ostruirono il fiume a monte, affinché debordasse tra la città e le colline, e così impedisse l'accesso sia a fanti che a cavalli macedoni.

Dal canto suo Filippo, quando arrivò, vedendo l'inondazione, comprese che sarebbe stato costretto a condurre l'esercito lungo la zona montuosa che circonda Sparta, esponendolo all'assalto nemico: allora, consultatosi con gli amici, pensò di assalire, necessariamente prima gli uomini di Licurgo sul Menelaio: presi con sé mercenari, peltasti e alleati Illiri, attraversò il fiume e prese ad avanzare in direzione dei colli. Licurgo prese ad incitarlo al combattimento e lanciò il segnale agli Spartiati in città: tutte le milizie cittadine uscirono, collocandosi dinnanzi alle mura. All'inizio sembrarono avere la meglio gli uomini di Licurgo, poiché Flippo iniziò – astutamente – nel mandare avanti i mercenari, quando però il re macedone mandò avanti i suoi peltasti e questi assalirono i fianchi dell'esercito di Licurgo, gli Spartani, colti da terrore, ripiegarono in fuga. Cento caddero, altrettanti furono fatti prigionieri, altri ripararono in città. Licurgo stesso si salvò a stento, guadando il fiume e rientrando, a tarda notte e con pochi uomini, in città. Filippo fece occupare i colli dagli Illiri, attraversò il fiume ben coperto dai suoi soldati vincitori, indi, sconfitti in un ultimo assalto i cavalieri spartani, riuscì a passare l'Eurota e si accampò a Sellasia (il luogo che era stato teatro del fatale scontro tra Cleomene e Antigono). Celebrati sacrifici agli dei sui due colli Olimpo e Euas, giunse a Tegea ove vendette il bottino di guerra, poi si recò a Corinto dove, con Rodii e Chii discusse della da lui auspicata fine delle ostilità[312].

A Licurgo si mostrarono avversi anche i nuovi efori. Costoro credettero in breve all'accusa – che Polibio definisce falsa – secondo cui Licurgo volesse introdurre novità rivoluzionarie (d'altra parte, però, che Licurgo volesse porsi come un nuovo Cleomene, lo aveva mostrato anche prendendo Megalopoli e l'Ateneo). Riuniti dei giovani armati, gli efori si recarono perciò a casa del re, non certo con le migliori intenzioni: Licurgo, però, avvisato prontamente, era fuggito in Etolia[313]. Solo all'inizio dell'estate successiva, quando gli efori si furono assicurati che l'accusa mossa a Licurgo fosse falsa, il re Europontide poté far ritorno a Sparta, ove trattò con lo stratego degli Elei, Pirria, per invadere la nemica Messenia. Lo Spartano e l'Eleo avanzarono, assieme, verso la Messenia, ma Arato il giovane, compreso il loro piano, giunse a Megalopoli per portare soccorso, assieme ad alcuni mercenari, agli alleati Messeni. Quando seppe dei rinforzi nemici di Arato, Licurgo occupò una piazzaforte dei Messeni, Calame[314] e continuò a marciare, ansioso di ricongiungersi agli Etoli; Pirria, invece, uscito dall'Elide con truppe poco numerose, fu costretto a indietreggiare, e non poté congiungersi agli uomini di Licurgo. Lo Spartano, quindi, senza i rinforzi sperati, fu costretto a ritornare a Sparta,

---

[312] Polibio V, 22 – 24; Thornton 2002, p. 415 n. 4
[313] Polibio V, 29
[314] Probabilmente l'odierna Giannitza, *cfr.* Thornton 2002, p. 464 n. 1

senza aver ottenuto nulla. Arato, ben esultante che i nemici avessero fallito, si impegnò a presidiare i territori dei Messeni e dei Megalopiti[315].

Se per lo Spartano la sorte era in rotta, anche per gli Achei Arato il giovane e Arato il vecchio il fato non sarebbe stato clemente: sarebbero morti entrambi lo stesso anno, nel 213.

Padre e figlio sarebbero stati avvelenati, secondo Plutarco, per conto di Filippo V. Il re macedone, dapprima quasi morboso ammiratore di Arato di Sicione, prese in seguito a non soffrire più la di lui ingombrante presenza anche per il fatto che questi fosse al corrente, tra l'altro, della relazione adulterina tra Filippo stesso e la di lui nuora, Policratea[316] (moglie, appunto, di Arato il giovane). Filippo avrebbe così eliminato padre e figlio, lo stesso anno, commissionando a un generale, Taurione, di somministrargli un veleno che provocasse consunzione e, infine, la morte.

Arato, che in giovinezza aveva scacciato Antigono Gonata da Corinto e che in seguito, per combattere Cleomene, aveva richiamato nel Peloponneso i Macedoni comandati da Antigono Dosone, periva infine, per mano del protetto e successore di quest'ultimo, Filippo V, il quale insidiatagli la nuora[317], lo avvelenava lentamente.

Quando, al cospetto di un amico di nome Cefalone, Arato il vecchio fu costretto a sputar sangue a causa del veleno, avrebbe esclamato: «questa, o Cefalone, è la ricompensa per l'amico di un re!» Arato morì ad Egio, mentre era stratego per la diciassettesima volta; la città di Sicione ottenne di seppellire il corpo del suo eroe al suo interno e gli tributò onori divini[318].

Con la morte del primo nemico di Cleomene, di colui che era stato stratego per ben diciassette volte, si chiudeva un'era, ormai da tempo privata dei suoi principali eroi.

---

[315] Polibio V, 91 - 92
[316] Plutarco, *Arato*, XLIX; 51, 1; *cfr.* Magnino 1996, p. 652, n. 189
[317] Plutarco, *Cleomene,* XVI, 5 – 6 dà, a proposito, un giudizio molto severo sulla suddetta consequenzialità.
[318] Plutarco, *Arato,* LII - LIII

V. *Il tiranno Macanida*

Le fonti sulle imprese di Licurgo si disperdono. Livio e Diodoro ci tramandano che lasciò un figlio infante, Pelope, il quale, per la giovane età fu affidato al suo tutore, Macanida. Quest'ultimo è una figura che emerge dall'ombra, senza un passato, ma con un poderoso e convulso futuro. Chiamato all'unanimità delle fonti "tiranno[319]", Macanida entra in scena nel mentre in cui Filippo portava aiuti agli Achei, i quali si trovavano in difficoltà a causa dell'energica azione di Macanida e della flotta degli Etoli che navigava tra Naupatto e Patrae, dopo aver devastato il paese[320].

Nel frattempo, infatti, il panorama generale era drasticamente mutato: negli stessi anni in cui Achei ed Etoli si facevano la guerra, Roma aveva subito le disfatte ad opera dei Cartaginesi del Trebbia, del Trasimeno[321] (217) e di Canne (216), ma si era affacciata sul Mediterraneo e nello stesso tempo in cui Macanida saliva al potere, il 209 a.C. circa, Scipione l'Africano conquistava Cartagine. Soprattutto, Roma aveva combattuto e vinto nella prima guerra macedonica (229 – 205 a.C.), alleandosi con la Lega Etolica e il re Attalo I di Pergamo contro Filippo V e la Lega Achea[322]. Tutto era iniziato molto tempo prima, quando, nel 230, Roma aveva tentato di arginare l'azione della pirateria illirica ai comandi del re Agrone inviando, alla morte di questi, un'ambasceria alla sua vedova, la regina Teuta: quest'ultima aveva addirittura fatto assassinare uno degli ambasciatori, provocando così l'intervento Romano l'anno seguente[323], conclusosi nel 228 con l'instaurazione del protettorato Romano sull'Illiria; la protezione di Roma aveva suscitato gratitudine sia da parte degli Etoli che degli Achei[324]. Un dinasta di Faro, Demetrio, precedentemente al servizio di Teuta, era passato, nel 229, dalla parte di Roma, per poi tradire anche i Romani ed intraprendere anch'egli la pirateria sulle isole dell'Egeo: nel 219 un secondo intervento Romano aveva sconfitto l'antico alleato, ora traditore. Demetrio aveva prontamente trovato un nuovo alleato di spicco nel Mediterraneo: Filippo V di Macedonia. Filippo V era così intervenuto contro le forze Romane stanziate sulla costa illirica[325], fallendo: dopo la sconfitta romana del Trasimeno, consigliato da Demetrio di Faro, aveva firmato la pace

---

[319] Polibio chiama talvolta anche Cleomene "tiranno", per via della sua politica riformatrice e autoreferenziale.
[320] Livio XXVII, 29, 9
[321] Polibio III, 81 ss.; V, 101 ss.
[322] *Periochae*, 24, 4 - 5
[323] Polibio II, 8 - 19
[324] Musti 1989, p. 579
[325] Polibio VIII, 1, 6

con gli Etoli, bramoso di spostare il fronte di guerra sull'Illiria, per riprendersi – in un momento in cui Roma era stata sconfitta da Cartagine - il regno costiero strappatogli dai Romani[326]. Persa l'occasione di combattere coi Romani forse per timore[327], Filippo, che non era riuscito nel proprio intento, aveva allora cercato tra gli alleati quello più temibile per Roma, Annibale.[328] Appena lo erano venuti a sapere, i Romani lo avevano inseguito e sconfitto, mettendolo in fuga, ad Apollonia[329]. Negli anni successivi, Filippo aveva conquistato diverse piazzeforti, ma Roma aveva intessuto una rete antimacedone, alleandosi con gli Etoli[330] e con l'Elide, Sparta, Messene, Scerdilaide (il re di Tracia) e Attalo I di Pergamo[331]. Mentre Filippo veniva sconfitto contemporaneamente dagli Etoli, da Attalo e da Roma,[332] i suoi alleati Achei venivano sconfitti dagli Spartani, guidati, per l'appunto, da Macanida.

Mentre da un lato gli Achei, temendo il tiranno di Sparta (che si era stanziato proprio ai confini dell'Argolide), disperati, pregavano Filippo che venisse in loro aiuto, dall'altro gli Etoli, esaltati per il vicino arrivo di Attalo I e dei Romani di Publio, avevano occupato e fortificato il passo delle Termopili, il che avrebbe impedito il passaggio a Filippo, che non sarebbe, così, riuscito nel portare aiuto ai suoi alleati Achei[333]. La meteora dell'oscuro Macanida, tuttavia, era destinata, da lì a poco, a spegnersi per sempre.

Il fato decretò che fosse Mantinea[334] il luogo ove gli Etoli e gli Achei si scontrassero in un'ultima, epica battaglia. A capo dei primi era Macanida, a capo dei secondi Filopemene (lo stesso che si era distinto, ormai molto tempo prima, a Sellasia, combattendo contro Cleomene), descritto da Polibio come «comandante nato e di gran lunga superiore a chiunque altro quanto ad abilità politica[335]». Era il 207 a.C., Macanida era riunito coi suoi Spartani a Tegea, venuto a sapere che gli Achei si erano raccolti nella città d'Arcadia, mosse con l'esercito diretto a nord. Egli stesso guidava la falange dell'ala destra, mentre faceva avanzare, su entrambi i lati dell'avanguardia, i mercenari; alla fine delle file, venivano trainate le catapulte. Dal canto suo, Filopemene iniziò a far sortire le sue truppe da Mantinea e a disporle in tre parti: gli Illiri, le truppe corazzate, i

---

[326] Polibio V, 102 - 105
[327] Polibio V, 110
[328] Livio XXXIII, 33; Polibio VII, 9; *Cfr.* Musti 1989, p.579; p. 622 n.4.
[329] Livio XXIV, 40; *Periochae*, 24, 4
[330] Il patto di alleanza tra Roma e la Lega Etolica è conservato in un'epigrafe di Tirreo (in Acarnania), *cfr.* Musti 1989, p. 579; p.622, n.5
[331] Polibio VIII, 15 – 16; Livio XXVI, 40; Polibio IX, 30
[332] Livio XXVI, 25 - 28
[333] Polibio X, 41 - 43
[334] Per un'accurata descrizione della battaglia di Mantinea si veda Roberts & Bennett 2012 p. 135 ss. e Montagu 2015 p. 124 - 125
[335] Polibio XXIII, 13

mercenari e la fanteria sul sentiero che costeggiava il tempio di Poseidone, gli uomini della falange lungo una strada che dava a occidente, infine, la cavalleria achea su una strada attigua. Con la fanteria leggera occupò l'altura su cui sorgeva il tempio di Poseidone, vicino alla quale, a sud, pose gli Illiri e le truppe corazzate; lungo il fossato che attraversava la pianura di Mantinea in direzione del tempio di Poseidone, dispose gli uomini della falange, divisi in battaglioni. Accanto a questi pose, sull'ala destra, la cavalleria achea, comandata da Aristeneto di Dime, mentre sull'ala sinistra truppe mercenarie tarentine guidate da lui stesso[336].

L'esercito di Macanida (composto sia da Spartani che da mercenari – anch'essi - tarentini) si avvicinava, ormai era ben in vista. Filopemene fece allora un discorso al proprio esercito, ricordando ai suoi uomini che si combatteva per la libertà della Grecia, contro un tiranno senza scrupoli, ma i soldati, a lui devoti, esplosero in ovazioni che gli impedirono d'essere completamente udito: la lealtà nei suoi confronti era veramente alta.

Macanida incominciò ad attaccare, cercando di trarre in inganno Filopemene: finse di attaccare l'ala destra, ripiegando però, all'ultimo, su tutto l'esercito nemico: nel mentre eseguiva questa mossa, i suoi soldati piazzavano le catapulte. Compresa che l'intenzione di Macanida era di seminare lo scompiglio nell'esercito nemico, con le catapulte, Filopemene mandò all'attacco i suoi mercenari tarentini: Macanida, allora, fece altrettanto: le truppe mercenarie entrambe tarentine[337] si scontrarono. In breve, anche le fanterie si avvicinarono, e la battaglia ebbe inizio nella sua completezza. Dapprima prevalsero i mercenari tarentini di Macanida e combatterono talmente valorosamente che misero in fuga gli Illiri di Filopemene. Tuttavia Macanida commise proprio allora (forse per la sua giovane età, commenta Polibio) il suo più grave errore: non approfittò dello scompiglio creato nelle fila di Filopemene, e, anzi, senza pensare di accerchiarli, si gettò, assieme ai suoi mercenari, all'inseguimento di essi, per incutergli un maggior (ed inutile) terrore. Dal canto suo Filopemene si mise al riparo dell'ala della sua falange, finché gli inseguitori lo superarono, indi, non appena furono passati oltre e il campo di battaglia si fu fatto deserto, facendo girare a sinistra i primi battaglioni della falange, avanzò con carica, riuscendo così a guadagnare una posizione più alta dell'esercito nemico e ad aver tagliato fuori gli inseguitori. Da qui diede l'ordine di mantenere lo schieramento sino a che non avesse dato il proprio segnale, poi, comandato al suo ufficiale Polieno di Megalopoli di radunare gli Illiri, i corazzati e i mercenari che erano rimasti indietro e di rafforzare le fila posteriori dell'esercito, attese il ritorno degli inseguitori. Gli Spartani, probabilmente indisciplinati, nel frattempo ritornavano, esaltati dall'inseguimento:

---

[336] *cfr.* Roberts & Bennett 2012 p. 174 n. 19 sui mercenari di Filopemene e pp. 136 – 142 sulla battaglia di Mantinea

[337] Fatto piuttosto prevedibile, racconta Polibio, essendo essi mercenari al soldo d'un tiranno ed essendo il potere del tiranno basato principalmente sui mercenari.

abbassarono le *sarissae* e, senza darsi peso d'attendere alcun segnale, mossero contro gli Achei di Filopemene, che li attendevano sull'altura, anch'essi con le *sarissae* abbassate (entrambi gli eserciti – gli Spartani dal tempo di Cleomene - avevano infatti adottato la medesima lancia, sostituendola alla δόρυ greca). Non appena gli Spartani furono costretti a rompere le righe per superare il fossato che li separava dall'altura conquistata dagli Achei, questi ultimi, approfittando della difficoltà in cui versavano gli avversari, attaccarono. Gli Spartani si trovarono le lance Achee quasi sulle loro teste e, presi da spavento, fuggirono: ne morirono moltissimi, uccisi sia dagli Achei che dalla confusione. Vittorioso, Filopemene si mise dalla parte del fossato vicino alla città, per veder ricomparire il suo avversario.

Troppo tardi Macanida si accorse di essere avanzato troppo; disperato, tentò invano di serrare quel che rimaneva dei suoi ranghi, per avanzare in modo compatto e aprirsi un passaggio attraverso i nemici (che i suoi uomini, invece, inseguivano in ordine sparso). Alcuni, tra i suoi uomini, si unirono immediatamente a lui, sperando di salvarsi, ma quando videro che gli Achei li attendevano al di là del fossato e che sorvegliavano il ponte che lo attraversava, si persero d'animo e, staccandosi dal generale per cercare di mettersi in salvo, lo abbandonarono. Impossibilitato a passare il ponte, Macanida cavalcò allora, con due dei suoi fedelissimi (uno dei quali aveva nome Aressidamo, l'altro era un mercenario), lungo il fossato, cercando disperatamente un punto per passarlo.

Dopo che lo ebbe riconosciuto per la sua tunica di porpora e per gli ornamenti del suo cavallo, Filopemene lasciò che un altro suo luogotenente, Anassidamo, sorvegliasse il ponte e, ordinatogli di non risparmiare alcun mercenario di Macanida, in quanto uomini al soldo di un tiranno, prese con sé altri due suoi aiutanti di campo, Polieno di Ciparissia e Simia, e si mosse parallelamente a Macanida e i suoi due uomini. Furono attimi terribili e cruciali: Macanida trovò un punto per saltare il fossato, spronò il cavallo e si lanciò nella speranza. Filopemene scagliò la propria lancia e lo raggiunse, ferendolo a morte. Poi, raggiuntolo, gli assestò un colpo con l'estremità inferiore della lancia e lo finì. Gli ufficiali di Filopemene colpirono Aressidamo, mentre il mercenario che era con lui fu l'unico a salvarsi, volgendo alla fuga. Simia si gettò sul corpo di Macanida e gli tagliò la testa: come un trofeo, la mostrò agli Spartani in fuga, in rotta verso Tegea e prese, coi suoi compagni, ad inseguirli. Anche Tegea fu presa dagli Achei, i quali, ora padroni della Laconia, si diedero al saccheggio. Quel giorno in cui Sparta si trovò perduta, sul campo di Mantinea rimanevano quattromila Spartani morti e un numero ancor maggiore di prigionieri veniva catturato[338].

Macanida non era stato, per Sparta, solo un tiranno, ma anche il tutore di Pelope, figlio di Licurgo (di Macanida predecessore, anch'egli tiranno). Con la morte di

---

[338] Polibio X, 41 - 42; XI, 11 – 18

Macanida, il fato aveva deciso di punire, a modo suo, il già defunto Licurgo, per la corruzione con la quale si era fatto eleggere re: la sua dinastia, infatti, senza più un protettore, non poté durare.

VI. *Il tiranno Nabide*

A Macanida successe Nabide, che sosteneva di essere un lontano discendente di Demarato (un Europontide vissuto nel IV sec. a.C.) e, quindi, di vago sangue reale. Costui mise immediatamente a morte Pelope, il figlio di Licurgo, che era ancora un bambino, per estinguere il pericolo che, fattosi uomo, rivendicando la sua acquisita regalità, potesse muovere per detronizzarlo[339].

Il nome di Pelope si aggiungeva così alla lista dei re morti bambini: Areo III, Eudamida II e gli anonimi figli di Cleomene e Agiatide; legittimi eredi al trono di Sparta o per nobiltà di stirpe (come nel caso dei primi quattro) o per conquista dei propri genitori (come nel caso di Pelope) il cui destino a regnare fu stroncato sul nascere.

Vero è che con la morte di Pelope, Licurgo, già defunto, espiava in quale modo la sua colpa di aver detronizzato l'erede diretto di Cleomene (suo pronipote), Agesipoli III che ora, unico erede ancora in vita, languiva in esilio. Costui, l'unico a poter esser considerato l'ultimo vero re di Sparta per la sua stirpe reale, si vide sopraffatto da tre tiranni di seguito: Licurgo, che lo aveva detronizzato, Macanida, che aveva comunque protetto il figlio di Licurgo e, ora, Nabide, il quale, eliminato il figlio di Licurgo, non intendeva avere rivali al trono. Con Nabide, Sparta esalava, tra gli ultimi sussulti, il suo estremo respiro di vita.

Nabide si presentò sin da subito come un tiranno nel vero senso della parola: sterminò senza eccezione alcuna gli appartenenti alle case reali (che, dice Polibio, non si erano estinte ma anzi, fino ad allora esistevano ancora), proscrisse i cittadini più eminenti, si accanì contro coloro che spiccavano o per ricchezza o per nobiltà di stirpe: si impadronì dei loro beni, che ridistribuì alle famiglie dei suoi mercenari; «tra le sue fila» testimonia Polibio «contava assassini, scassinatori, briganti e rapinatori: da ogni parte del mondo arrivava, presso di lui, gente di questo tipo, cioè gente alla quale la rispettiva patria aveva chiuso le porte d'accesso a motivo dei loro crimini contro gli Dei e contro gli uomini.» Protettore dei delinquenti, sterminatore degli Spartiati, Nabide non

---
[339] Diodoro XVII, 1

solo proscriveva gli oppositori, ma li faceva assassinare durante la via dell'esilio oppure, informatosi sui luoghi in cui si rifugiavano, assoldava dei mercenari cretesi affinché si stanziassero nelle case adiacenti alle nuove abitazioni degli esuli e, praticate aperture nei muri, uccidessero gli esiliati[340], i quali erano in piedi o dormivano, scagliando loro frecce. Addirittura, Polibio racconta di come avesse fatto costruire l'antesignano della vergine di ferro, ovvero un simulacro di donna, dalle sembianze di sua moglie, Apagea, che aveva le membra ricoperte di punte acuminate, nascoste sotto le vesti: a coloro che si opponevano all'estorsione di denaro, Nabide diceva «forse io non sono capace di convincerti, ma questa Apagea ci riuscirà» indi imponeva di abbracciare il simulacro della donna, aumentava, con degli appositi marchingegni, la stretta, cosicché i malcapitati ne restavano mortalmente trafitti. In stretti rapporti coi pirati cretesi (alle cui razzie, spesso, si univa) offriva loro Sparta come base per la pirateria; con il pretesto che uno staffiere fosse fuggito su di un cavallo bianco – il migliore delle scuderie – assieme a dei Beoti da quell'inferno che era divenuto Sparta, Nabide riportò indietro il malcapitato staffiere e mise le mani perciò sui Beoti; poiché costoro gridarono aiuto, facendo accorrere una gran quantità di gente, tra cui alcune autorità, fu costretto a liberarli, procrastinando soltanto la sua vendetta: successivamente, infatti, attuò la guerriglia, razziando greggi (di un certo e non altrimenti noto Protagora) e altre persone, obbligando le figlie e le mogli dei padroni uccisi o esiliati a sposare i servi da lui stesso liberati[341].

Alleato degli Etoli, degli Elei e dei Messeni, tradì, da buon spergiuro, i Messeni stessi, nella cui città entrò attraverso la porta detta Tegeate; spregiudicato, chiese a Roma d'essere suo alleato durante la prima guerra macedonica: Publio Sempronio, che sarebbe stato poi designato console per l'anno successivo al 205, portò in Senato tale richiesta, che fu accolta. Nabide fu dunque tra i firmatari della pace di Fenice del 205 (che si sarebbe rivelata una tregua di tre mesi) stipulata tra Filippo V e Roma.

La partecipazione romana durante il primo conflitto macedone era stata l'occasione basilare, per Roma, di instaurare un nucleo di alleanze nell'Ellade, comprendente, oltre alla Sparta di Nabide, anche gli Etoli, l'Elide, Prusia re di Bitinia, gli Achei, i Beoti, i Tessalici, gli Acarnesi, gli Epiroti, gli Iliaci, il re Attalo, Pleurato, gli Elei, i Messeni e gli Ateniesi[342], alleanze chiaramente designanti una concreta assunzione del patronato ellenico da parte di Roma la quale, in virtù del ruolo assunto, all'indomani del nuovo conflitto con la Macedonia, inviava un *ultimatum* rivolto, appunto, ai Macedoni, «di non far guerra a nessuno dei Greci» col chiaro intento di

---

[340] Tra gli esiliati, che fortunatamente non morirono, ci furono anche Areo e Alcibiade, futuri ambasciatori (è curioso che il primo avesse il nome dell'antico re).
[341] Polibio XIII, 6 – 8; Diodoro XVII, 1
[342] Livio XXIV, 12; Musti 1989, p. 580

proseguire la propria configurazione panellenica (anche se la completa realizzazione del panellenismo romano si sarebbe compiuto solo con l'appoggio ufficiale da parte della Lega Achea, nel 198 a.C.)[343].

Dal canto suo, Filippo di Macedonia aveva intrapreso una possente politica espansionistica nell'Egeo, acquisendo il controllo degli Stretti tra cui Lisimachia nel 202; anche se sconfitto, nel 201, a Chio, da Attalo I di Pergamo e dalle città di questi alleate, si spostò in Caria, dove sin dai tempi del Dosone i Macedoni avevano possedimenti. Chiaramente allarmati, i Rodii chiesero e ottennero l'intervento Romano contro Filippo V: aveva così inizio la seconda guerra macedonica, un complicato intreccio di tutto il Mediterraneo e l'Oriente Antico in cui Roma sentiva la necessità di intervenire. L'ipotesi di patto "segreto", inoltre, lasciava intendere una pericolosa alleanza tra la Macedonia e la Siria sulla spartizione dell'Egitto, qualora sconfitto: una vera e propria minaccia per i regni allora alleati di Roma, il regno di Pergamo in Asia Minore governato da Attalo I e l'Egitto, che, se pur non ufficialmente alleato, era in buoni rapporti con la città tiberina anche se fortemente provato dalla crisi che era seguita alla morte di Tolomeo IV Filopatore, nel 204. Roma intervenne per prevenire e sovrapporsi a un rafforzamento di potenze ellenistiche in funzione antimacedone, col pretesto, però, di difendere Attalo e i di lui alleati Rodi e Atene nonché di difendere quest'ultima dalle violazioni del re macedone. Nel 200 il giovane ambasciatore Marco Emilio Lepido inviò l'*ultimatum* a Filippo V in cui gli intimava di cessare di far guerra ai Greci e di ritirarsi dall'Asia: tutto ciò avrebbe significato da un lato, per Filippo, cessare di emulare il suo antenato Alessandro Magno mentre dall'altro, per Roma, la neutralità di Antioco III[344]. Dopo due anni di operazioni militari non definitive sotto l'egida Romana di Sulpicio Galba Massimo e di Publio Villio Tapulo, emerse la brillante e astuta (anche se non limpida) personalità di Tito Quinzio Flaminio, destinato ad avere un ruolo preminente e decisivo anche per le sorti di Sparta.

Durante la seconda guerra macedonica, Nabide si schierò invece con Filippo V, il quale ormai convinto che fosse necessario uno scontro finale, scrisse a Filocle, governatore di Corinto, e di Argo affinché prendesse contatti con Nabide e lo informasse che egli, il re di Macedonia, offriva ai di lui figli le sue figlie in sposa. Nabide accettò l'invito soltanto perché, come racconta Livio, gli Argivi avevano deprecato il suo nome, disperando di non cadere nelle sue mani: così, ottenuta Argo da Filippo V come ricompensa per la sua alleanza[345], Nabide vi impose due leggi: l'una prevedeva la

---

[343] Musti 1989, p. 581
[344] Musti 1989, p. 584
[345] Criniti Golin 1987, p.945, n. 1 Livio XXXII, 38, spiega che Filippo offrì a Nabide la città in vitalizio qualora egli avesse perso la guerra contro Roma mentre, se fosse stato invece vincitore, Nabide gliel'avrebbe dovuta restituire.

redistribuzione delle terre, l'altra l'abolizione di tutti i debiti: «due fiaccole» commenta Livio «in mano ai turbolenti per infiammare la plebe contro le altre classi»[346]. Poi, con la spregiudicatezza che gli era propria, da nuovo padrone della città, mandò dei procuratori al Romano Tito Quinzio Flaminio, che si trovava a Elazia e al re Attalo, che svernava ad Egina, e comunicò loro che era intenzionato a riprendere la passata alleanza. Tito Quinzio era stato eletto console nel 198 a.C. (lo stesso anno in cui la Lega Achea era diventata ufficialmente alleata di Roma) quindi circa un anno prima della sconfitta di Filippo V nella prima guerra macedonica, e dal Senato aveva avuto in affido la provincia della Macedonia; descritto da Livio come poco più che trentenne, forte della sua gioventù e gaudente per il suo fulgido *cursus honorum*[347], Tito Quinzio non si fece ripetere la richiesta di Nabide: mandò a dire ad Attalo di raggiungerlo a Sicione, poi, da Anticira, partì egli stesso con dieci quinqueremi fornitegli dal fratello Lucio. Arrivati in città, Attalo dissuase Tito Quinzio dall'andare a cercare Nabide: un romano, disse, non si inchina a un tiranno. Nabide che aveva lasciato la città nelle mani di Timocrate di Pellene[348], arrivò nella vicina località di Micenica, dove si convenne di fissare l'incontro, al quale si presentarono Tito Quinzio, col proprio fratello, Nicostrato, pretore degli Achei e il re Attalo. Solo Nabide si presentò armato e se ne scusò molto: doveva proteggersi, disse, dai fuoriusciti di Argo. Al colloquio Tito Quinzio gli propose di rinnovare l'alleanza a due condizioni: cessasse la guerra contro gli Achei e gli mandasse aiuti militari contro Filippo: Nabide accettò, offrendogli subito seicento Cretesi. L'assemblea si concluse soddisfacendo tutti i convenuti, anche se quando Attalo protestò per la condizione di Argo, che Nabide teneva con la forza, il tiranno rispose che era stato chiamato dagli abitanti stessi e la questione rimase insoluta[349].

Nabide rafforzò così il suo dominio su Argo e se ne tornò a Sparta, dopo aver lasciato la città dell'Argolide nelle mani di sua moglie, Apagea, affinché si procurasse denaro. La moglie del tiranno riuscì a comportarsi addirittura peggio del marito: convocate le donne, sia individualmente che a gruppi, strappò loro di dosso i vestiti e i gioielli che indossavano, oltre ad aver precedentemente strappato loro gli averi.

Nel frattempo il conflitto tra Roma e la Macedonia si propagava volgendo a favore della prima: costretto a ritirarsi sino a Tempe, abbandonando la Tessaglia. La Lega Achea aderiva alla coalizione antimacedone ed il processo panellenico da parte di Roma si andava così completando, tuttavia, a Nicea, nella Locride orientale, fallì un primo tentativo di trattative cui avevano presenziato anche Tito Quinzio Flaminio e

---

[346] Polibio XVI, 13 – 17; Livio XXXII, 40
[347] Livio XXXIII, 33; Tito Quinzio Flaminio aveva combattuto nella guerra annibalica al seguito di Marco Claudio Marcello, era stato propretore a Taranto, questore e, a soli trent'anni, console.
[348] Polibio XVIII, 17, 3
[349] Livio XXXII, 39 - 40

Filippo V, in seguito Tito Quinzio si impadronì quindi della Locride e Filippo tornò ad avanzare in Tessaglia. Flaminio allora, raccogliendo seimila Etoli come rinforzi, si preparò a sferrare l'attacco definitivo a Filippo.

Sia i Romani che i Macedoni si erano ritirati da Fere, in Tessaglia, verso ovest, portandosi, entrambi lungo i fianchi di una catena di basse colline, senza essere l'uno a conoscenza della posizione dell'altro. La mattina della battaglia, ambo gli schieramenti rimasero accampati per la fitta nebbia e la pioggia; Filippo, però, occupò con successo la collina di Cinocefale, un ampio passaggio in mezzo alle colline che separava i due eserciti. Flaminio, intanto, mandò degli esploratori per cercare di scovare la posizione nemica. A causa della nebbia, la squadra romana cadde nelle mani dei soldati di Filippo: iniziò così una schermaglia nella quale i Romani ebbero la peggio e mandarono un messaggero chiedendo rinforzi, questi prontamente giunsero e ribaltarono la situazione, cosicché, a dover chiamare i rinforzi furono i Macedoni, ritiratisi sulla vetta.

I Macedoni, occupando il passo, avevano dalla loro il vantaggio del terreno mentre i Romani erano più vicini all'accampamento. Filippo inviò in aiuto dei suoi la cavalleria e i mercenari che, ribaltando nuovamente la situazione, spinsero i Romani sul crinale.

La battaglia si svolse lungo i pendii della collina, mentre ciascun comandante inviava via via rinforzi. Ad un tratto, però, Flaminio decise di mandare l'esercito nella sua totalità, cosicché Filippo fu costretto a fare lo stesso. Con la sua ala destra, il re macedone raggiunse la cima del passo e poté così vedere l'esercito romano schierato sotto di lui. Ordinò così all'ala destra di caricare, in ordine ravvicinato, l'ala sinistra Romana. Il Macedone, dal canto suo, condusse i peltasti e parte della falange su per il pendio, occupando le vette alla sua sinistra, che erano state lasciate libere dai Romani, poi ordinò alla parte della sua falange di caricare conto i Romani sottostanti.

L'unica speranza, per parte di Flaminio, di resistere all'impeto macedone, sarebbe consistita nel guidare l'ala destra con gli elefanti da guerra, contro l'ala sinistra nemica, che ancora stava marciando per raggiungere la vetta.

Alla guida dell'ala destra Romana, Flaminio, rendendosi conto della gravità della situazione, caricò perciò, coi suoi elefanti in prima linea, l'ala sinistra macedone, che si era schierata solo parzialmente.

La mossa di Flaminio si rivelò vincente: la vista degli elefanti terrorizzò i Macedoni, i quali furono messi in rotta e gettati in confusione[350].

---

[350] Polibio XVIII, 25, 4 - 7

Nel frattempo, un anonimo tribuno[351] Romano guidò venti manipoli (probabilmente erano *triari*), attraverso la collina, perché aveva notato che l'ala destra romana era posta in posizione sopraelevata, rispetto alla destra macedone. Fulmineo, attaccò quindi la parte macedone che ancora saliva e la sconfisse, voltatosi poi coi venti manipoli verso le retrovie della falange macedone, compì la mossa vincente: impediti dalla lunghezza di più di cinque metri delle proprie lance, i Macedoni non riuscirono a cambiare direzione per affrontare i Romani: alzate le lance in segno di resa, le lasciarono cadere e fuggirono. I Romani persero circa settecento uomini, mentre i Macedoni tredicimila.

La battaglia fu chiaramente emblema della fine della fine dell'efficacia della rigida falange macedone al cospetto della testuggine Romana[352].

Un anno dopo, nel 196, Tito Quinzio annunciò a Corinto, durante i giochi Istmici, che la Grecia era alfine stata liberata, venendo acclamato con immenso entusiasmo da tutti i convenuti (Corinzi, Euboici, Focesi, Locresi, Tessali) i quali, increduli di esser finalmente scevri dal dominio macedone, erano sorpresi della gratuità della loro autonomia che, per la verità, si sarebbe rivelata soltanto temporanea[353]. Roma concesse al re macedone la pace alle condizioni che: tutte le città greche fossero libere e autonome nell'ordinamento giuridico e venissero consegnate ai Romani sgombre dalle guarnigioni di Filippo; il re non avesse più che cinquemila soldati e nessun elefante, e versasse a Roma mille talenti. A garanzia che non muovesse guerra a Eumene, che nel frattempo era succeduto ad Attalo I, Roma ordinò che Filippo desse in ostaggio il proprio figlio Demetrio[354].

Nabide si tenne Argo: dopotutto, gli accordi presi a suo tempo con Filippo V prevedevano che se questi avesse vinto, si sarebbe ripreso Argo, mentre se avesse invece perso, Argo sarebbe rimasta a Nabide,[355] alle condizioni che questi gli restasse fedele, ovviamente. Ora che Filippo aveva perso, Nabide si tenne quindi Argo, con la sola evidente discrepanza che lo Spartano aveva sin da subito tradito il Macedone, passando dalla parte dei Romani. Tuttavia ai Romani iniziò a non piacere il fatto che una sì importante città fosse tenuta in potere da un tiranno, così convocarono un'assemblea nella quale, nonostante Tito Quinzio Flaminio non fosse entusiasta all'idea di muovere guerra e strappare la città all'antico (se pur ambiguo) alleato, emerse la volontà comune a muovere guerra a Nabide. Alessandro Isio, unico tra tutti, si lamentò della disparità di

---

[351] Livio XXXIII, 9, 8 - 10
[352] Polibio, XVIII, 19 – 26; Livio, XXXIII, 6 – 10; Plutarco, *Flaminio*, VII – VIII; *cfr*. Montagu 2015, p. 126; Connolly 1989, pp. 150 - 151
[353] Polibio, XVIII, 46 ss.; Livio XXXIII, 32 – 34; XXXIV, 22 – 41; Appiano, *Libro Macedonico* 9, 4 *cfr*. Musti 1989, p. 587; p. 623 n. 14; Musti 1989, pp. 584 - 585
[354] Livio XXXIII, 31; Plutarco, *Arato*, LIV, 4
[355] Livio XXXII, 38

trattamento: gli Achei, disse, nonostante fossero stati un tempo alleati di Filippo V, ora avrebbero potuto riottenere Argo, mentre gli Etoli, che sin da subito erano stati nemici del re macedone, venivano ora defraudati delle città Echino e Farsalo. Tuttavia Alessandro non fu ascoltato, e Aristeno, il pretore degli Achei, fece leva sul pericolo che rappresentava una città sì notevole nelle mani di un tiranno. Alla fine, Tito Quinzio fu quindi portato per dichiarare guerra a Nabide, promettendo però di soddisfare gli Etoli nelle loro richieste per non inimicarseli e per averli a fianco alla lotta contro il tiranno di Sparta. Così, da Elatea donde si trovava, marciò con l'esercito romano verso Argo, seguito da diecimila Achei e mille cavalieri guidati da Aristeno.

Nabide aveva lasciato Argo al governo di Pitagora, suo genero e cognato[356] il quale, avvistando le aquile romane, s'affrettò a rinforzare le due rocche di Argo (Larissa a ovest e Aspis a nord est).

Contro l'oppressione della tirannide, si consumò la tragedia di Damocle, un giovane «dotato più di coraggio che di senno» come dice Livio, che, con alcuni sodali, tentò di rovesciare il regime, senza però fare i conti con la delazione e il tradimento: una guardia, nel mentre stava parlando ai suoi seguaci, lo chiamò a sé. Compreso che il suo piano era stato sventato e che non aveva più scampo, Damocle si mise a gridare, al centro di Argo, che voleva la salvezza e la libertà della propria città. Nessuno gli portò supporto, tutti, paurosi e tremebondi, lo lasciarono in balìa degli Spartani di Nabide che, nel mentre gridava, lo circondarono e, assieme ai suoi seguaci, lo uccisero; altri suoi compagni furono gettati in carcere e in parte uccisi; solo pochi, la notte stessa, calandosi dalle mura, raggiunsero i Romani, salvandosi.

I Romani di Tito Quinzio Flaminio, infatti, erano alle porte della città e, consci della sollevazione che era avvenuta, e in qualche modo rafforzati nello spirito da essa, diedero l'attacco nei pressi del ginnasio di Cilarabi. Gli uomini di Nabide si lanciarono all'attacco fuori dalla porta della città, respingendo i Romani senza grande lotta. Perso l'assalto, Quinzio si accampò dove era avvenuto lo scontro e tenne un'assemblea nella quale tutti i capi greci, tranne Aristeno, convennero che si doveva iniziare la guerra proprio da Argo. Aristeno, infatti, si oppose a tale risoluzione, sostenendo che bisognasse invece attaccare la sede principale del tiranno; Quinzio diede ragione all'Acheo: avrebbe mosso guerra a Sparta.

---

[356] Pitagora era fratello della moglie di Nabide, Apagea. La figlia di Nabide, quindi, aveva sposato lo zio: non era raro il matrimonio tra parenti, a riprova delle usanze, come ha già dimostrato il caso della figlia di Ippomedonte *cfr. supra*.

Un grandioso esercito guidato dai Romani di Tito Quinzio e composto da Achei, Macedoni e Pergamiti, muoveva ora l'assedio contro la più simbolica delle città del Peloponneso.

L'indomani Tito Quinzio mosse l'accampamento e partì. Passando per il monte Parteneo, superò Tegea, due giorni dopo si accampò presso Carie, ove Filippo gli inviò i rinforzi: millecinquecento macedoni e quattrocento cavalieri tessali (il re di macedonia, ora alleato di Roma, si vendicava così del tradimento di Nabide); giunsero poi il fratello di Tito Quinzio, Lucio, che da Leucade portava quaranta navi, e il re di Pergamo, Eumene, con diciotto imbarcazioni rodiesi e quaranta navi coperte e trenta feluche; infine arrivarono moltissimi esuli spartani, cacciati dalla loro città dai vari tiranni che si erano susseguiti negli ultimi anni: li guidava un giovane, era Agesipoli, il legittimo erede al trono agiade di Sparta.

Conscio del grande esercito che muoveva contro di lui, Nabide, che di suo aveva mille cretesi, tremila mercenari e diecimila cittadini, mandò a chiamare a Creta altre mille giovani scelti, poi fortificò la città con un fossato e una palizzata. Per evitare che i cittadini, speranzosi d'esser liberati, provocassero una sommossa, li riunì in una spianata chiamata Dromos, sulle rive del fiume Eurota. Si scusò sin da subito con loro con quello che stava per fare: disse che li avrebbe soltanto tenuti sotto controllo, per prevenire un'eventuale ribellione e addusse, a giustificazione, il fatto che erano tempi difficili. Dopo la battaglia, promise, li avrebbe liberati. Quindi chiamò ad uno ad uno i proscritti, e, man mano che questi rispondevano, li gettò in prigione. La notte stessa, furono tutti uccisi.

Non saturo di tanta violenza, fece condurre per le strade della città alcuni iloti, che, si diceva, volessero disertare, e dopo averli costretti a marciare sotto sferzate di frusta, li fece uccidere. Terrorizzata, la popolazione non osò ribellarsi.

Nel frattempo Quinzio giungeva a Sellasia (laddove, ormai molti anni prima, Cleomene aveva perso la sua guerra) e, dopo aver mandato avanti dei soldati affinché spianassero il cammino, avanzò lui stesso con la cavalleria e la fanteria leggera. Nabide, che aveva previsto la mossa del Romano, gli mandò contro le truppe ausiliarie. La battaglia fu breve e fulminea: dapprima i Romani, scompigliati, ebbero la peggio, ma quando, infine, sopraggiunsero le insegne delle legioni e le coorti dell'avanguardia furono fatte entrare in battaglia, gli ausiliari del tiranno furono costretti alla fuga e alla ritirata, entro le mura di Sparta. I Romani li inseguirono sin sotto alle mura, e attesero una loro eventuale nuova: poi, vedendo che nessuno fuoriusciva, se ne tornarono all'accampamento. Tito Quinzio riattaccò battaglia il giorno successivo, guidando le sue truppe – coorti legionarie in testa, fanteria leggera e cavalleria in coda - ai piedi del Menelaio. Nabide attese che la retroguardia Romana passasse dinnanzi alla città, quindi tentò di accerchiare i nemici lanciandovi contro i suoi mercenari.

Appio Claudio, che chiudeva la colonna, avendo previsto una tal mossa di Nabide, fulmineo gridò all'esercito di fare dietro front cosicché potesse combattere contro i soldati al soldo di Nabide: la battaglia fu breve e anche questa volta i Romani ebbero la meglio e volsero i mercenari in fuga.

Quinzio, nel frattempo, devastò Amicle e la valle sottostante il Taigeto, poi, accertatosi che non ci fossero nemici nei paraggi, pose l'accampamento verso l'Eurota. Suo fratello Lucio dopo aver conquistato le città della costa, con l'aiuto del re Eumene, mosse contro la città di Giteo, sulla costa, che per gli Spartani era il deposito dei loro rifornimenti marittimi. La testuggine romana mosse quindi, seguita dagli Arieti, contro la città. Giteo era governata da Dexagorida e Gorgopa: il primo aveva tradito la città, promettendo ai Romani di consegnargliela ma, scoperto dal secondo, fu da questi ucciso. La difesa di Giteo da parte di Gorgopa fu strenua, l'assedio Romano faticoso, ma alfine soggiunse Tito Quinzio con quattromila soldati scelti e Gorgopa capitolò: fu costretto a fare ciò per cui aveva punito il collega, ovvero consegnare la città ai Romani.

Nabide, intanto, aveva lasciato il genero Pitagora a capo di Argo e questi, dopo aver affidato il controllo della città al già citato Timocrate, lo raggiunse a Sparta con mille mercenari e duemila argivi.

Saputo che Giteo era stata presa, Nabide mandò Pitagora a implorare i Romani di incontrarsi per un'assemblea. I Romani accettarono e all'incontro convennero anche il re Eumene, un delegato di Rodi di nome Sosila, Aristeno e pochi altri tribuni. All'assemblea Nabide, cui fu concesso il diritto di parola, parlò per primo: disse che non aveva infranto alcuna alleanza con Roma, se non per il fatto che persistesse nel tenersi Argo; la città, però, apparteneva prima a Filippo V e non a Roma e proprio da Filippo l'aveva ottenuta quando ancora non era legato da alcuna alleanza a Roma - e qui mentì, poiché già prima di allearsi a Filippo V per avere da lui Argo, Nabide si era unito in precedenza a Roma con un'alleanza[357] -. Inoltre – e qui mentì di nuovo – erano stati gli argivi stessi a consegnargliela. Nabide si difese poi dalla sua nomea di "tiranno" sostenendo che aveva soltanto liberato i servi dalla loro condizione di schiavitù e redistribuito la terra alla plebe - e qui si poneva alla stregua dei passati re riformatori di Sparta -.

«Quando strinsi alleanza con te» disse poi, rivolto a Tito Quinzio «mi chiamavi re, ma io, che ora tu chiami tiranno, sono lo stesso di allora.»

---

[357] Livio XXIV, 12

Dopo la sua lunga discolpa, prese la parola lo stesso Quinzio. Disse che Roma non aveva stipulato alleanza con lui ma con Pelope, il legittimo re di Sparta (ma qui Polibio pare contraddirsi[358]) e che ora non aveva più intenzione di mantenere un'alleanza con un tiranno sì crudele coi suoi sudditi.

«E se anche tu non avessi preso Argo» disse Quinzio «resterebbe comunque il fatto che hai tolto a Sparta le sue leggi. Argo» continuò «era, è vero, fedele, a suo tempo a Filippo V, per colpa, però, di due o tre cittadini e non di tutti gli argivi. Tuttavia, così come liberammo Focesi, Locresi e Tessali che pure erano dalla parte di Filippo, pensi forse che ora non faremo altrettanto con Argo?»

Quinzio fece poi appello alla crudeltà che Nabide aveva esercitato sui cittadini e che, tenendo in prigione liberi cittadini, continuava ad esercitare, alla conquista di Messene – che era alleata di Roma – alla sua amicizia coi pirati, che ora pullulavano per i mari di Grecia, alla sua sbandierata ma inefficiente lealtà.

Sconfitto – a parole – Nabide si arrese: promise che avrebbe ritirato la guarnigione da Argo e avrebbe restituito i prigionieri alle loro famiglie. Quando se ne fu andato, i Romani - nonostante le obiezioni di Quinzio[359] - avevano già la risposta al problema: occorreva attaccare il cuore della questione, Sparta.

Prima di procedere, però, all'assedio, i Romani inviarono un *ultimatum* a Nabide: esposero le loro condizioni dalle quali il tiranno avrebbe potuto ottenere la pace, ovvero restituire le imbarcazioni sottratte alle città conquistate, i prigionieri alle città alleate dei Romani, i beni a Messeni ancora in vita, le mogli e i figli agli esiliati (pur senza costringere nessuna donna a seguire, qualora nolente, il marito esule), non possedere alcuna città sull'isola di Creta, consegnare tutte le città che possedeva ai Romani, inviare il proprio figlio Armenes, assieme ad altri quattro giovani, in ostaggio a Tito Quinzio, versare cento talenti d'argento subito e cinquanta all'anno per otto anni. Com'era prevedibile, convocata un'assemblea e ottenuto parere concorde, Nabide rifiutò l'offerta e si preparò all'assedio.

Pochi giorni dopo, Tito Quinzio intraprese l'assedio. Attaccò Sparta contemporaneamente da tutti i lati delle mura, cosicché gli assediati fossero terrorizzati ed impossibilitati a capire dove intervenire prima; divise il nerbo dell'esercito in tre parti e ordinò che la prima attaccasse al tempio di Apollo, la seconda al tempio di Dictinna,

---

[358] Thornton 2006, p. 338 n.1. Se Polibio si riferisse a Pelope figlio di Licurgo, questi era all'epoca un bambino, essendo morto, ucciso dallo stesso Nabide, secondo Diodoro XVII, 1, in tenera età.
[359] Quinzio era più propenso alla pace, adducendo a tale motivazione anche il fatto che, poiché la pace con Antioco non era sicura, un assedio che tenesse impegnati i Romani a Sparta non era una saggia idea. Alla fine, però, Quinzio accettò il parere della maggioranza. *cfr.* Livio XXIV, 33 - 34

la terza all'Eptagonie. Gli Spartani resistettero con armi da lancio dalle quali, però, i Romani si difendevano assai facilmente (pur talvolta ferendosi tra loro, a causa del fatto che alcuni fossero in posizione più elevata dei loro compagni); gli Spartani presero allora a lanciare tegole, dalle quali i Romani si difesero con la testuggine. Quando i Romani stavano ormai per entrare, Pitagora appiccò il fuoco agli edifici più vicini alle mura: tegole in fiamme e travi bruciate presero allora a cadere addosso ai Romani, allora, a causa anche del fumo, i soldati dovettero desistere dall'assedio. Pur caduta sotto la tirannia, Sparta era riuscita, anche stavolta a resistere e a respingere un assedio. In seguito, tuttavia, Quinzio condusse diversi attacchi a Nabide a tal punto che costrinse comunque il tiranno a chiedergli una tregua.

Nel frattempo, però, un netto evento a favore di Roma si verificava ad Argo: comandati da un certo Archippo e approfittando dell'assenza sia di Nabide che di Pitagora, gli Argivi erano riusciti a cacciare la guarnigione spartana ed erano ritornati in possesso della loro città. Risparmiarono Timocrate di Pellene, poiché aveva governato con mitezza. Quinzio, che nel frattempo aveva ritirato le truppe alleate di suo fratello Lucio e la flotta di Eumene da Sparta, quando giunse ad Argo, fu accolto con gioia e furono indotte le feste Nemee, durante le quali un araldo confermò la libertà degli Argivi.

Come scrive Livio, tuttavia tanta era la gioia per la liberazione di Argo, quanto era l'insoddisfazione per la mancata presa di Sparta, che lasciava scontenti sia gli Achei che gli Etoli, i quali criticavano aspramente la discrepanza per cui contro Filippo non si era cessato di combattere prima che non gli fosse stata sottratta sino all'ultima città, mentre a Nabide si lasciava Sparta (ed il suo legittimo re, Agesipoli, continuava ad essere in esilio). Agesipoli, le cui notizie sono molto sporadiche, si trovava, infatti, all'accampamento romano.

Livio conclude frettolosamente accennando a un'ultima battaglia tra Quinzio e Nabide, nella quale il tiranno perse più di quattordicimila soldati, mentre quattromila furono fatti prigionieri. In seguito a quest'ultima disfatta, Nabide si decise a chiedere la pace. Mandò a Roma degli ambasciatori, affinché fosse ratificata la cessazione delle ostilità. Una breve ma sanguinosa guerra tra Sparta e Roma era, alfine, conclusa. Così, almeno, pareva[360].

Le condizioni cui Nabide soggiacque, furono pressoché le medesime di quelle proposte da Quinzio prima della guerra; il tiranno dovette inoltre inviare a Roma il proprio figlio Armenes, il quale si ritrovò ad essere ostaggio a Roma, accanto al principe di macedonia Demetrio, figlio di Filippo V[361].

---

[360] Livio XXIV, 23 - 43
[361] Criniti Golin 1987, p.994, n. 2

Pochi anni dopo, l'ormai sconfitto Filippo, inviò un'ambasceria a Roma, per richiedere indietro Demetrio, facendo presente come avesse effettivamente collaborato nell'avanzata romana verso la Tessaglia (191) e di come, opponendosi ad Antioco, avesse continuato ad operare, in nome di Roma, conquistando la Dolopia, la Peranzia, le città Magnesia e Larissa Cremaste[362]. Roma, acconsentendo, rimandò allora indietro Demetrio e promise a Filippo che, se si fosse mantenuto fedele alla situazione in corso, lo avrebbe esonerato dal pagamento di tributi; al contrario, rifiutò di rilasciare Armenes, che morì poco dopo di malattia[363].

Il tiranno pagò così il fio d'aver ucciso Pelope, figlio del tiranno Licurgo, venendo privato, a sua volta, del figlio, forse per voler del fato.

Nabide era ancora, tuttavia, a tutti gli effetti, padrone della sua città: Roma, che con le sue legioni era parsa fino ad allora invincibile, non era ancora riuscita ad entrare in Sparta. Il Senato non ritenne opportuno inviare un ulteriore esercito in Macedonia e, anzi, ingiunse a Quinzio l'ordine di ritirare le sue legioni e di presentarsi in patria. Il Romano ricondusse tutte le sue truppe a Elatea, ove passò l'inverno riparando ai soprusi commessi in precedenza da Filippo V alle città limitrofe. All'inizio della primavera, si recò a Corinto, ove convocò un'assemblea, nella quale convennero le ambascerie di tutte le città. Ad esse Quinzio rammentò i rapporti di amicizia tra Roma e la Grecia, le degne imprese dei suoi predecessori e di se stesso, suscitando molta approvazione, ma quando passò a menzionare Nabide, dagli stanti s'elevò un mormorio di disapprovazione: i Greci erano certamente insoddisfatti che Sparta fosse ancora nelle mani del tiranno.

Se fosse stato possibile eliminare Nabide senza distruggere Sparta - si difese allora Quinzio - lo avrebbe fatto senz'indugio. In quel momento, però, era impossibile sopraffare il tiranno senza distruggere una città così importante, perciò era meglio lasciare Nabide sul trono di Sparta, poiché, ormai, non era che un tiranno incapace di nuocere.[364]

L'atteggiamento di Quinzio nei confronti di Nabide fu, per tutto il corso delle vicende, certamente ambiguo: dapprima, aveva acconsentito ad averlo come alleato (pur sapendo che il tiranno aveva già tradito una volta Roma, spregiando la pace appena contratta schierandosi con Filippo V al solo scopo di avere Argo in custodia); poi, all'assemblea di Cilarabi, non si era mostrato entusiasta nell'attaccare Argo e aveva dato ragione all'Acheo Aristeno sostenendo che non bisognasse attaccare la città oggetto della contesa quanto piuttosto Sparta; infine, era intervenuto a sostegno del fratello Lucio nella presa di Giteo, ma, di fatto, quando si era trattato di dover muover guerra direttamente

---

[362] Criniti Golin 1987, p. 994, n. 1
[363] Polibio XXI, 3, 4
[364] Livio XXXIV, 43; 48

contro Nabide, aveva obiettato. Quinzio aveva recentemente attaccato Sparta (pur senza riuscire ad entrarvi), infine, postosi il tiranno alle condizioni di Roma, gli aveva accordato la pace.

Ora, all'assemblea di Corinto, Quinzio sosteneva che non occorresse importunare ulteriormente il tiranno di Sparta. Come interpretare quest'esitazione? Forse con il fatto che, nel frattempo, Quinzio era stato richiamato in Italia dal Senato: egli stesso aveva da tempo intenzione di ritornare a Roma.[365]

Roma ritirò così le proprie guarnigioni da Demetriade, da Calcide e dall'Acrocorinto, che riconsegnarono, liberato, agli Achei, (per sfatare coosì la maliziosa diceria degli Etoli secondo i quali la Grecia avesse solo cambiato padrone, passando dai Macedoni a Roma). Quinzio ammonì dunque gli Etoli: che si servissero con moderazione della loro libertà, e comprendessero da chi ci si dovesse guardare e su chi bisognasse, invece, fare affidamento. Se fossero stati uniti, concluse, nessun re o tiranno avrebbe potuto nulla nei loro confronti. Livio riferisce che gli stanti addirittura versarono lacrime di commozione alle suddette parole. Di certo gli Etoli presero in parola, come si vedrà a breve, quanto udito sui tiranni.

Quinzio intraprese dunque il viaggio di ritorno, durante il quale, ad ogni tappa, ritirava via la guarnigione romana: da Calcide a Oreo, da Eretria (ove tenne un'ultima assemblea) procedette verso Demetriade, indi passò per la Tessaglia (che riappacificò dal caos post macedone) e raggiunse l'Epiro: da Orico salpò, con tutte le truppe, per Brindisi. Di qui giunse a Roma: il corteo di ritorno, carico di bottino, fu quasi un'anticipazione del trionfo che lo avrebbe accolto. Fuori dalle mura della città, il Senato gli concesse udienza, affinché rendesse conto delle imprese compiute, alfine gli fu concesso un trionfo di ben tre giorni.

Per le strade di Roma Quinzio ottenne la sua gloria: aprivano il corteo i due principi tenuti in ostaggio, Demetrio di Macedonia e Armenes di Sparta, figli, rispettivamente, di Filippo V e di Nabide; tra il giubilo del popolo, furono fatti sfilare armi, giavellotti, statue di bronzo e di marmo (provenienti sia dalle ricchezze di Filippo V che dalle città greche), oro, 18 270 libbre di argento grezzo, vasi cesellati e di splendida fattura, scudi d'argento lavorato, 84 000 monete attiche di argento coniato (chiamate tetracme), poi ancora 3714 libbre d'oro, uno scudo intero d'oro e 14 514 monete d'oro (chiamate filippi, perché fatte coniare da Filippo II, il padre di Alessandro Magno), 114 corone d'oro, e oggetti di bronzo lavorati finemente. Dietro al corteo seguivano le vittime, poi i prigionieri liberati dalla schiavitù, con il capo rasato, come prevedeva la consuetudine e

---
[365] Livio XXXIV, 43; 49

indossanti il *pilleum*, mentre dinnanzi al carro trionfale, stavano, legati, Demetrio e Armenes, Quinzio entrò su un cocchio, con il capo incoronato d'alloro, seguito da tutto il suo esercito: a ciascun soldato vennero distribuiti duecentocinquanta assi, il doppio e il triplo rispettivamente ai centurioni e ai cavalieri[366]. Roma aveva pressoché ottenuto la Grecia,[367] la Grecia la propria (apparente) libertà[368]; Quinzio aveva ottenuto il suo trionfo (ma non Sparta: Nabide teneva ancora la sua città).

Il fatto che Nabide fosse ancora tiranno, non piaceva agli Achei, i quali, dopo aver mandato degli ambasciatori a Roma da Tito Quinzio per avere da lui un consiglio, tennero un'assemblea a Sicione.

Anche questa volta, mentre la linea generale dell'assemblea propendeva per la volontà di dichiarare al più presto guerra al tiranno, nella lettera che inviò da Roma, Quinzio si mostrò restio a consigliare loro di attaccare Nabide e, anzi, disse di aspettare il ritorno del pretore e della flotta romana: forse per il fatto che Nabide si era comunque attenuto ai patti, consegnando a Roma quasi tutta la sua flotta, il Romano sembrava voler differire (se non evitare) la guerra.

All'assemblea di Sicione era presente anche Filopemene, il quale, molto saggiamente – e astutamente – promise che sarebbe stato fedele all'assemblea, sia che il volere della maggioranza fosse la pace, sia che fosse la guerra. Quelle parole, commenta Livio, furono più efficaci di qualsiasi altra esortazione, l'assemblea decretò: guerra.

Anche se Filopemene era concorde con Quinzio sull'attendere i rinforzi di Roma, comprese che non avrebbe potuto più attendere oltre, per non rischiare di perdere la conquistata Giteo.

Nabide, infatti, stava nel frattempo cercando di riconquistare la roccaforte spartana e per gli Achei era stato necessario inviare un presidio a difenderla; il tiranno di Sparta, pur avendo consegnato la flotta ai Romani, aveva fatto in tempo a ricostruirne una modesta, composta di tre navi coperte, di lembi e di pristi, con le quali avrebbe potuto impedire agli assedianti di ricevere rinforzi dal mare e, con le quali, per preparare all'assedio i suoi soldati, aveva ingaggiato finte battaglie navali al largo. Le esercitazioni cui Nabide aveva sottoposto i suoi uomini si rivelarono efficaci, mentre Filopemene, che

---

[366] Livio XXXIV, 49 - 52
[367] Anche se la conquista finale si sarebbe avuta con la vittoria a Pidna di Lucio Emilio Paolo, nel 168 a.C.
[368] Pur essendo evidente come, dall'egemonia macedone, la Grecia fosse semplicemente passata a quella Romana, l'entusiasmo con cui i convenuti ai giochi Istmici di Corinto avevano accolto la proclamazione, da parte di Tito Quinzio Flaminio, della fine del dominio macedone, dimostra come, tuttavia, il popolo greco fosse soddisfatto di essere (anche solo apparentemente) libero.

era nato in Arcadia, era digiuno dalle battaglie navali e anche se aveva militato a Creta, era stato solo in qualità di comandante delle milizie ausiliarie.

Filopemene tentò comunque di impedire che Nabide si riprendesse Giteo, facendo restaurare una nave ormai putrescente ma famosa, al cui comando pose Tisone di Patrasso: fu questa imbarcazione a subire, per prima, l'attacco delle navi Spartane, ma andò in pezzi e gli Achei imbarcati in parte furono fatti prigionieri, in parte volsero in fuga[369]. Questa volta, Nabide aveva vinto contro Filopemene. Esultante, rafforzò gli accessi terresti di Giteo, richiamando dall'assedio un terzo dei suoi soldati e facendoli accampare tra Leuca ed Acri, a Pleia[370]. Il tiranno sperava infatti che Filopemene sarebbe passato per forza di lì; l'Acheo, invece, pensò di vincerlo con un'imboscata. Conscio che le battaglie navali campali non fossero il suo forte, Filopemene imbarcò i soldati armati alla leggera in una flotta radunata in una baia reconditta della costa argiva, da qui navigò sotto costa ascosamente, per poi giungere ad un promontorio del lido vicino al campo nemico. Qui li fece sbarcare e per dei sentieri nascosti e segreti ai più, li condusse, complice la notte, sino a Pleia. Gli Achei presero così di sopravvento le sentinelle, che dormivano e incendiarono l'accampamento nemico: tra il ferro ed il fuoco perirono moltissimi Spartani e solo pochi trovarono rifugio raggiungendo l'accampamento principale posto all'assedio di Giteo. Forte della vittoria, Filopemene condusse l'esercito a saccheggiare Tripoli in Laconia, nei pressi di Megalopoli e razziò uomini e bestiame. Poi raggiunse Tegea, ove radunò un'assemblea di Achei, Epiroti e Acarnani i quali, animosi poiché l'onta marittima subita da Nabide nei mari di Giteo era stata vendicata dall'assalto di Filopemene a Pleia, concordarono nell'attaccare, una volta per tutte, Sparta.

Nel frattempo, però, Nabide espugnò Giteo. Mentre il tiranno di Sparta si crogiolava nei suoi apparenti effimeri successi (non sapendo che sarebbero stati gli ultimi), gli antichi nemici muovevano, alfine, verso la città che fino ad allora era parsa inespugnabile[371].

È curioso notare come l'ultima partita tra Sparta e i suoi nemici Greci si combatté nella località chiamata proprio Campo di Pirro: quasi un secolo prima, nel 272 a.C., Pirro e il detronizzato spartano Cleonimo avevano assediato Sparta venendo sconfitti dal principe Acrotato e dal vigore degli Spartani e delle Spartane, allora Sparta era rimasta libera dalla conquista e dalla tirannide, pur cadendovi nelle generazioni che, successivamente, l'avrebbero poi governata; ora, a ottant'anni di distanza da

---

[369] Livio XXXIV, 52 ss.; Plutarco, *Filopemene,* XIV, 1 -3
[370] Livio XXXIV, 52 ss.; Plutarco, *Filopemene,* XIV, 4
[371] Livio XXXV, 25 – 27; Plutarco, Filopemene, XIV, 5 -7

quell'evento, al Campo di Pirro[372], Sparta si preparava ad affrontare un altro assedio, ma questa volta erano gli assedianti che cercavano di liberarla dalla tirannide di Nabide.

Sicuro che l'obiettivo degli Achei (e degli Etoli e degli Acarnani) sarebbe stata la suddetta località, Nabide, dipartitosi da Giteo, la occupò, attendendo i nemici.

Prevedendo che Nabide li avrebbe attaccati alle spalle coi suoi mercenari, Filopemene fece chiudere la lunga fila del suo esercito dalle milizie ausiliarie. L'Acheo si trovò comunque in difficoltà sia quando vide che il luogo prescelto per la battaglia era già stato occupato dall'esercito nemico sia quando questi si fece incontro alla propria avanguardia, in un terreno per di più scosceso, senza che i suoi potessero spiegare le forze con l'appoggio dei soldati armati alla leggera. Allora, grazie alla sua indiscussa capacità organizzativa militare, Filopemene ordinò ai suoi di arrestarsi e mandò avanti gli ausiliari cretesi e la cavalleria tarentina (nella quale, specifica Livio, ogni cavaliere aveva con sé ben due cavalli); ordinò poi al resto della cavalleria di seguirlo ed occupò un'altura rocciosa, che dominava un torrente dal quale era possibile attingere acqua. Qui fece raccogliere tutte le salmerie e fece costruire un accampamento, nonostante il terreno fosse impervio e diseguale, da quel luogo, scrive Livio, i nemici distavano appena cinquecento passi.

I soldati di entrambi gli eserciti provvidero ad approvvigionarsi di acqua dal medesimo torrente, arrivando al punto di scontrarsi, prima che tra i due schieramenti si venisse alle mani, soggiunse però la notte. Per entrambi le parti era indubbio che il mattino seguente si sarebbe combattuto anche per il possesso del torrente, a difesa dei portatori d'acqua.

Col favore delle tenebre, Filopemene nascose ai nemici tanti soldati cetrati quanti poteva, indi, al sorgere del sole, mandò avanti la cavalleria tarentina e gli ausiliari Cretesi armati alla leggera: curiosamente, come d'altronde già scritto, anche i soldati di Nabide erano esattamente cavalieri di Taranto e ausiliari di Creta. Tra connazionali mercenari, si combatté lungo il corso del torrente e se da principio il combattimento fu pari, progredendo prevalsero le forze di Nabide, poiché erano maggiori di numero. Tuttavia era proprio quanto si aspettava Filopemene, che aveva impartito ai suoi uomini di darsi alla fuga, dopo un combattimento di poco conto, affinché attirassero i nemici nel luogo ove, coi soldati nascosti dalla sera precedente, Filopemene stesso avrebbe teso loro un'imboscata.

Fu proprio quanto accadde: gli uomini di Nabide rimasero feriti o uccisi dai guerrieri cetrati degli Achei, i quali occuparono tutta la larghezza della valle, per intrappolare al

---

[372] località forse ad oggi identificata, *cfr.* Montagu 2015 p. 129

meglio i fuggenti; infine si lanciarono contro i nemici, ormai sopraffatti dalla fatica e dalle ferite.

Filopemene aveva ottenuto la sua rivincita. Con l'astuzia sottile che gli era propria, mandò a Nabide uno dei suoi uomini il quale, fintosi disertore, gli disse d'esser certo che gli Achei, il giorno seguente, sarebbero avanzati sino al fiume Eurota, per impedirgli di rientrare a Sparta, per intercettargli i rifornimenti e per sondare il sentire della popolazione e accertarsi, quindi, se potesse o no insorgere contro il suo governo.

Nabide non credette alla finta spia, ma il mattino seguente abbandonò il campo col grosso dell'esercito, lasciandovi in sua vece Pitagora. Vedendo che alle prime luci dell'alba l'esercito nemico si dipartiva, Filopemene attaccò la guarnigione di Pitagora, rimasta a difendere il campo: i cetrati Achei fecero così irruzione nell'accampamento, devastandolo. Gli Spartani rimasti al soldo di Pitagora, ormai senza più speranza, gettarono via le armi e si diedero alla macchia.

Vittorioso nei propri piani, Filopemene si avviò con il grosso delle truppe verso il fiume Eurota, ove si accampò, attendendo di essere raggiunto dalle truppe che avevano inseguito Nabide; intanto il sole tramontava sanguigno sul terzo giorno consecutivo di battaglia.

Le truppe Achee raggiunsero Filopemene nel cuore della notte, dicendogli che il tiranno era riuscito ad entrare a Sparta, ma il resto del suo esercito, ormai inerme, vagava per i boschi. Filopemene le fece rifocillare, poi ordinò loro che si appostassero per le strade deserte.

Gli Spartani, in rotta, vagavano di nascosto per i boschi, poi, quando fu calata la notte, tenendosi ben alla larga dalle luci dell'accampamento nemico, lo superarono, sino a raggiungere le strade, nelle quali, sentendosi sicuri, discesero allo scoperto. Solo allora i superstiti di Nabide si accorsero di aver compiuto un imperdonabile errore: gli Achei, appostati, uscirono allo scoperto e li massacrarono[373].

Nel mese che intercorse, Filopemene devastò le campagne della Laconia e gli Achei lo innalzarono a loro eroe, ritenendolo addirittura superiore, per quanto concerneva la guerra con Sparta, a Tito Quinzio.

Quinzio, nel frattempo, era tornato in Grecia per visitare le città degli alleati, timoroso che gli Etoli potessero farne volgere alcune a favore di Antioco (il quale, per Roma, rimaneva un antico e sempre nuovo problema). Dubbiosi con varie città, fuorché che con gli Achei (dai quali, in quanto nemici degli Etoli, non v'era da temere), i Romani

---

[373] Livio XXXV, 27 - 30

andarono ad Atene, poi a Calcide, poi in Tessaglia dove radunarono un'assemblea di Tessali, infine a Demetriade, dove ne radunarono una di Magnesi.

Qui una parte dei capi parteggiavano ora per Antioco e per gli Etoli, poiché, dato che i Romani avevano restituito a Filippo il di lui figlio Demetrio, i Magnesi temevano che avrebbero potuto restituire al re di Macedonia anche la città di Demetriade: per loro parlò il loro Magnetarco (ovvero il loro sommo magistrato), Euriloco, sostenendo che fosse ormai sulla bocca di tutti che i Romani li avrebbero messi nelle manidi Filippo. Sdegnato per l'asserzione, Quinzio chiamò testimoni gli Dei affinché si mostrasse come le accuse fossero infondate: conciliati in tal modo i Magnesi, che chiesero perdono a Quinzio e si consegnarono a lui come debitori, anche per merito di un influente Magnese, Zenone, la disputa tra Magnesi e Romani fu risolta pacificamente. Euriloco, tuttavia, insoddisfatto, fuggì dalla città, rifugiandosi in Etolia, dove il luogotenente Toante, stava, appunto, stringendo contatti con Antioco e aveva con sé Menippo, il legato del re. Quando fu indetto un concilio pan- Etolico, Quinzio, saputolo, vi inviò degli ambasciatori alleati, affinché ricordassero agli Etoli l'antica alleanza che essi avevano avuto coi Romani. Il Romano era infatti ossessionato dall'idea che gli Etoli facessero scoppiare una nuova guerra, perciò vi intervenne e, con un discorso misurato, li esortò a non infrangere la stabilità raggiunta: pur senza alcun dubbio sulla potenza retorica di Tito Quinzio e dei suoi legati, dobbiamo presumere che gli Etoli non furono persuasi poiché, poco tempo dopo, presero la decisione di occupare non solo Demetriade ma anche Calcide e Sparta.

Dove né i Romani né gli Achei erano riusciti, avrebbero tentato gli acerrimi nemici dei primi e gli antichi, ambigui alleati dei secondi: gli Etoli. Il loro luogotenente Toante avrebbe occupato Calcide e un certo Diocle Demetriade: per Sparta, il guerriero designato per l'impresa nella quale nessuno sino ad allora era mai riuscito, fu designato Alessameno.

Diocle fu aiutato da Euriloco, il fuggiasco di Demetriade il quale inviò una lettera ai suoi sodali nella quale scrisse il piano per prendere la città. La moglie e i figli di Euriloco, in vesti dismesse, supplicarono la città affinché egli potesse rientrare: i più sediziosi videro nella messinscena una speranza per una rivoluzione, i più compassionevoli si commossero soltanto. A quel punto giunse, con perfetto tempismo, Diocle, che, conducendo il suo cavallo a piedi, riportava, tra le acclamazioni di tutti i cittadini, Euriloco tra i suoi. In realtà tutta la cavalleria etolica lo attendeva fuori dalle mura della città e, al momento opportuno, penetrò in Demetriade, prendendola.

VII. *Il dramma di Alassameno*

Degna di una tragedia classica fu invece l'azione di Alassameno. Per conquistare Sparta, occorreva uccidere Nabide: l'eroe che avrebbe assassinato il tiranno, di scuro, commenta Livio, si sarebbe guadagnato il prestigio e la gratitudine degli Spartani. Così, il giovane Etolo, scelse la via dell'inganno per avvicinarsi al tiranno, ma del tradimento avrebbe poi pagato il fio.

Adducendo a ragione che fossero stati gli Etoli a far sì che si ribellasse ai Romani, Nabide chiese loro dei rinforzi. Una pretestuosa esigenza, che Nabide avrebbe pagato cara. Alassameno gli si offrì dunque come guardia del corpo, assieme a mille fanti e una scorta di giovani cavalieri. Un certo Damocrito, vero artefice della congiura, comandò a costoro di seguire qualsiasi decisione avesse preso Alassameno e di esser consci, ovviamente, che non venivano arruolati per far guerra agli Achei, bensì per la suddetta azione segreta. Alassameno, equipaggiato da un simile esercito, si presentò a Nabide, illudendolo di speranze: gli disse che Antioco era già passato in Europa, che ben presto sarebbe passato in Grecia e al suo cospetto i Romani non avrebbero potuto far nient'altro che restare atterriti alla sola vista degli elefanti[374], poiché il re Seleucide era ben diverso dallo sconfitto Filippo V; gli Etoli, gli disse inoltre, erano pronti a venire a Sparta se mai ce ne fosse stato il bisogno. Egli, Nabide, avrebbe però dovuto tenere in esercizio le proprie truppe, poiché il riscatto era vicino.

Persuaso dalle parole di Alassameno, Nabide iniziò, nei giorni seguenti, a far esercitare le truppe sulle rive del fiume Eurota, e lui stesso prese a collocarsi nel mezzo dello schieramento, accompagnato da una scorta di tre cavalieri, tra cui Alassameno. Il giovane soleva portarsi fino alle avanguardie e ispezionare i corpi militari: a destra stavano gli Etoli, tra i quali erano i suoi mille, ma tra cui erano anche gli ausiliari di Nabide. Alassameno perlustrava l'esercitazione, faceva le sue considerazioni, galoppava verso i suoi, coi quali scambiava rapidi segni d'intesa, poi tornava verso il tiranno, facendogli credere di avere impartito ordini per gli esercizi. Il giorno convenuto, facendo le mosse cui soleva ascondere il reale obiettivo, andò dai suoi e disse loro «è giunto il momento. Sia pronto l'animo, sia pronto il braccio, nessuno si ritragga, dopo che avrò compiuto il mio gesto.» Pur presi da un brivido di terrore, i suoi annuirono. Alassameno ordinò loro di gettare via le lance, e di tenere gli occhi fissi su di lui: si diresse verso Nabide, attese. Quando il tiranno gli fu vicino, gli trafisse il cavallo e lo sbalzò di sella: subito i cavalieri furono addosso al tiranno e cercarono di trafiggerlo con le spade, il

---

[374] Che pure i Romani avevano impiegato contro Filippo V; *cfr. ivi* in *Cap.* IV, *Par.* VI.

tiranno per un attimo resistette, protetto dalla corazza, ma alla fine le lame lo raggiunsero e spirò prima che arrivasse la guardia del corpo a porgergli aiuto. Invano, le guardie del corpo accerchiarono Nabide, ormai morto e, commenta Livio «coloro che avrebbero dovuto essere i difensori della vita e i vendicatori della morte costruirono un assembramento di spettatori.»

Quasi come molti anni prima Cleomene aveva cercato di fare ad Alessandria, così Alassameno corse ad occupare la reggia di Sparta. Quivi fu tradito dalla bramosia dell'oro, e, anziché convocare un'assemblea, passò la notte a cercare i tesori del re. Allo stesso modo, gli Etoli si diedero al saccheggio di Sparta. «come era logico accadesse» interviene Livio «in un'impresa incominciata con un tradimento, tutto precipitò in danno di quelli che l'avevano compiuto.»

Ormai indignati per quanto accadeva, gli Spartani punirono i tirannicidi, non in quanto tali, ma in quanto, da liberatori, tramutatisi in saccheggiatori: unitisi, presero ad assalire a uccidere quanti Etoli scorrazzavano in una Sparta in fiamme, poi, raggiunta la reggia e penetratevi, massacrarono Alassameno. Moriva così colui che era stato al contempo traditore, liberatore e saccheggiatore di Sparta.

Gli Etoli si radunarono al tempio di Atena Calcieca, lo stesso luogo sacro teatro dei più sanguinosi eventi: anni prima ivi gli stessi filoetolici avevano massacrato Adimanto ed i suoi colleghi efori per il loro orientamento filomacedone e, ancor prima, il puro re Agide si era rifugiato cercando invano salvezza. ora vi si consumava un altro massacro: gli Spartani, vendicandosi per il saccheggio subito, trucidarono gli Etoli ivi raccoltisi. I pochi che scamparono alla terribile punizione si rifugiarono in seguito a Tegea o a Megalopoli ma qui, catturati dai magistrati, furono venduti come schiavi.[375]

---

[375] Livio XXXV, 30 - 36

VIII. *Laconico, o lo Spirito di Sparta*

Alla fine, Sparta era stata presa solo con il tradimento, venendo tuttavia liberata dalla tirannia. Nell'ossimorica contraddittorietà di una conquista e di una liberazione al contempo, conquistata e saccheggiata, Sparta seppe rialzarsi il giorno stesso della sua caduta, per poi morire in piedi, poiché il suo fato era compiuto. Forse Sparta era morta proprio con la morte – per tradimento, condanna, errore, usurpazione – delle sue stirpi: estinto il sangue mitico che l'aveva fondata, dopo poco la morte dei suoi ultimi re, Sparta, esangue, era crollata. Livio racconta che nella fiammeggiante conflagrazione con la quale si compiva il destino di Sparta, alcuni Spartiati issarono su un cavallo un fanciullo[376], di sangue reale, ultimo della sua ignota stirpe, quasi a consacrarlo ultimo re di Sparta. Nella figura del re bambino, che Livio chiama – quasi simbolicamente - Laconico su di una città in rovina, si fondono allegoricamente tutti i suoi legittimi ma sfortunati predecessori: Areo III, che sarebbe dovuto divenire re al posto di Leonida II, al posto, dunque, del futur uccisor di Agide; Eudamida III, figlio di Agide, forse ucciso dalla bramosia del pur ardimentoso Cleomene; gli anonimi figli di Cleomene, morti come ostaggi ad Alessandria e, infine, Agesipoli III, ultimo e legittimo re di Sparta, in esilio.

L'icastica, ieratica immagine di un fanciullo su un cavallo, ultimo re di Sparta in fiamme, sembra il simbolo più emblematico dell'epilogo della maestosa tragedia che fu la fine di Sparta.

---

[376] Non sappiamo se Agiade o Europontide; il fanciullo, che forse aveva nome Laconico, era stato allevato coi figli di Nabide; *cfr.* Livio XXXV, 36 tuttavia il nome "Laconico" potrebbe essere frutto o di una corruzione del testo o di una confusione di Livio con l'aggettivo λακωνικός, "Spartano" *cfr.* Heinemann 1935

IX. *La fine dell'ultimo re di Sparta*

Pochi giorni dopo, Filopemene entrò in una Sparta sconvolta, convocò i capi e tenne loro quel discorso che avrebbe potuto tenere Alassameno (se solo non si fosse lasciato trascinare dall'estasi della momentanea e fuggevole vittoria) e fece sì che Sparta, che aveva cessato di esistere in quanto regno indipendente (avrebbe mantenuto l'eforato ma non avrebbe mai più riavuto la sua diarchia) entrasse, a forza, nella Lega Achea[377]. Era il 192 a.C.[378]

Soltanto un anno dopo, complice il tumulto per causa della chiamata, da parte degli Etoli, di Antioco III nei Balcani contro gli Achei ed il protrarsi del conseguente combattimento nel nord dell'Ellade[379], mentre gli Achei, alfine trionfanti, sottomettevano le città della Messenia e dell'Elide, nell'indomita Sparta riemerse il malcontento per l'oppressione Achea. I tentativi di secessione dalla Lega da parte degli Spartani, mobilitarono Tito Quinzio Flaminio e lo stratego della Lega stessa, Diofane, intenzionati a muovere guerra a Sparta.

Flaminio, che era stato prima alleato, poi nemico e assediatore (pur senza troppo slancio e senza riuscirvi) della Sparta del tiranno Nabide, diede quivi ulteriore prova di ambiguità, dimostrando, ora che Nabide era morto, di esser pronto a muovere contro Sparta per ricordarle, con la forza, l'obbedienza alla Lega Achea (i cui rapporti con Roma non erano certo dei migliori, peraltro). Tuttavia l'intervento di Filopemene impedì a Flaminio di mostrare chiaramente i propri intenti: l'energico Acheo disse che era suo compito intervenire per sedare i disordini della città che egli stesso aveva ridotto all'obbedienza, e intimò a Roma e a Diofane di non interferire[380]. Il diretto intervento di Filopemene, tuttavia, non placò le tensioni all'interno di Sparta anche se, nel frattempo, Roma decretò che gli ostaggi consegnati al Senato da Nabide, al tempo dell'armistizio, potessero rientrare a Sparta, ad eccezione di Armenes, il figlio di Nabide stesso, che, come già scritto, sarebbe morto, dopo poco di malattia[381]. Fatalità o crudo calcolo? Forse che il figlio del tiranno di Sparta, risultasse a Roma e ai suoi alleati achei un personaggio troppo scomodo?

L'aria, a Sparta, era talmente tesa da potersi tagliare con un coltello: un popolo sì fiero non poteva accettare una misera concessione di ostaggi, continuando ad essere soggiogata agli Achei, così, nel 189 a.C., gli Spartani occuparono, nottetempo, Las, nella

---

[377] Livio XXXV, 37, 1 – 3; Plutarco, *Filopemene*, XVI; Pausania, VIII, 51, 1
[378] Filopemene non toccò, tuttavia, le proprietà degli Spartiati *cfr.* Shimron 1972, p. 111 - 112
[379] Oliva 1971, p. 298
[380] Plutarco, *Filopemene*, XVI
[381] Polibio, XXI, 3, 4

costa del sud ovest del Giteo. Il panico esplose lungo la costa, come la guerra tra gli Spartani e gli abitanti, e attirò, com'era prevedibile, la furia degli Achei. Filopemene fece notare a Tito Quinzio che Sparta violava gli accordi (sebbene coi Romani, e non con gli Achei) e inviò dei messaggeri agli Spartani. Costoro, mostrandosi agli occhi dei Lacedemoni come insolenti e pretenziosi, dissero loro che Filopemene aveva intenzione di far rientrare a Sparta gli antichi esuli, a condizione che la città accettasse, una volta per tutte, il gioco Acheo. Furenti, gli Spartani per tutta risposta uccisero trenta uomini tra gli affiliati agli Achei davanti agli occhi degli ambasciatori, dichiarando rotta l'alleanza con gli Achei; indi, intimarono ai messaggeri di recarsi a Cefallenia per riferire la loro preghiera al console Marco Fulvio affinché a Sparta fosse concessa la protezione di Roma[382].

Immediatamente, gli Achei dichiararono guerra a Sparta. Marco Fulvio tentò malamente la via della diplomazia, convocando un'assemblea in Elide alla quale invitò anche gli Spartani. Il clima era burrascoso e i risultati furono pressoché nulli: il Romano consigliò ad entrambe le parti di mandare ambascerie a Roma. Al cospetto del Senato gli ambasciatori achei dimostrano di avere visioni opposte e conflittuali: Diofane si mostrò accondiscendente a far decidere Roma, mentre Licorta (molto amico di Filopemene, che di questi poneva le istanze), disse che gli Achei esigevano che fosse una loro prerogativa risolvere il conflitto con Sparta, ricorrendo alle armi.

Dal canto loro, gli ambasciatori spartani cercarono di difendere, al cospetto di Roma, il loro punto di vista. Non sappiamo se tra essi ci fosse anche Agesipoli, l'ultimo, legittimo re di Sparta, che, come scritto, era pressoché alleato di a Roma. Il Senato Romano trascurò la questione, rispondendo molto vagamente sia agli Achei che agli Spartani, e sentenziò che la situazione dovesse rimanere così, intendendo, forse (pur senza esplicitarlo), che gli Spartani rimanessero sotto la Lega Achea (che dieci anni prima aveva stipulato alleanza ufficiale con Roma), ma, di fatto, non si propose di difendere gli Spartani né, tanto meno di sostenere gli Achei. Gli Spartani interpretarono la vaghezza di Roma come una negazione, di fatto, ai pieni poteri che volevano arrogarsi gli Achei; gli Achei, approfittarono del disinteresse da parte di Roma per prendere proprie decisioni, cruciali ed estreme per Sparta. Elessero così, contravvenendo ai termini d'elezioni, ancora Filopemene come stratego della Lega Achea[383].

L'inverno precedente aveva interrotto la guerra tra Achei e Spartani, ora, nella primavera del 188 a.C., Filopemene si mostrò determinato a concludere per sempre la "questione spartana". Inviò degli emissari che intimarono alla fazione antiachea di arrendersi, indi convocò un concilio al Compasio, un luogo alle porte di Sparta, dove gli

---

[382] Livio XXXVIII, 31
[383] Livio XXXVIII, 32

Achei si erano accampati. Nelle fila Achee c'erano, curiosamente, anche gli esuli spartani, che, per la prima volta, marciavano contro la loro stessa città:[384] gli Achei stessi avevano voluto che fossero mostrati a Sparta, per umiliare la città nemica. Tra gli Spartani, invece, convennero i più illustri rappresentati delle casate, in tutto nel numero di ottanta. In breve, la situazione degenerò. Gli esuli iniziarono a insultare gli Spartani (per non aver accettato la misera concessione proposta dagli Achei di riaccoglierli, in cambio della sottomissione di Sparta stessa alla Lega), poi, il più impetuoso tra essi, li assalì. Presi dall'eccitazione, gli esuli legarono alcuni degli Spartani (loro stessi concittadini) e né Filopemene né gli ambasciatori riuscirono a fermare il comportamento che contravveniva alle leggi di quella che avrebbe dovuto essere un'assemblea senza morti. Gli esuli presero a rinfacciare agli Spartani di non averli accolti, uno di loro incitò la folla, che nel frattempo era convenuta, a colpirli, in breve si armarono di sassi e uccisero, lapidandoli, diciassette tra gli Spartani che erano stati legati. Filopemene attese sul da farsi, e la notte stessa pensò a cosa fare dei sessantatré Spartani che aveva sottratto al massacro da parte degli esuli. La sua, tuttavia, non era stata clemenza, ma semplice, cruda, ponderazione: all'alba del giorno successivo, ordinò che fossero uccisi tutti[385].

Sedata nel modo più crudele l'ultima ribellione di Sparta, Filopemene volle accertarsi che la città non fosse più nelle condizioni di rialzare la testa per il resto dei giorni a venire. Entrò in Sparta e ne rase al suolo le mura, ne ridimensionò il territorio e l'annesse a Megalopoli; poi, per umiliare al massimo la città che tanto odiava, espulse da essa sia coloro che avevano prestato servizio sotto la tirannia (ovvero i mercenari), sia tutti coloro che avevano ottenuto la cittadinanza sotto gli ultimi tiranni (in particolare da Nabide), stabilendo che, coloro che gli avrebbero opposto resistenza, fossero passibili di sequestro da parte degli Achei: tremila di costoro, che provarono a ribellarglisi, li vendette come schiavi e coi soldi che gli fruttarono eresse, per disprezzare Sparta, un portico a Megalopoli[386], probabilmente con le stesse pietre delle distrutte mura di Sparta. Soffocando nella rabbia il proprio risentimento, calpestò le leggi di Sparta, abolì la costituzione di Licurgo, proibì che i giovani venissero addestrati nel secolare sistema spartano, obbligandoli ad adottare quello Acheo. Distruggendo l'identità di Sparta, Filopemene radeva al suolo l'essenza della sua più acerrima nemica città[387]. Sparta fu, anche spiritualmente, distrutta.

---

[384] Oliva 1971, p. 300
[385] Livio XXXVIII, 33, 1, 11; XXXIX, 36, 3. Secondo il non pervenutoci Arisocrate, testimoniatoci da Plutarco, *Filopemene,* XIV, gli uccisi furono, invece, centocinquanta.
[386] Filopemene favorì evidentemente Megalopoli, forse perché di Megalopoli era nativo il suo stretto amico Licorta, padre di Polibio.
[387] Plutarco, *Filopemene,* XVI; Livio, XXXVIII, 34; sia Plutarco che Livio indicano un'altra fonte in Polibio, a noi non però pervenuta.

Pur non avendo agito direttamente per impedire tutto ciò, Roma ne fu dispiaciuta. Il console Marco Emilio Lepido, nel 187, inviò una lettera agli Achei in cui esprimeva la propria riprovazione per come Sparta era stata trattata[388], e due anni dopo un certo Nicodemo d'Elide riferì agli Achei che il Senato insisteva nel risolvere la questione spartana[389]. Durante i giochi nemei Quinto Cecilio, ambasciatore di Roma presso Filippo II, si presentò ali Achei ad Argo, ove rimproverò senza mezzi termini allo stratego della Lega Achea, Aristeno, e a Diofane di Megalopoli, il trattamento gli Achei avevano riservato a Sparta. Mentre Aristeno taceva, Diofane ne approfittò per accusare Filopemene, col quale era ai ferri corti, e ne approfittò per ricordare come Filopemene avesse mal ridotto anche Messene. Cecilio, nel frattempo infuriatosi con gli Achei poiché, nonostante condividessero le sue proposte e il suo rancore contro la crudeltà di Filopemene, si erano mostrati reticenti ad accogliere le sue richieste, se ne andò indignato. Era chiaro, tuttavia, che, da un lato una fazione Achea si opponeva a Filopemene, trovando sostegno nei Romani Cecilio e Marco Fulvio, dall'altro lato, invece, che Roma voleva, in qualche modo, offrire il proprio sostegno alla devastata Sparta[390].

Una prima delegazione degli esuli espulsi da Sparta giunse a Roma attorno al 184 a.C., era composta da diversi gruppi, con diverse richieste. Lisi capeggiava una delegazione che chiedeva che coloro che erano stati banditi riottenessero tutti i beni che avevano al momento dell'esilio[391], Areo e Alcibiade[392], invece proponevano che gli esuli ricevessero in restituzione i propri beni solo fino al valore di un talento, mentre il resto venisse distribuito tra i cittadini meritevoli, Serippo chiedeva invece che Sparta ritornasse come al tempo in cui faceva parte della Lega Achea, mentre Cherone chiedeva soprattutto che venisse ripristinata l'antichissima costituzione di Licurgo. Il Senato, quindi, affidò la questione a Tito Quinzio Flaminio e ad Appio Claudio, già pesantemente coinvolti nelle questioni greche, nonché a un terzo, Quinto Cecilio; costoro decretarono, senza trovare un accordo sulla restituzione dei beni, che i fuoriusciti fossero riammessi in Sparta, e che la città rimanesse nella Lega Achea. Con il fare suo proprio conciliante verso le opposte fazioni, Tito Quinzio invitò Senarco, l'ambasciatore della Lega Achea, lì presente, ad unirsi nell'apporre il proprio sigillo su quanto decretato, e questi, se pur non d'accordo per quanto riguardava il rientro dei fuoriusciti spartani, e tuttavia soddisfatto che Sparta rimanesse nella sua Lega, alfine acconsentì. Il Senato,

---

[388] Polibio XXII, 3, 1 – 3; Oliva 1971, pp. 303 ss.; Shimron 1972, p. 128
[389] Polibio XXII, 3, 4; 7, 1 – 2, 5 – 7, *cfr.* Oliva 1971, p. 303, n. 2; Shimron 1972, pp. 108 ss.
[390] Polibio XX, 10
[391] Shimron 1972, p. 115; p. 146 ss.
[392] Polibio XXII, 11, 7

poi, nominò ambasciatore Quinto Marcio e lo inviò come tale in Macedonia e nel Peloponneso.[393]

Gli Achei si prepararono così ad attendere la venuta dei commissari Romani nel Peloponneso: la dolente questione spartana non era certo stata conclusa con la distruzione (fisica e morale) della città, avvenuta quattro anni prima. L'Acheo Licorta convocò un concilio tra Achei per prepararsi ad affrontare i delegati romani e nell'incontro si convenne che i Lacedemoni, trasformatisi da nemici in accusatori, erano ora, in quanto vittime, più pericolosi di quanto non fossero stati in guerra. In guerra, infatti, gli Achei avevano avuto dalla loro parte i Romani, quegli stessi Romani che ora, invece, sembravano propendere per Sparta. Licorta si mostrò assai contrariato da quella che, a suo dire, era ingratitudine, nel vedere che gli ambasciatori che peroravano la causa di Sparta erano proprio Areo e Alcibiade, esiliati tempo prima dal tiranno Nabide e reintrodotti in Sparta grazie all'aiuto degli Achei stessi. Così, dominati dall'ira, gli Achei decisero di stilare per loro una condanna a morte[394].

L'indomani, a Clitore, in Arcadia, dove era stato convocato il consiglio, si presentarono, al cospetto degli Achei, i Romani, affiancando gli ambasciatori Areo e Alcibiade, con chiaro intento di proteggerli. Gli Achei, nel vedere ben saldi coloro che essi avrebbero desiderato vedere morti, non osarono aprir bocca.

Iniziò a parlare Appio Claudio, mostrando tutta la propria disapprovazione per il comportamento truce e severo che gli Achei avevano mostrato a Sparta, nonché per il massacro del Compasium e per l'abolizione dell'antica costituzione di Licurgo.

Licorta rispose a quelle accuse (che egli disse esser già state mosse da Quinto Cecilio), ricordando come gli Spartani avessero però assalito la costa meridionale del Giteo, contravvenendo agli accordi, poi, astutamente, puntando il dito contro Alcibiade e Areo, ricordò la loro presunta ingratitudine e si difese dicendo che al Compasium gli Spartani erano stati uccisi dagli stessi, fuoriusciti, Spartani, non dagli Achei. Le mura di Sparta, disse poi, erano state distrutte, era vero, ma era vero anche che erano state costruite da coloro (gli ultimi tiranni) che volevano rovesciare la costituzione di Licurgo stesso, pertanto Licurgo – aggiunse con estrema abilità retorica – avrebbe, semmai gioito della distruzione delle mura. Quelle mura, concluse Licorta, vecchie di solo un secolo, avevano ridotto in schiavitù otto secoli di libertà istituita da Licurgo. E loro, gli Achei, avevano sì abolito la costituzione dell'antico re, donandone, però, una nuova, la loro. Indi, Licorta passò al contrattacco: anche Appio Claudio, disse, aveva decapitato i senatori campani allorché si erano ribellati, pertanto il massacro del Compasium non era

---
[393] Polibio XXIII, 4
[394] Livio XXXV, 5

da condannare. Così cessò la propria orazione, prontamente accolta da applausi, e affidò se stesso agli dei per il giudizio.

Appio Claudio, dal canto suo, si mostrò irremovibile. Disse che Roma stessa si sarebbe fatta carico di ripristinare quanto abolito a Sparta, così da non costringere gli Achei a spergiurare (qualora avessero giurato sugli dei al momento del cambiamento imposto alla città nemica) e abrogò la condanna a morte ai suoi protetti, Areo e Alcibiade.[395]

Nel frattempo Tito Quinzio Flaminio, tornando da ambasciatore qual era stato in Bitinia, si fermava nel Peloponneso cercando, senza successo, di indurre gli Achei a convocare un'assemblea nella quale discutere la condizione di Messene, anch'essa soggiogata dalla Lega. Gli Achei rifiutarono[396]. Era ormai evidente come i rapporti tra gli Achei e Roma si stessero irrimediabilmente corrodendo.

Anche tra gli stessi Achei, tuttavia, le ostilità erano crescenti. Dinocrate di Messene, «un uomo più d'armi che un politico[397]» era giunto a Roma in qualità d'ambasciatore per discutere la questione di Messene, in un'ottica chiaramente ostile a Filopemene, ch'egli, probabilmente, vedeva come un oppressore. Ottimo combattente, godeva i piaceri dei banchetti senza darsi cura di chi testimoniasse ai suoi balli o alle sue bevute, ammiratore soprattutto di Tito Quinzio, fu a lui che espose le proprie questioni relative a Messene, e questi, pur ascoltandolo, gli rimproverò la sua condotta gorereccia. Comportamenti inopportuni a parte, Dinocrate non ottenne molto da Roma: Quinzio ordinò agli Achei che convocassero un'assemblea affinché Dinocrate potesse convenirvi e discutere, ma Filopemene, non essendo stato informato da Quinzio su quali fossero i temi da discutere (Quinzio, d'altra parte, non osava rivelarglieli), non accettò la convocazione, così le promesse ottenute da Dinocrate da parte di Tito Quinzio si rivelarono un nulla di fatto[398]. Dinocrate, allora, senza più attendere il sostegno altrui, decise di agire.

Avvenne così che, poco tempo dopo, sia gli Spartani che gli Achei furono privati dei loro simboli, per fatale coincidenza, nello stesso anno: il 183 a.C.

Filopemene aveva ormai settant'anni ed era stanco e malato, quando lo raggiunse la notizia che Messene, sotto l'egida di Dinocrate, si era ribellata e proclamava la secessione della Lega Achea, mentre Dinocrate stesso aveva occupando Colonide. Trovandosi in Argo, pur febbricitante, Filopemene sellò il proprio cavallo e si precipitò a Messene, percorrendo più di quaranta stadi in un sol giorno, deciso a ridurre

---

[395] Livio XXXIX, 36 - 38
[396] Polibio XXIII, 4, 16; 5, 1, 14 - 18
[397] Polibio XXII, 10
[398] Polibio XXIII, 5

all'obbedienza la ribelle Messene. Lo seguivano Licorta, il suo amico e concittadino più fedele, e pochi altri soldati, tutti molto giovani, e volontari. Sulla collina di Evandro, sulla strada per Messene, si scontrarono con Dinocrate e i suoi, e lo misero in fuga. Tuttavia, il fato aveva decretato che quell'ultima battaglia dovesse volgere a sfavore per il celebre comandante: cinquecento soldati Messeni, a guardia della campagna, li attaccarono, e vedendo che la situazione si ribaltava, quelli che prima erano stati sconfitti si sparpagliarono per le colline. Filopemene, allora, non volendo sacrificare i propri soldati, si girò di scatto e spronò il cavallo su per le colline, cavalcando di rimpetto ai nemici, per attirare interamente su di sé gli attacchi dei questi, essi, tuttavia, non osavano attaccarlo, ma si limitavano a gridare e a minacciarlo di lato. Per mandare, ad uno ad uno, i propri soldati in salvo, Filopemene restò alfine solo, tra i suoi nemici. Questi lo spinsero su dirupi rocciosi, ed egli iniziò a faticare nel gestire il cavallo. Scosso dai tremiti di febbre Filopemene era costretto a schivare i colpi e i dardi dei nemici, sempre più vicini, alla fine il suo cavallo inciampò e lo gettò a terra: cadde rovinosamente, battendo la testa, rimase immobile. Subito i Messeni gli furono addosso e girarono il suo corpo per spogliarlo dell'armatura. Lo credevano ormai morto quando, invece, riaprì gli occhi. Subito, allora, si gettarono in massa su di lui, per legargli le mani dietro la schiena e trascinarlo, così legato e prigioniero, per le vie di Messene. Il grande stratego della Lega Achea, il distruttore di Sparta, era stato preso da Dinocrate di Messene. Per ironia della sorte, pochi giorni prima aveva esclamato «davvero, è di gran poco conto colui che si fa catturare dai nemici!»

Filopemene fu portato per le vie di Messene, in catene, e tutti gli abitanti si radunarono per vedere passare l'illustre prigioniero. Tra i Messeni vi fu anche chi, preso dalla pietà, si commosse, nel toccare con mano i repentini cambiamenti della sorte umana, e, soprattutto, nel vedere un sì valente generale, trattato in tal modo. Vi fu chi lo ricordò come il vincitore del tiranno Nabide, ma vi fu anche chi propose di torturarlo, per le crudeltà che aveva commesso. Fu portato in una stanza sotterranea, chiamata Thesaurus, senza finestre chiusa da una pietra.

Nel frattempo, i suoi soldati si erano accorti che mancava il loro generale e, saputo in breve della terribile sorte toccatagli, convocarono tutti gli Achei affinché fossero mandati ambasciatori a Messene, per chiedere la restituzione dello stratego. Così, per parte Achea, ci si preparò ad invadere Messene.

Per tutto il giorno, a Messene, ci furono grida, festeggiamenti e tumulti. Dinocrate, pensoso, sapeva che ogni attimo perso era un grano di salvezza per Filopemene, così, sospettando che gli Achei fossero in marcia verso Messene, per salvare il loro generale, ordinò a un soldato di portare una tazza a Filopemene, e di stargli accanto sinché non l'avesse bevuta. Era veleno.

Filopemene se ne stava disteso, avvolto nel suo mantello da soldato, gli occhi spalancati. Appena vide il soldato in piedi, di fronte a lui, con la tazza di veleno in mano, si alzò, e si ricompose, per quanto debolissimo. «Che ne è stato dei miei uomini?» chiese «Licorta è salvo?» il soldato annuì. Filopemene stirò le labbra in un mesto sorriso. «Almeno una buona notizia» disse «se non abbiamo perso del tutto.» allungò una mano verso la tazza, afferratala, se la portò alle labbra e bevve. Si distese e lasciò che il veleno facesse il resto.

Alla notizia della morte di Filopemene e della vana mobilitazione degli Achei, tutta Megalopoli cadde in un luttuoso silenzio. Licorta guidò l'esercito della vendetta: devastò la Messenia, a tal punto che i Messeni aprirono le porte della città e, terrorizzati, si prepararono a sottomettersi agli Achei. L'ultimo tentativo di ribellione era fallito. Dinocrate, conscio di aver vinto e al contempo fallito, si suicidò.

Licorta entrò in Messene, cercò coloro che avevano consigliato a Dinocrate di torturare Filopemene e, catturatili, li trattenne per dedicare loro una morte atroce: sarebbero stati lapidati sulla tomba di Filopemene.

Nel sangue si sanciva la vittoria della Lega Achea su chi, anche con disonore, aveva osato ribellarsi ad essa.

Il corpo di Filopemene fu arso su di una pira con tutti gli onori e le sue ceneri furono raccolte in un'urna. Un muto corteo si dipartì per Megalopoli, guidato da un ragazzo che, serio e commosso, teneva l'urna del generale. Era Polibio, figlio dello stratego Licorta, futuro storico, che gran parte di questi stessi eventi avrebbe narrato[399].

Forse in qualche modo, il fato aveva fatto sì che Filopemene scontasse la colpa d'aver ridotto la più emblematica città del Peloponneso a provincia insignificante.

Di Sparta rimaneva in vita l'ultimo, legittimo re di Agiade, Agesipoli III (pronipote del rivoluzionario Cleomene), che, alleato di Roma, non aveva mai smesso di sperare di riavere il regno di Sparta. Lo stesso anno in cui morì Filopemene[400] si imbarcò, assieme al collega Arcesilao, in qualità di ambasciatore degli esuli spartani per giungere a Roma. Salutò la Grecia, senza sapere che non l'avrebbe mai più rivista: catturato dai pirati, fu da questi ucciso[401]. L'ultimo simbolo di Sparta era scomparso per sempre.

---

[399] Plutarco, *Filopemene*, XVIII – XXI; Polibio, da lì a poco sarebbe stato designato ambasciatore accompagnando il padre e Arato di Sicione (nipote del celebre stratego) in Egitto (ma l'ambasceria non partì mai poiché il re Tolomeo, alleato degli Achei, nel frattempo, morì). *cfr.* Polibio XXIV, 9

[400] Il re senza regno, che nel 219 a.C. viene descritto dalle fonti come ancora un ragazzo bisognoso di un tutore per regnare, trentasei anni dopo, nel 183 a.C., doveva avere circa tra i quaranta e i cinquant'anni.

[401] Polibio XXIII, 6

X. *Conclusione*

Sparta aveva perso tutto: la sua autonomia, la sua identità, i suoi re. Eppure, divenendo da leggendaria guerriera a vittima sconfitta, assunse il ruolo simbolico d'esser un estremo baluardo d'opposizione all'egemonia Achea, scrutato con lucidità da Roma ed assurto a centro nevralgico di lotta: il conflitto, che apparentemente si sarebbe delineato tra gli Spartani, restii a piegare per sempre la testa e gli Achei, sempre più energici dominatori, avrebbe avuto, in realtà, la fisionomia di una guerra tra Roma, che si propose come difensore degli Spartani e gli Achei, visti dal Senato come una potenza ormai troppo egemone, oppressiva, irruente e rivoltosa. Curiosamente, a provocare l'ultimo, decisivo conflitto con Roma, furono gli Achei ed il motivo fu il loro continuo odio nei confronti di Sparta. L'irruenza degli Achei nei confronti di Sparta, iniziata con Filopemene, ebbe come principale causa la distruzione non solo di Sparta ma degli Achei stessi.

Dopo la scomparsa di Agesipoli, re senza trono di Sparta, e di Filopemene, storico stratego della Lega Achea, prese il comando di quest'ultima Licorta, che aveva ora in mano le sorti del Peloponneso, mentre a Sparta emergeva l'ennesimo riformatore, che era stato già ambasciatore, dagli intenti rivoluzionari: Cherone, un giovane di umile condizione ma di ottima intelligenza, dal chiaro orientamento riformista e antiaristocratico.

Come condizioni di riappacificazione, Licorta aveva imposto a Messene che gli consegnasse i responsabili della rivolta, e così era avvenuto (ed erano stati giustiziati[402]). Roma fece sapere che non sarebbe intervenuta negli affari tra gli Achei e le genti del Peloponneso, quindi Licorta convocò un concilio a Sicione per discutere della questione spartana: nonostante lo stratego non fosse d'accordo, a differenza di Diofane, sulla riammissione degli esuli in città, fu decretato che la città rientrasse nella Lega Achea[403]. Achei e Spartani mandarono poi un'ambasceria a Roma per informare il Senato sulle decisioni prese scegliendo, come ambasciatore, rispettivamente Bippo di Argo per gli Achei, per gli esuli di Sparta furono inviati Cleti e Diactorio, mentre per gli Spartani lo stesso Cherone[404]. Costui, che evidentemente non ottenne granché dal Senato Romano, tornato in Sparta, attuò la propria rivoluzione: recuperando gli estremi metodi dei re e dei tiranni riformatori che lo avevano preceduto, sottrasse le terre che gli esuli avevano

---
[402] Polibio XXIII, 16
[403] Polibio XXIII, 17
[404] Polibio XXIII, 17 – 18. Su Cherone *cfr.* Shimron 1972, pp. 115 ss.; pp. 148 - 150

lasciato alle donne delle loro famiglie e le distribuì, in modo diseguale e secondo il proprio arbitrio, tra gli indigenti. Indignati, alcuni cittadini, fattisi nominare revisori del denaro pubblico, lo convocarono: Cherone, temendo presumibili punizioni, mandò dei sicari ad assassinare il più in vista tra i revisori, Apollonida. Non appena il fatto di sangue fu reso noto, gli Achei soggiunsero in Sparta e gettarono in prigione Cherone[405]. Si chiudeva così la breve parabole dell'ultimo riformista. L'intento del politico era stato chiaramente volto a ripristinare l'antica comunanza di terre spartana, ma con la sconfitta di Cherone, l'antica società di Licurgo si dichiarava morta per sempre[406].

Rimaneva intanto aperta la questione degli esuli spartani; Iperbato, il nuovo stratego della Lega Achea, succeduto, per il 180 -179 a.C. a Licorta, si mostrava favorevole al loro rientro, a differenza del suo predecessore, che manteneva la sua formale opposizione a quanto Roma aveva ordinato. All'interno della Lega Achea si era creato, quindi, un partito filoromano, capeggiato da Iperbato stesso e da un tale Callicrate e osteggiato, chiaramente, da Licorta, il quale, dalla sua parte, aveva Arato di Sicione (nipote del celebre omonimo) e Lidiada di Megalopoli (discendente del famoso tiranno). Callicare, Arato e Lidiada si recarono a Roma come ambasciatori, per riferire il dissidio che lacerava la Lega Achea ma non appena prese la parola, Callicrate si lanciò in un'invettiva contro Licorta e i suoi avversari achei: Roma, disse Callicrate, doveva rendersi consapevole che gli Achei continuavano a calpestare i suoi ordini, persistendo nell'imporre il proprio dominio su tutto il Peloponneso, prima con Messene ed ora con Sparta, proibendo agli esuli di rientrare. A Callicrate fecero seguito gli stessi esuli di Sparta, che lamentarono la loro condizione. La mossa di Callicrate si rivelò vincente: il Senato[407], dopo averlo udito, ritenne che avesse parlato a ragione e nell'interesse di Roma, così considerò come la forza degli Achei persistesse anche a danno di Roma stessa sui suoi domini sull'Ellade. Rispose a Callicrate che avrebbe ottenuto il sostegno di Etoli, Epiroti, Ateniesi, Beoti e Acarnani, con chiaro riferimento alla guerra che, da lì a poco, sarebbe scoppiata.[408]

Ancora una volta, fuoco e fiamme avrebbero devastato il Peloponneso, gli Etoli si sarebbero scagliati contro gli Achei, mentre Roma era decisa, una volta per tutte, a

---

[405] Polibio XXIV, 7; Shimron 1972, p. 122, n. 42
[406] Oliva 1971, p. 309
[407] A Roma, nel frattempo, era scomparso, nel 174 a.C., Tito Quinzio Flaminio, personaggio di spicco negli eventi trattati. Nel 183 a.C., invece, oltre ad Agesipoli e a Filopemene era morto anche Annibale, avvelenandosi alla corte del re di Bitinia, dopo aver saputo che Tito Quinzio Flaminio sarebbe venuto a prenderlo. Sempre nel 183 era morto anche il suo vincitore, Scipione l'Africano.
[408] Polibio XXIV, 8 - 10

distruggere qualsiasi altro potentato osasse contravvenirle: questa volta, avrebbe dichiarato guerra alla Lega Achea.

Polibio attribuisce la responsabilità della distruzione della Lega Achea a Callicrate, sostenendo che Roma decise di intervenire contro la Lega solo in seguito alle parole dell'ambasciatore. È certamente interessante notare come il primo testimone di questi eventi sia proprio il figlio di Licorta, principale avversario di Callicrate (e, quindi, coinvolto in prima persona). La responsabilità di Callicrate (attribuitagli da Polibio) nella guerra achea è certamente plausibile come però, d'altro canto, è comprensibile l'avversione, sempre da parte di Polibio, nei confronti dell'avversario del proprio padre.

Forse, dunque, Callicrate fu davvero l'artefice, suo malgrado, della fine della Lega, o, piuttosto, era semplicemente giunta l'ora, per la più celebre confederazione dell'Ellade, di chinare definitivamente il capo di fronte a Roma.

Callicrate se ne tornò in Grecia «gongolante di gioia», fu eletto stratego per il 179/178 a.C., e decretò che gli esuli potessero rientrare in Sparta e in Messene[409].

È strano come grazie a un Acheo filoromano, avverso agli Achei antiromani, Sparta poté tornare, in qualche modo, a rifiorire: Pausania testimonia come la cinta muraria fu ricostruita,[410] l'antica costituzione di Licurgo fu ripristinata[411]. Anche se rimaneva città membro della Lega Achea, anche se era ormai priva della sua diarchia, Sparta poté istituire nuovamente l'antica educazione dei fanciulli che l'aveva resa celebre e ritrovare la propria identità: avrebbe così cessato di esistere, ma con dignità.

Nello stesso anno, il 179, morì Filippo V: il suo primogenito Demetrio, personaggi mite, per Plutarco eccellente e in ottimi rapporti con Roma, era stato fatto uccidere o dal secondogenito Perseo o, come Plutarco stesso ipotizza, da Filippo stesso, per la sua politica filoromana. La morte di un sì tal virtuoso figlio fu, a detta di Pausania, la giusta punizione divina per il re macedone che si era macchiato d'empietà coi suoi sudditi e coi suoi ospiti, avvelenando sia Arato che il di lui figlio[412]. Perseo era in realtà il fratellastro di Demetrio, in quanto figlio di un'amante di Filippo V: Plutarco riferisce che la madre di Perseo si chiamasse Gnatenione e fosse una sarta, ma ad oggi si è propensi a ipotizzare[413] che la donna fosse in realtà la moglie di Arato il giovane, sedotta,

---

[409] Polibio XXIV, 10 ipotizza che Callicrate corruppe gli elettori; Oliva 1917, p. 310; Shimron 1972, pp. 129 ss.
[410] Pausania VII, 9, 5
[411] Oliva 1971, p. 311
[412] Plutarco, *Arato,* LIV, 4; Pausania II, 9, 5; Magnino 1994, p. 648, n. 180 riporta però come Porter e diversi storici moderni ritengano, ad oggi, che Arato e suo figlio non siano stati avvelenati da Filippo V, ma morirono di tubercolosi.
[413] In particolare Beloch e Meloni, *cfr.* Magnino 1994, p. 652, n. 189

per l'appunto, da Filippo V[414]. É curioso, quindi, notare come l'ultimo nemico macedone di Roma sarebbe stato per parte macedone e per parte acheo. Insofferente alle restrizioni imposte alla Macedonia da parte di Roma dopo la sconfitta di Cinocefale, Perseo divenne ben presto punto di riferimento dei latenti ribelli nei confronti di Roma; sposatosi con Laodice, figlia di Seleuco, attuò un poderoso ravvicinamento tra la Macedonia e la Siria.[415] L'ostilità tra la Macedonia di Perseo e Roma scoppiò quando, nel 172, il re di Pergamo Eumene si recò al cospetto del Senato Romano per denunciare l'aggressione subita, da parte di Perseo, mentre si recava al santuario di Delfi[416]. Roma decise così di attuare il definitivo ridimensionamento della potenza macedone e di estinguerla per sempre: ebbe così inizio la terza guerra macedonica, durante la quale la Lega Achea e la Grecia intera assunse un comportamento piuttosto ambiguo.

Perseo era sceso in Tessaglia e si era accampato ai piedi del monte Othrys, con quarantamila fanti e quattromila cavalieri. Guidati dal console Publio Licino Crasso, i Romani, in tutto trentamila, marciarono dall'Epiro alla Tessaglia e si accamparono a circa 3 miglia da Larissa, sopra il fiume Peneo. Attaccarono per primi i Macedoni, in un iniziale scontro in cui nessuna delle due fazioni ebbe un netto vantaggio sull'altra, poi, per i successivi tre giorni, i Romani rifiutarono lo scontro sin quando all'alba del terzo giorno, arrivato inaspettatamente, Perseo tracciò una linea di battaglia a meno di un miglio dall'accampamento Romano, in un luogo chiamato Callinico. I Romani, allora, schierarono le proprie truppe, posizionando al centro la cavalleria d'élite, e, sulle ali, gli squadroni di cavalleria, intervallati da truppe leggere. Attaccarono per primi i Macedoni, la loro ala sinistra contro quella destra romana. La battaglia che portò il nome di Callinico, del 171 a.C. fu pressoché una sconfitta per Roma, che perse tremila soldati contro appena sessanta Macedoni[417]. Seguì la battaglia di Falanna, a nord di Larissa, ove Perseo piombò sui Romani senza preavviso, conquistando mille carri e seicento uomini, nonché piombando su un manipolo di ottocento uomini comandato dal console Lucio Pompeo, che, se pur assediato, resistette strenuamente sino all'arrivo dei rinforzi romani, che ribaltarono l'iniziale vantaggio macedone, uccidendo ottomila nemici e facendone prigionieri quasi tremila ma perdendone quasi quattromila dei propri[418]. L'anno successivo e il seguente furono dominati da due nefaste battaglie, rispettivamente a Ussana e a Scodra, entrambe in Illiria, dove il re Genzio aveva stretto un'alleanza antiromana con Perseo. Attirati all'interno di Uscana, con un inganno, di quattromila fanti comandati da Appio Claudio cento furono massacrati da diecimila illiri, nascosti

---

[414] *cfr. ivi.* in *Cap.* IV, *Par.* IV.
[415] Diodoro XXVIII, 3; XXIX, 15; Strabone XVI C. 744; Giustino XXXII, 2; *cfr.* Musti 1989, p. 623, n. 21
[416] La denuncia di Eumene è attestata da un'iscrizione delfica, Sig^3 643, *cfr.* Musti 1989, p. 587
[417] Livio XLII, 57 – 60; Plutarco, *Emilio Paolo,* IX, 2 *cfr.* Montagu 2015, p. 133 - 135
[418] Livio XLII, 65 – 66

tra le mura della città, e solo la metà riuscì a salvarsi in fuga.[419] Ritiratosi nella città fortificata di Scodra, Genzio fu però alfine sconfitto dai Romani comandati dal pretore Lucio Anicio Gallo il quale, stretta d'assedio la città, la costrinse a capitolare e, infine vittorioso, cenò con Genzio, prima di mandarlo, prigioniero, a Roma[420]. Le ultime tre battaglie della terza guerra macedonica ebbero come peculiarità locale il fiume Elpeus, sulle sponde inaridite del quale, alla fine del 169, Perseo fortificò una posizione; la primavera seguente il console Emilio Paolo avanzò e prese posizione sulla sponda opposta, di fronte ai nemici. Sul letto secco del fiume, irregolare e difficoltoso, i Romani si scontrarono, per due giorni consecutivi, coi Macedoni, sacrificando diversi uomini, col solo intento di fiaccare Perseo. Emilio Paolo sapeva che avrebbe dovuto risolvere la questione poiché uno scontro campale era pressoché impossibile mentre tutti i valichi montani erano sorvegliati da guarnigioni macedoni. Allora decise di inviare Scipione Nasica a Eraclea, sulla costa, con ben ottomila uomini e centoventi cavalieri, affinché costeggiasse la facciata sud ovest del monte Olimpo e si fermasse sotto il santuario di Apollo Pizio: il Passo di Pietra, per la sua inospitalità, era l'unico a non esser presidiato. Dal canto suo, vedendo ancora Emilio di fronte a lui, Perseo non sospettava che Nasica lo stesse per raggirare, e non lo avrebbe mai saputo se un disertore non glielo avesse rivelato; solo allora Perseo invio duemila Macedoni e diecimila mercenari sotto il comando di Milo per cercare di prendere il Passo di Pietra ma costoro, scontratisi con le truppe di Nasica, furono messi in fuga e Nasica poté avanzare sino alla pianura di Dium, aggirando i Macedoni e costringendoli a ritirarsi a nord, nella regione di Pidna[421]. Qui, nell'estate del 168 a.C., si combatté l'atto finale della guerra tra Roma e la Macedonia: il pomeriggio del giorno successivo (nell'orario scelto da Emilio affinché i suoi uomini non patissero il sole), un cavallo fu lasciato correre (si vocifera dallo stesso Emilio) verso la posizione nemica e inseguito da alcuni Romani, che penetrarono, così, nel campo macedone. Si scatenò una schermaglia, sinché l'intera forza macedone non fu costretta a uscire, la battaglia durò meno di un'ora e fu vinta anche grazie all'astuzia: notando che, a causa di irregolarità del terreno la falange macedone non era completamente unita, il console inviò piccoli gruppi di uomini (nemmeno i Romani erano riusciti a tenere la propria posizione) in quelle aperture, affinché attaccassero il nemico ai suoi fianchi. Per causa delle loro lunghe picche, i Macedoni erano impossibilitati a voltarsi senza che le loro lance si impigliassero l'una nelle altre, costretti allora ad abbandonarle, dovettero combattere solo con spade corte, e non poterono competere con le armi romane. La falange fu quindi spezzata in più parti, sinché ognuna di queste fu attaccata. A Pidna caddero venticinquemila Macedoni, più della metà delle forze totali, mentre gli altri si

---

[419] Livio XLIII, 10
[420] Livio XLIV, 31
[421] Plutarco, *Emilio Paolo*, XV - XVI

diedero alla fuga, per parte romana, invece, si dice che ne perì meno di un centinaio[422]. Perseo, terrorizzato, lasciò che la falange macedone venisse sopraffatta dalla fanteria romana, e non fece intervenire la propria cavalleria, bensì «finse di andare a sacrificare ad Eracle, un Dio – commenta Polibio – che non accetta le vigliacche offerte dei codardi, né esaudisce le loro preghiere scellerate.[423]» Fuggì in seguito a Samostracia presso il santuario di Cilarabi, ove cadde poi nelle mani dei Romani. Prigioniero prima a Roma poi ad Alba Fucens, morì circa cinque anni più tardi in prigionia. È curioso come sconfiggendo Perseo, figlio di Filippo e, forse, della sua amante Policratea, che Filippo aveva sottratto ad Arato il giovane[424], Emilio Paolo sconfisse un nemico certamente macedone ma, forse, per parte di madre acheo: quasi un simbolo del fatto che alla sconfitta della Macedonia sarebbe seguita, ventidue anni dopo, quella della Lega Achea.

Il 168 segnò la fine della Macedonia come regno autonomo: divisa in quattro repubbliche isolate l'una dall'altra (vigeva persino il divieto di matrimoni e di commercio tra gli abitanti di repubbliche diverse), con capitali Pella, Pelagonia, Tessalonica e Anfipoli, la Macedonia fu così punita venendo privata delle sue miniere d'oro e d'argento e del suo tradizionale commercio di legname per costruzioni navali[425]. Il 168 fu anche l'inizio effettivo dell'egemonia romana sui morenti regni ellenistici: «per punizione e misura cautelare[426]» nei confronti della Lega Achea che si era comportata piuttosto ambiguamente durante la guerra, Roma esigette, dal 167 al 151 circa, che la confederazione inviasse al Senato circa mille ostaggi. Tra essi v'era anche il figlio dello stratego Licorta, il quale forse all'epoca era già morto, ma durante il conflitto tra Roma e la Macedonia aveva fatto assumere alla Lega un comportamento neutrale e non prettamente filoromano. Il figlio dello stratego era proprio lo storico Polibio: divenuto ipparco (capo della cavalleria) due anni prima che terminasse il terzo conflitto macedone, grande ammiratore di Filopemene (ne aveva portato le ceneri al funerale, nel 183 a.C. e ne scrisse, in seguito, una biografia non pervenutaci), era perciò appartenente a quella parte Achea che pareva opporre a Roma una sorta di "resistenza passiva", fu forse per questa tiepidità nei confronti di Roma che fu condannato da Roma stessa ad essere ostaggio e fu deportato a Roma. Quivi strinse amicizia con Scipione Emiliano, grazie al quale poté compiere viaggi in Gallia, Spagna, Africa del Nord e varie regioni italiane, abbracciando, questa volta definitivamente la causa romana, pur non dimenticando mai

---

[422] Plutarco, *Emilio Paolo,* XVI – XXII; Livio XLIV, 40 – 42; *cfr.* Montagu 2015, p. 135
[423] Polibio XXIX, 17, 2 *cfr.* Criniti Golin 1987, p. 1139
[424] *cfr. supra, ivi* in *Cap* IV*, Par* IV*;* Plutarco, *Arato*, LI, 1; Magnino 1996, p. 652, n. 189
[425] Musti 1989, p. 589; Livio XLII – XLV, XLV, 17 ss.; Polibio XXVII – XXX; Appiano, *libro macedonico;* Plutarco, *Emilio Paolo,* Diodoro XXXI, 8; Giustino XXXIII, 2, 7; *cfr.* Musti 1989, pp. 623 – 624, n. 22 e 23
[426] Musti 1989, p. 590

la moderazione nell'amministrazione dell'Ellade che, come si vedrà in seguito, gli fu addirittura commissionata[427].

Le testimonianze degli Spartani celebri, dopo che la fiamma di Sparta andava spegnendosi, mentre quella di Roma prevaricava sulla Grecia, sono sporadiche:[428] di quel fuoco, arso per secoli, non permanevano che carboni, a tratti ardenti nell'oscurità. Un certo Leonida il Lacedemone che sosteneva di avere sangue reale, narra Livio[429], durante la terza guerra macedonica, offrì al re Perseo cinquecento uomini ma la sua lettera fu intercettata dagli Achei ed egli fu mandato in esilio; un tale Menalchida, comandante spartano di un esercito di mercenari durante la sesta guerra siriaca, cercò di approfittare dei problemi in cui versava Antioco IV, per arricchirsi, ma fu imprigionato dai capi di Alessandria; successivamente, nel 168 a.C., a guerra finita, i sovrani d'Egitto lo lasciarono libero su richiesta del proconsole Gaio Popilio;[430] lo stesso anno, il sacerdote ebraico Giasone, dopo aver compiuto una strage contro le proprie genti, si rifugiò presso gli Spartani, vantando, con essi, una comune origine e, proprio a Sparta, fu, in seguito, ucciso e sepolto, per le empietà commesse in vita, senza esequie[431]. Un anno dopo, l'Acheo Callicrate, già noto per il suo parlare alle spalle degli avversari, calunniò ben mille Achei dicendo che essi avevano tradito Roma sostenendo il Macedone Perseo, e fece sì che fossero deportati a Roma e ivi tenutivi per ben sedici anni[432].

Lo spirito guerriero di Sparta, intanto, dimostrò di non aver intenzione di sopirsi e Roma fu spesso costretta a mandare ambasciatori per sopire scaramucce di confine come quella, per esempio, tra Sparta e Megalopoli, testimoniata da Polibio[433]. Purtroppo, però, la corruzione dilagava, trascinando il Peloponneso e le sue fazioni nemiche in un vortice d'inesorabile autodistruzione: nel 151/150 a.C., quando i mille ostaggi achei calunniati da Callicrate furono liberati, Sparta ed Argo si ritrovarono coinvolte in una disputa sui confini, così Roma mandò come ambasciatore un certo Gallo che si rivolse al famigerato Callicrate, affinché risolvesse la questione. In quegli anni, il sovradetto spartano Menalchida era stato nominato stratego della Lega Achea: per la prima volta uno Spartano veniva eletto comandante di quella Lega che, in passato, era stata la principale entità avversaria di Sparta, ma le apparenze ben presto ingannarono infatti, come testimonia Pausania, l'Acheo Callicrate accusò lo Spartano Menalchida di voler trarre fuori Sparta dalla Lega Achea: una curiosa accusa, se si pensa che Callicrate stesso

---

[427] Musti 1989, p. 616
[428] Oliva 1971, pp. 312 ss.
[429] Livio XLII, 51, 8; *cfr.* Oliva 1971, p. 312, n. 3
[430] Polibio XXX, 16
[431] Maccabei II, 5, *cfr.* Oliva 1971, p. 312, n. 4
[432] Pausania VII, 10, 11 - 12
[433] Polibio XXXI, 1, 6

aveva accusato la Lega Achea di esser oppressiva nei confronti di Sparta (oltre che di Messene) ma ne era poi divenuto stratego. Un'accusa inconsistente, commenta Pausania[434], dovuta al fatto che Menalchida si fosse rifiutato di dividere con Callicrate quanto, nel frattempo, aveva estorto agli abitanti di Oropo. Comunque, l'accusa per Menalchida era grave: così egli cedette i tre talenti della corruzione al suo successore, lo stratego Diaeo di Megalopoli, che lo salvò, nonostante l'opposizione degli Achei, dalla condanna. Giocando, però, su due fronti (e tradendo Menalchida), Diaeo pensò bene di dire agli Achei che i Romani affidavano loro la possibilità di condannare uno Spartano, così gli Achei esigettero di condannare Menalchida, ma incontrarono l'opposizione di Sparta: a causa del doppio gioco di Diaeo, scoppiò così, tra Spartani e Achei, un breve conflitto che si concluse con l'esilio di ventiquattro Spartani, nonché con un acceso reciproco scambio di accuse, che Pausania riferisce «caratterizzato più dalla retorica che dalla decenza» tra Diaeo stesso e Menalchida, al cospetto del Senato Romano. Callicrate, recatosi anch'egli a Roma, era però morto durante il viaggio evitando, commenta Pausania, ulteriori mali agli Achei.

Manalchida e Diaeo continuarono la propria pantomima, fomentando la guerra tra Sparta e gli Achei: il primo fece credere agli Spartani che i Romani li avessero prosciolti dal dovere d'obbedienza alla Lega Achea, il secondo disse agli Achei che i Romani intimassero loro di sottomettere, ulteriormente, Sparta.

Così, nella primavera del 148[435], a causa della menzogna, ancora una volta una sottomessa Sparta imbracciò le armi contro gli Achei. Approfittando, infatti, del fatto che i Romani, comandati da Quinto Cecilio Metello, fossero impegnati a sedare la ribellione esplosa in Macedonia sotto Andrisco, gli Achei comandati, questa volta, da Damocrito (successore di Diaeo), marciarono contro Sparta. Nello scontro, schiacciati dal sovrannumero acheo, gli Spartani morirono in mille e il resto si diede alla fuga. Poiché Damocrito, pur potendo, non ordinò ai soldati di inseguire gli Spartani ed entrare in Sparta, fu condannato a una muta di cinquanta talenti e, non potendo pagare, esiliato dagli stessi Achei, profondamente risentiti verso di lui per la mancata, presunta totale vittoria. A Damocrito successe, nuovamente Diaeo, mentre gli Spartani elessero come proprio generale Menalchida. Diaeo finse di sottostare agli ordini di Metello, che erano quelli di non attaccare più Sparta, ma, agendo sottobanco, allacciò rapporti con le città limitrofe a Sparta per instaurarvi presidii Achei: quando Menalchida inopportunamente saccheggiò Lao, città Achea, Diaeo vi scorse il pretesto per attaccare gli Spartani: conscio d'esser stato colpevole del fatto che la guerra contro la sua città avesse ricominciato, Menalchida alfine si suicidò, bevendo il veleno. Era stato, commenta

---

[434] Pausania VII, 11, 7 – 12
[435] Oliva 1971, p. 314

Pausania, generale sia degli Achei che degli Spartani, rivelandosi, nel primo caso stupido, nel secondo cattivo[436].

Nel 147 l'ambasciatore romano Lucio Aurelio Oreste convocò gli Achei a un'assemblea a Corinto. Disse che tutte le città che, nolenti o meno, erano entrate a far parte della Lega Achea dopo la seconda guerra macedonica, avrebbero dovuto considerarsi libere, non più facenti parte della confederazione: Corinto, Argo, Eraclea sul monte Eta, Orcomeno in Arcadia, e la tanto agognata Sparta. Alle parole di Oreste, gli Achei si rivoltarono immediatamente e, persino sotto gli occhi dello stesso ambasciatore presero a catturare coloro che, a Corinto, venissero riconosciuti come Spartani anche solo per i loro nomi o per il loro abbigliamento. Alcuni di loro si rifugiarono nella tenda del comandante ma gli Achei, travolti dal furore, li trascinarono via anche da lì.[437]

L'ostilità tra gli Achei e gli Spartani aveva assunto le proporzioni di un vero e proprio conflitto tra gli Achei e Roma stessa: l'irragionevole violenza adottata dai primi a danno degli Spartani appariva, agli occhi di Roma, come un affronto a tutti gli effetti.

Gli Achei liberarono solo coloro che si scoprì non essere Spartani, mentre tennero questi ultimi in prigione; poi mandarono a Roma un loro ambasciatore, Tearida, il quale però, assieme ai suoi uomini, dovette tornare in Grecia poiché, lungo il viaggio, incontrò un'altra delegazione romana inviata dal Senato per far fronte all'ormai scoppiata guerra.

Il successore di Diaeo, Critolao, si mostrò sin da subito di chiara impronta antiromana, sobillando i delegati delle varie città Achee affinché defezionassero dalle assemblee dei Romani e nello stesso tempo inducendo, a Corinto, gli Achei a prendere le armi contro Roma e contro Sparta.[438] Con Critolao si compì quella che Polibio chiama «la definitiva catastrofe degli Achei[439]» curiosamente si potrebbe asserire che la suddetta catastrofe avvenne perché gli Achei non deposero il proprio odio contro gli Spartani.

Giunto da solo all'assemblea dei Romani a Tegea (poiché aveva ordinato ai suoi di non parteciparvi), Critolao si oppose e rifiutò agli Spartani ogni concessione. Indispettiti per l'ostruzionismo dell'Acheo, i Romani, capeggiati da Sesto Giulio Cesare, rimandarono in patria gli Spartani e se ne tornarono a Roma per l'inverno. Durante la loro assenza, Critolao cercò di sollevare una sommossa antiromana in Grecia, inducendo a non pagare i debiti ed attuando una vera e propria situazione di demagogia[440]. Quinto Cecilio Metello, proconsole in Macedonia e in Tracia per il 146 a.C., informato delle pericolose

---

[436] Pausania VII, 12 - 13
[437] Pausania VII, 14; Oliva 1971, p. 315
[438] Pausania VII, 14, 4 ss.
[439] Polibio XXXVIII, 11
[440] Polibio XXXVIII, 11

sommosse nel Peloponneso, vi inviò Gneo Papirio, Popilio Lenate il giovane, Aulo Gabinio e Gaio Fannio, i quali giunsero a Corinto proprio nel momento in cui gli Achei tenevano un'assemblea. «Non dobbiamo temere» stava intanto gridando, ormai privo d'ogni inibizione, Critolao «i Romani o gli Spartani, quanto chi collabora coi nemici, chi ha a cuore gli interessi dei Romani e degli Spartani più dei nostri!». Il popolo inneggiava alla rivolta contro "i padroni", Critolao cavalcava l'onda delle masse: dichiarò guerra a Sparta, col chiaro intento di dichiararla a Roma[441].

Commenta Pausania: «per un re o per uno stato che intraprende una guerra, l'aver sfortuna può esser causato dall'invidia di qualche divinità, piuttosto che dalle colpe dei comandanti, ma unire l'audacia alla debolezza, dovrebbe essere chiamata follia, piuttosto che sfortuna[442].» Il più grande, estremo scontro tra l'Ellade e Roma si delineava all'orizzonte, tra neri turbinosi presagi.

Saputo che in suo sostegno i Romani avrebbero inviato il console Lucio Mummio, Cecilio Metello propose agli Achei di liberare dal loro dominio Sparta e le altre città, e, intanto, marciava dalla Macedonia, attraverso la Tessaglia, lungo il golfo di Lamia. Senza accettare alcuna delle proposte, Critolao scelse invece di scontrarsi con Metello, nella Locride. Cadde a Scarfia, ucciso dal proconsole di Macedonia, ma il suo corpo non fu mai trovato: forse, gettatosi nella palude ai piedi del monte Eta, era sparito tra le acque[443]. La sua sconfitta fu un chiaro segnale che la Lega fosse destinata ad esser trascinata nella sua rovina, dalla sua stessa politica antiromana. A Critolao successe Diaeo, poiché era la prassi che a uno stratego morto in battaglia succedesse il suo predecessore[444], questi arruolò dodicimila schiavi e, divisili per ciascun schieramento, di modo da equilibrare l'esercito, li inviò a Corinto. Qui radunò tutti gli uomini liberi in grado di portare armi, obbligò i cittadini a versare ingenti somme di denaro alla Lega Achea nonché le donne a cedere i propri gioielli per finanziare l'esercito[445]. Tebe, guidata da Pitea, sostenne entusiasticamente gli Achei[446]. L'esercito acheo ammontava a seicento cavalieri e dodicimila fanti, ma quattromila furono mandati a Megara, sotto il comando di Alcmene a presidiare la città contro Metello[447]: quando il Romano giunse, questi non combatterono ma, di fronte alla superiorità numerica dei Romani, fuggirono a Corinto. I

---

[441] Polibio XXXVIII, 12, 5; Pausania, VII, 14, 5
[442] Pausania, VII, 14, 6
[443] Polibio XXXVIII, 17; Pausania VII, 15, 4; Livio, *epitome* 52; Pausania ipotizza che Critolao si gettò nella palude; anche Polibio parla di acque e di riva, ma il brano è frammentario; Montagu 2015, p. 137
[444] Polibio XXXVIII, 15
[445] Polibio XXXVIII, 15
[446] Pausania VII, 14, 5 - 6
[447] Pausania VII, 15, 8 - 9

Romani presero Megara senza colpo ferire, ma Diaeo anche di fronte a quest'evidente sconfitta, continuò a rifiutare la resa[448].

Sconfitti dai Romani a Patre, nella Focide, gli Eleni e i Messeni, racconta Polibio, si abbandonarono alla disperazione: alcuni di essi si suicidarono, buttandosi nei pozzi o precipitandosi nei burroni, altri, in una sorta di isteria collettiva, presero a denunciare i vicini di "ostilità contro Roma", altri ancora fuggirono, senza una meta precisa; condannati da Metello per aver invaso la Focide, devastato l'Eubea ed il raccolto degli abitanti di Anfissa[449], i Tebani abbandonarono la propria città, lasciandola deserta, tra gli esuli v'era anche Pitea, con la moglie ed i figli, ovvero colui che, inconsapevolmente, li aveva portati alla distruzione.[450] Catturato, Pitea fu portato al cospetto di Metello, e punito (ma non è noto in che modo fu attuata la punizione).

Nel frattempo, contro l'esercito che Diaeo aveva radunato a Corinto, giunse il console Lucio Mummio che, dopo aver congedato Metello, radunò un esercito di ventitremila fanti e più di tremilacinquecento cavalli. Gli Achei fecero un'incursione notturna, che non portò loro successo; il mattino seguente, invece, uscirono in massa, per combattere sull'Istmo, ma la cavalleria fuggì senza affrontare la carica, e la fanteria, aggirata e messa in fuga, non fece che aprire la strada a Mummio, che si portò, vincitore, alle porte di Corinto[451].

Sconfitto, Diaeo si rifugiò nella natia Megalopoli. senza più speranze, uccise sua moglie e si suicidò bevendo il veleno. Commenta Pausania che, alla stregua del suo nemico Menalchida, aveva trovato la morte per la via del suicidio, e come lui era stato egualmente crudele e codardo.[452]

Tutto taceva, dopo la battaglia. Gli Achei si erano rifugiati all'interno delle mura di Corinto, Mummio non osava entrarvi, temendo un'imboscata. Poi, il terzo giorno dopo lo scontro, ordinò d'entrarvi e d'appiccarvi il fuoco. La fine della città più ribelle della Lega Achea fu orribile: Corinto fu data alle fiamme, gli uomini furono passati a fil di spada, le donne e i bambini venduti come schiavi. Mummio si avventò sulle più insigni opere d'arte, dando quelle di minor valore al generale inviato da Attalo di Pergamo, Filopemene (che curiosamente aveva lo stesso nome del celebre stratego Acheo).[453] Soltanto le statue di Filopemene (lo stratego) non furono abbattute, per il rispetto che ancora vigeva per l'uomo che, per gli Achei, era stato. Alla distruzione di Corinto

---

[448] Pausania VII, 15, 10 - 11
[449] Pausania VII, 14, 7
[450] Polibio XXXVIII, 16
[451] Pausania VII, 16; Floro I, 32, Livio, *epitome* 52 *cfr.* Montagu 2015, pp. 137 - 138
[452] Pausania VII, 16, 4
[453] Polibio XXXIX, 2; Pausania VII, 16, 7 ss.

presenziò lo storico Polibio, al seguito dell'esercito romano: egli stesso racconta di essersi fatto dare, per salvarli dal sacco, i ritratti di Arato di Sicione e del "suo eroe" Filopemene.[454] In seguito, lo stesso storico fu incaricato da Roma di organizzare il riassetto delle città del Peloponneso, operazione che Polibio svolse con grande efficacia e profonda consapevolezza d'esser egli stesso punto di raccordo tra la possente dominatrice Roma e l'irruente, dominata Grecia: le città dell'Ellade gli furono grate per le saggie decisioni prese[455].

Venne istituita una commissione, dei Dieci, affinché sciogliessero le leghe greche e trasformassero in *ager pubblicus* il territorio di Corinto; le mura di tutte le città che erano state avverse a Roma furono demolite, fu vietata ogni confederazione di Achei, Focesi, Beoti o qualsiasi altra etnia. Ogni anno, almeno sino al II secolo d.C., il governatore dell'Acaia esigette che Beoti ed Achei pagassero un debito rispettivamente i primi agli abitanti di Eraclea e dell'Eubea, i secondi agli Spartani[456]. Era il 146 a.C., l'anno *critico:* la cosiddetta guerra achea era finita, Corinto era stata distrutta, l'Acaia era divenuta una provincia romana e Roma padrona della Grecia; Polibio avrebbe scelto quell'anno finale, conflagrante, emblematico, per la fine delle sue *Storie*[457].

Riguardo Sparta e i suoi re Polibio avrebbe scritto, lapidario: «i re di Sparta [...] conservarono alla loro patria la supremazia sui Greci fino a che obbedirono agli efori come se fossero loro padri e accettarono volentieri di condividere il trono; ma non appena entrarono in discordia e cambiarono la loro costituzione in una monarchia, allora misero Sparta nella condizione di sperimentare ogni tipo di sventura.[458]» Così era stato.

Mentre Corinto fu rifondata da Augusto, che continuò la volontà di Cesare, nel 27 a.C. istituendo la provincia senatoria di Acaia, retta da un proconsole di rango pretorio, che aveva sede proprio a Corinto,[459] Sparta continuò ad esistere, ora libera, ma senza più i suoi re e senza più la sua autonomia.

Plutarco ricapitola efficacemente quanto ivi indagato: «finché applicò le leggi di Licurgo e mantenne l'antico giuramento, Sparta fu la città greca meglio governata e godette per cinquecento anni di un prestigio grandissimo. Ma quando la costituzione di

---

[454] Polibio XXXIX, 3, 1 - 9
[455] Musti 1989, p. 616
[456] Pausania VII,
[457] La trattazione delle *Storie* principia dall'anno 264 e sarebbe dovuta terminare, con tutta probabilità, con la vittoria romana di Pidna del 168, tuttavia successivamente al suo essere ostaggio, Polibio decise di continuare la narrazione sino al 146. *Cfr.* Musti 1989, p. 616
[458] Ho riadattato la traduzione di Criniti Golin 1987, p. 1065 del passo in cui Filippo V parla ai propri figli, *cfr.* Polibio, XIII, 11, 4 - 5
[459]459 Pausania VII, 17, 5; L'istituzione ad opera di Augusto equivaleva a una restaurazione dello statuto istituito per la Grecia da Cesare nel 47, che però, nel frattempo, era stato rimosso. *cfr.* Musti 1989, pp. 604; 625 – 626, nn. 53 – 56.

Licurgo cominciò via via ad alterarsi, e l'ambizione e l'avidità si insinuarono nella gente, anche il suo potere si indebolì e gli alleati si fecero più insofferenti. […] poi le leggi di Licurgo furono del tutto accantonate, e Sparta finì per essere governata tirannicamente dai suoi cittadini, senza conservare più alcuna traccia dell'antica disciplina; alla fine gli Spartani diventarono come tutti gli altri e dovettero rassegnarsi ad una posizione subordinata, rinunciando alla loro indipendenza e alla gloria di un tempo; ai giorni nostri, sono soggetti al governo romano, come tutti gli altri Greci.[460]»

Sparta non riconquistò mai più l'antica egemonia della Laconia e del Peloponneso, né i territori che aveva perduto sotto Nabide. Augusto vi creò la Lega degli Eleuterolaconi, che ebbe il controllo della costa, un tempo appartenuta alla città e un certo Giulio Euriclide, combattente ad Azio dalla parte di Ottaviano, divenne a Sparta un politico piuttosto preminente, rivitalizzando, per così dire, le antiche istituzioni Spartane[461]. Tuttavia è innegabile che, pur mantenendo quell'atmosfera di entità culturale per cui i visitatori continuarono a porgerle ossequi, la più celebre città del Peloponneso, dal 146 in avanti, divenne una città ellenistica come tutte le altre: la diarchia non fu mai più restaurata, i cinque efori entrarono a far parte dei ventotto geronti, gli Spartani cessarono d'essere i guerrieri padroni di iloti, dandosi ad altre occupazioni non più peculiarmente militari. La sua leggendaria aurea di militarismo ed eroica virtù continuò però ad attrarre visitatori, da tutto il mondo antico. E chissà che dall'alto dell'acropoli qualche viandante non osasse scorgere, ai piedi del Taigeto e sulle rive dell'Eurota, ondeggianti nel vento della Laconia, gli spiriti austeri degli ultimi re di Sparta.

---

[460] *Apoftegmata Lakonika,* 239 F - 240 B; *cfr.* Zanetto 1996, pp. 154 - 155
[461] Musti 1989, p. 604

Il coraggio delle donne di Sparta (dimostrato anche nell'assedio del 272), Jean-Jacques-François Le Barbier, XVIII sec.

Una Spartana porge lo scudo al figlio (come se Agesistrata - o Archidamia - porgesse lo scudo ad Agide), Jean-Jacques-François Le Barbier, 1806, Museum Purchase: Helen Thurston Ayer and the Honorable George Rossman Funds, Portland

Cleombroto esilia suo suocero Leonida II (Chilonide, moglie di Cleombroto e figlia di Leonida segue il padre in esilio); Benjamin West, 1768, Tate Gallery, London

Leonida II, richiamato in Sparta, esilia suo genero Cleombroto (Chilonide questa volta segue il marito in esilio); Pelagio Palagi, 1810 *ca.*, Galleria d'Arte Moderna, Bologna.

Leonida esilia Cleombroto, Chilonide segue il marito; Vincenzo Camuccini, XIX sec.

Cleombroto e Chilonide esiliati, H.A. Guerber, da *The Story of Greek*, 1896

Agide a giudizio; Walter Crane, da *The Children's Plutarch: Tales of the Greeks* by *F. J. Gould*, Harper & Brothers Publishers, 1910

La morte di Agide, Nicolas-André Monsiau, 1789, Musée des Beaux-Arts de la Ville de Paris, Petit Palais, Paris

Cleomene «emulatore» posto simbolicamente
sul corpo di Agide, M. Burg, fine XVI sec.

Tetradracma di Cleomene III, con Artemide Ortheia sul retro;
sotto: altri esempi di monete spartane di Cleomene

Cratesiclea lascia Sparta coi nipotini (i figli di Cleomene) per andare come ostaggio in Egitto, Bartolomeo Pinelli, 1805 *ca*.

Arato di Sicione, M. Burg, fine XVI sec

Dall'alto a sinistra: moneta di Antigono Gonata, British Museum, London, seguita da octodracma di Tolomeo IV, British Museum, London. Fila centrale: tetradracma di Antigono Dosone con Poseidone sul retro. Fila inferiore: didracma di Filippo V di Macedonia, Pella.

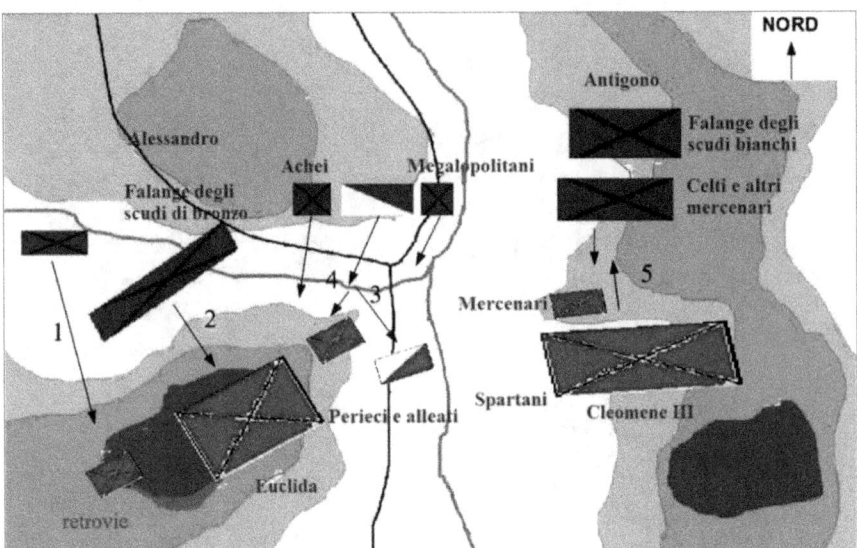

La battaglia di Sellasia, 222 a.C. (Schema di Alberto Peruffo)

A - Luogo. L'ultimo atto della guerra cleomenica si ebbe a Sellasia, una località a nord di Sparta, attraversata dal fiume Oinous da nord a sud e dall'affluente Gorgilo da est a ovest; il primo divideva la valle in due colline, l'Olimpo a sud ovest, l'Euas a sud est.

B - Schieramenti. Cleomene, a capo di ventimila uomini (spartani e mercenari), schierò l'esercito spartano a sud ovest, sulla collina Olimpo e la cavalleria sul fiume Eununte; suo fratello Euclida, a capo di uno schieramento di perieci e di alleati, si schierò sulla collina Euas, a sud est. Antigono stanziò i suoi fanti leucaspidi, i suoi celti e mercenari nord ovest; e contrappose alla cavalleria spartana la propria, comandata da Alessandro; a nord est schierò altri duemila fanti tra Achei e Megalopiti, fanti calcaspidi, Acarnani, Epiroti e Beoti e Illiri.

C - Svolgimento battaglia. Al segnale di Antigono (uno stendardo bianco) la fanteria di Illiri e Acarnani circondò senz'esser visti (nascosti nel letto del fiume Gorgilo sotto l'Euas) le retrovie spartane di Euclida (1); al secondo segnale di Antigono (uno stendardo rosso) circondarono lo Spartano sull'Euas (2). Contro Euclida (precedendo – e contravvenendo - il segnale di Antigono) guidò l'attacco l'Acheo Filopemene. Cleomene assistette alla morte del fratello.

Conquistata l'Euas, gli scudi di bronzo di Alessandro affrontarono la cavalleria spartana, che controllava il fiume Oinous (3): anche in questa occasione l'emergente Filopemene combatté valorosamente, sino a che il suo cavallo fu ferito ed egli stesso cadde, trafitto alle gambe. La falange spartana oppose una feroce resistenza, invano. (4)

Alla fine, Antigono attaccò Cleomene sulla collina Olimpo (5): temendo di subire la stessa sorte di Euclida, Cleomene fece abbattere la palizzata che aveva fatto costruire nei giorni precedenti e fece avanzare l'esercito su una sola linea in corrispondenza dell'accampamento. Allo squillo di tromba, entrambi gli schieramenti abbassarono le proprie falangi: poiché Cleomene aveva adottato la lancia *sarissa*, macedone, al posto della spartana, entrambi gli schieramenti videro cozzare fra loro lance lunghe più di cinque metri. Dapprima i Macedoni parvero ripiegare sotto l'impeto degli Spartani ma, alla fine, prevalsero: in ritirata, i Lacedemoni, subendo gravi perdite, si diedero a una fuga precipitosa.

La battaglia di Sellasia, incisione del 1774

Statua egizia di Tolomeo III, Neues Museum, Berlin

Dall'alto: moneta di Perseo di Macedonia, seguita da tertradracma di Antioco III, Classical Numismatic Group. In basso: moneta spartana di Nabide, British Museum, London.

Filopemene ferito a Sellasia, Pierre Jean David, alias David d'Angers, 1837, Musée du Louvre, Paris

Tito Quinzio Flaminio a Corinto, incisione del XIX sec.

La presa di Corinto 146 a.C., Thomas Allom, XIX sec.

Appendice

I. I Re di Sparta

1. *Prospetto Cronologico, Sintetico e Schematico dei Sovrani e Tiranni di Sparta con le rispettive date di regno generalmente riconosciute*[462]

Gli Agiadi da Cleomene I ad Agesipoli III	*Gli Europontidi da Demarato a Nabide*
Cleomene I ca. 520 – ca 488	Demarato ca. 515 (?) – 491
Leonida I ca. 488 – 480	Leotichida II 491 – 476 (?)
Plistarco 480 – 458	Archidamo II 476 (?) – 427
Plistoanatte 458 – 408 (?) (446 – 424 deposto)	Agide II 427 – 400 (o 439)
	Agesilao II 400 (o 398) – 358 (o 361)
Pausania II 408 (?) – 394	Archidamo III 360 - 338
Agesipoli I 394 – 380	Agide III 338 – 331 (o 330)
Cleombroto I 380 – 371	Eudamida I 331 – 330 (oppure 330 – 294)
Agesipoli II 371 – 370	
Cleomene II 370 – 309	Archidamo IV 330 – 275 (o 294)
Areo I 309 – 265	Eudamida II 275 – 244 (oppure 294 - 244)
Acrotato 265 – 259 (o 262)	
Areo II 259 (o 262) – 254	
Leonida II 254 – 235 (243 – 241 in esilio)	**Agide IV** 244 – 241
Cleombroto II 243 – 241	
Cleomene III 235 – 219 (in esilio dal 222)	Eudamida III (senza reggente[463]) 241 – 228
Euclida 227 – 222	Archidamo V 228 (o 227)
Agesipoli III 219 (muore nel 183)	**Licurgo** 219 – 210
	Pelope 210 – 207 (reggente Macanida)
	Nabide 207 – 192

---

[462] *cfr.* Carlier 1984, pp. 319 ss.; Clauss 1983, pp. 125 ss.; Musti Torelli 1991, pp. 175 – 176
[463] Sull'eventuale reggente di Eudamida III, forse il patrigno Cleomene, forse lo zio Archidamo *cfr. ivi.* in *Appendice*, IV, 5

II. Armi e educazione

1. *L'educazione spartana*

Fissate nel VI secolo dal leggendario re Licurgo, le istituzioni spartane prevedevano una ferrea educazione sin dalla più tenera età e una severa legiferazione penetrante anche nei recessi più intimi della vita quotidiana. Ragazzi e ragazze dovevano praticare sport, indistintamente dal loro sesso, esercitandosi nella lotta, nel lancio del disco e nel giavellotto; come riporta Plutarco, Licurgo stesso avrebbe indotto i fanciulli ad abituarsi, durante canti (celebri erano i partenei di fanciulle di Sparta composti da Alcamane) e processioni, a mostrarsi nudi in pubblico, gli uni di fronte agli altri, per combattere la vergogna[464]: di qui l'apprezzamento, da parte di Platone nella *Repubblica*,[465] per l'esibizionismo dei fanciulli spartani, fattore precursore di solide unioni.

I bambini venivano abituati da laconiche nutrici a sopportare il freddo, le tenebre e la solitudine e a sopire strilli e capricci.[466] All'età di sette anni i ragazzi venivano prelevati dalla famiglia ed introdotti e sottomessi allo Stato Spartano, sotto l'istituzione del *pedonomo*[467], un'istituzione apposita per l'educazione. Dagli otto agli undici anni rientravano tra i *rhobidas, promikizoménos, mikizoménos* e *propais,* che potrebbero raggrupparsi sotto la dicitura di «ragazzini»: i *rhobidei* erano divisi in bande suddivise in pattuglie comandante dai più disinvolti, i *bougos*, e complessivamente comandati dagli *irénes* più grandi. I fanciulli imparavano a leggere e a scrivere solo per scopo pratico[468], a ubbidire pazientemente e a vincere nella lotta, rigorosamente a testa rasata, per la maggior parte del tempo nudi (talvolta vestivano solo una tunica) e senza calzature[469]; dai dodici ai quindici anni erano considerati «ragazzi» nel senso pieno del termine: *pratompais, atrompais, meilleirèn;* non portavano più la tunica, ma un solo mantello per tutto l'anno[470], dormivano in camerate, su paglierici di canna costruiti da loro stessi, su cui aggiungevano, d'inverno, dei rami di ginestra, una pianta cui si attribuivano virtù termiche[471]; raramente si ungevano d'olio per le festività, venivano crudelmente puniti anche per la minima colpa. Nutriti assi poco, dovevano rubare cibo, ma se venivano sorpresi, erano severamente percossi[472]. In questo periodo, racconta

---

[464] Plutarco, *Licurgo*, XIV, 4
[465] Platone, *Repubblica*, V, 458d
[466] Plutarco, *Licurgo*, XVI, 4
[467] L'accurata suddivisione in "classi" che segue è di Flaceliére 1959, pp. 115 ss.
[468] Plutarco, *Apoftegmata Lakonika,* 237 B
[469] Plutarco, *Licurgo,* XVI, 10 - 11
[470] Plutarco, *Apoftegmata Lakonika,* 237 B
[471] Plutarco, *Apoftegmata Lakonika* 237 B
[472] Plutarco, *Apoftegmata Lakonika,* 237 E

Licurgo, si intrecciavano rapporti, non però sensuali, ma strettamente dovuti alla vita in comune, anzi, chiunque fosse stato accusato di aver avuto rapporti disonesti e disonorevoli con un ragazzo, sarebbe stato punito con la perdita per sempre dei diritti politici[473]; dai sedici ai vent'anni divenivano *irènes* (i corrispettivi degli «efebi» ad Atene): l'*irenato* si ripartiva nel primo, secondo, terzo e quarto anno, gli *irènes* subivano «una serie di successive iniziazioni che erano prove di resistenza e cerimonie di carattere magico, con danze e maschere[474]» dovevano, ad esempio, divisi in gruppi, rubare del formaggio, flagellandosi vicendevolmente. Dopo un determinato periodo in cui era stato costretto a vivere da solo nel bosco, l'*iren* entrava nella *krypteia*, società segreta che attuava la remota e ancestrale pratica di dare la caccia agli iloti presenti nel bosco: l'*iren* doveva ucciderne almeno uno. L'educazione musicale dei giovani Spartiati era peculiarmente rapportata ai ritmi marziali e agli spostamenti dell'esercito. Tale prassi dovrebbe aver persistito sino all'epoca ellenistica, anche se la lassezza che Agide denuncia, denota un impoverimento dei peculiari valori di Sparta.

Per quanto riguarda le ragazze, iniziate allo sport e anche a una generica cultura, andavano in sposa verso i vent'anni, relativamente più tardi rispetto alle donne di altre *poleis* greche; il contratto matrimoniale avveniva previa un accordo tra il padre o il tutore della fanciulla e l'aspirante sposo (non abbiamo notizie di episodi in cui la fanciulla viene consultata); il matrimonio avveniva tramite rapimento: la fanciulla rapita era affidata alla *nimfeutria,* una specie di nutrice, che le rasava il capo e la vestiva con abiti e calzari maschili, dopodiché la lasciava, sola e al buio, su di un pagliericcio. Il fidanzato, che nel frattempo aveva consumato il pasto del banchetto nuziale coi suoi compagni (tra cui il *parochos,* l'"assistente" maschile, controparte della *nimfeutria* per il matrimonio), entrava nella stanza ove stava la sposa, le scioglieva la cintura, la prendeva per le braccia e l'adagiava sul letto. Con lei passava un tempo assai breve: prima che sorgesse il sole tornava a dormire coi compagni[475].

L'educazione spartana, infatti, procedeva anche oltre il matrimonio (che per gli uomini avveniva, di solito, attorno ai trent'anni): pur da sposati, gli Spartiati continuavano a prendere pasti in comune e continuavano a vivere coi loro compagni di tenda. Lo Spartano era congedato dal servizio militare a sessant'anni, per decreto della *gerusia,* ma continuava ad impegnarsi, sorvegliando gli esercizi dei ragazzi e le lotte negli *irenes*[476].

I pasti in comune accomunavano giovani e vecchi, il più anziano si raccomandava che dalla porta non uscisse una sola parola, quindi si consumava il cibo più apprezzato a Sparta. un brodo nero e proteico, che dobbiamo presumere di legumi, se Plutarco specifica «gli anziani lo amavano a tal punto che non sentivano neppure il

---

[473] Licurgo, XVI, 10 -11; Plutarco, *Apoftegmata Lakonika,* 237 C
[474] Flaceliére 1959, p. 117; Lazenby 1989, p. 63
[475] Plutarco, *Licurgo,* XV, 4 - 7
[476] Flaceliére 1959, p. 308

bisogno della carne, e la cedevano ai più giovani[477]». Comunque, la carne era un alimento raro, solitamente era selvaggina e ad essa gli Spartani preferivano formaggio o cibi vegetali, a un cuoco che gli aveva domandato del formaggio e dell'olio per cucinargli un pezzo di carne, uno Spartano rispose: «se avessi del formaggio, che cosa me ne farei della carne?[478]». La dieta era scarsa, non solo per educare implicitamente i giovani all'agilità nel procurarsi il cibo da sé (anche rubando), ma anche perché gli Spartani non volevano che i loro giovani assumessero corporature massicce, bensì restassero snelli, quindi sani e avvezzi anche a combattere digiuni[479].

Nei banchetti gli Spartani bevevano moderatamente; per educarli alla moderazione gli anziani facevano ubriacare gli iloti per poi mostrarli ai ragazzi, così da far loro passare la voglia di bere troppo, indi, terminati i banchetti, li facevano tornare a casa senza torce, per abituarsi ad andare spediti anche al buio.[480]

I giovani tributavano grande rispetto agli anziani, cui cedevano sempre il posto[481], tanto da far esclamare a uno straniero in visita a Sparta «qui è l'unica città dove convenga esser vecchi![482]». Qualora interrogati da un anziano su che cosa facessero o dove andassero, dovevano rispondere, qualora rimproverati, dovevano accettare il biasimo, ché chi lo ricusava era, invece, malvisto[483]. Se un ragazzo, punito, si lamentava dal padre, era consueto che questi lo punisse ulteriormente, tanta era la fiducia nella comunità di Sparta che ciascuno punisse i giovani solo a fin di bene.[484]

La proverbiale retorica laconica era breve: gli Spartani deridevano i discorsi vuoti e pomposi.[485] Tutti i loro Dei, Afrodite compresa, impugnavano la lancia: rivolgendosi a loro nella preghiera chiedevano soprattutto onore[486]. Virtuosi anche nella schiavitù, se catturati dai nemici volevano essere venduti come prigionieri e non «come Spartani» per evitare il disonore, tuttavia preferivano titanicamente il suicidio all'umiliazione inflitta loro dai padroni.[487]

Non dovevano viaggiare per non contaminarsi con altre culture, né esercitare un'arte manuale né arricchirsi, molti attrezzi erano in comune o venivano presi in prestito anche senza chiederlo e poi riportati; gli iloti lavoravano la terra pagando un canone, ma

---

[477] Plutarco, *Apoftegmata Lakonika*, 237 F
[478] Plutarco, *Apoftegmata Lakonika*, 234 E
[479] Plutarco, *Apoftegmata Lakonika*, 237 F – 238 B
[480] Plutarco, *Apoftegmata Lakonika*, 237 F, 239 A
[481] Plutarco, *Apoftegmata Lakonika*, 235 C - D
[482] Plutarco, *Apoftegmata Lakonika*, 235 F
[483] Plutarco, *Apoftegmata Lakonika*, 237 C
[484] Plutarco, *Apoftegmata Lakonika*, 237 D
[485] Plutarco, *Apoftegmata Lakonika*, 232 B; 234 D; 235 E; 239 B
[486] Plutarco, *Apoftegmata Lakonika*, 239 B
[487] Plutarco, *Apoftegmata Lakonika*, 233 C; 234 B - C

agli Spartiati era vietato chiedere loro un affitto maggiore, perché si voleva che i servi lavorassero pensando al (relativamente) buon guadagno e i padroni non fossero avidi.[488]

Di musica amavano la loro, intonavano canti che elogiassero chi era morto per Sparta, deridessero i codardi, venerassero gli anziani ma, allo stesso tempo, si augurassero che i giovani fossero ancora migliori di chi li avesse preceduti[489]. Le canzoni di marcia erano state istituite da Licurgo affinché mitigassero l'eccessiva aggressività, ma se qualcuno avesse violato le regole della musica tradizionale, "ammollendola" aggiungendo, ad esempio, corde alla lira, gli efori e gli Spartani tutti lo avrebbero scacciato[490].

Molteplici sono gli atti di eroismo e abnegazione testimoniati tanto dalle donne Spartane quanto dai soldati Spartani. Per le prime sono testimoniati riprovazione per figli codardi[491], vanto per quelli morti in guerra[492], vanto di prole generosa e forte, nonché i celebri detti, dall'anonima madre che porge al figlio lo scudo da guerra dicendogli: «torna o con questo o sopra di questo[493]», alla regina Gorgo, moglie di Leonida I che risponde a un'Ateniese sul perché «le donne di Sparta siano le uniche capaci di comandare i loro uomini», con «perché sono anche le sole capaci di generare uomini»,[494] ma anche di virtù pre e post matrimoniali, sopportazioni di dolori per essere contravvenute alle stesse e, suicidio, al pari degli uomini, qualora fatte schiave e obbligate ad azioni disdicevoli;[495] egualmente per gli uomini la virtù si manifestava dall'andare in guerra pur se menomati per «far comunque perdere il filo alla spada del nemico» all'apprendere ad andare fieri delle proprie mutilazioni di guerra,[496] al perseguire l'estrema disciplina al punto da fermarsi all'ultimo nello sferrare il colpo mortale al nemico pur di ubbidire al richiamo del proprio comandante, così da rendere Spartane e Spartani un popolo unito, dedito alla virtù e all'estrema sopportazione del dolore che essa poteva provocare.[497]

---

[488] Plutarco, *Apoftegmata Lakonika,* 238 D; 239, D – E
[489] Plutarco, *Apoftegmata Lakonika,* 238 B - C
[490] Come nel caso di Terpandro o di Frinide e Timoteo *cfr.* Plutarco, *Apoftegmata Lakonika,* 238 C; Plutarco, *Agide,* VIII – XI; Magnino 1991, p. 155, n. 36, 37; si veda anche l'episodio di *Apoftegmata Lakonika,* 234 D
[491] Plutarco, *Apoftegmata Lakonika,* 241 B - C
[492] Plutarco, *Apoftegmata Lakonika,* 241 D - E
[493] Plutarco, *Apoftegmata Lakonika,* 241 F
[494] Plutarco, *Apoftegmata Lakonika,* 240 E si veda, a tal proposito, l'opinione sempre di Plutarco, curiosamente contrastante riguardo il dominio delle donne sui loro uomini a Sparta in *Agide,* VII, 4
[495] Plutarco, *Apoftegmata Lakonika,* 242 C
[496] Plutarco, *Apoftegmata Lakonika,* 235 F;
[497] Plutarco, *Apoftegmata Lakonika,* 236 E; si veda a tal proposito l'interessante confronto con *Sallus*tio, *La congiura di Catilina,* 11, 7.

2. L'esercito macedone

Con l'ellenismo (periodo che, militarmente, al di là della comune convenzione nominalista inizia ben prima della morte di Alessandro, e cioè, anzi, già con il di lui padre Filippo II), il cuore dell'esercito divenne la falange macedone, che contava sino a sedici file, originariamente di dieci (e poi sedici) uomini ciascuna (la *dekas*), e che comprendeva i fanti (*pezhetairoi,* armati pesantemente[498]) e un manipolo di portatori di lance (*hypaspisti*) lunghe, ora, sino a cinque metri e ottanta. Gli *hypaspisti* collegavano i corpi di cavalleria alle ali e alla falange (decisamente più lenta, negli spostamenti, di quella oplitica)[499], è ignoto il significato originario del nome di questo corpo: non si trattava di truppe leggere, poiché queste ultime erano dotate di armi da getto, mentre gli *hypaspisti* non lanciavano le proprie lance. Le truppe leggere erano solitamente composte da arcieri Cretesi e lanciatori di giavellotto o Traci o Macedoni. La fanteria leggera non indossava corsetti, mentre portava una variante dell'elmo greco (che, come aveva già raccomandato Senofonte, lasciava il viso scoperto garantendo una maggiore visibilità), degli schinieri metallici e un piccolo scudo di bronzo (che, secondo Asclepiodoto[500] doveva avere un diametro di circa sessanta cm e non doveva essere troppo concavo, era manovrato con una cinghia che veniva fatta passare attorno al collo e con uno passante per il gomito e durante le marce poteva essere portato appeso sulla schiena).

Per quanto riguarda invece i reparti militari dei calcaspidi o dei leucaspidi («scudi bronzei», «scudi lucenti» o «d'argento», peculiari per la suddetta trattazione e presenti soprattutto nell'esiziale battaglia di Sellasia, essi sembrano essere i discendenti del corpo degli *hypaspisti* di Alessandro; portavano elmi di tipo tracio (comune sia ai fanti che ai cavalieri) dall'alta cresta, talvolta sormontati da un fluente cimiero.

L'esercito era accompagnato da schieramenti di cavalieri ausiliari (che sotto Alessandro erano preferibilmente Tessali); sul finire dell'epoca, tra il III e II sec. a.C., la cavalleria venne ridotta per la cospicua spesa di mantenimento che comportava, con il conseguente impiego, tra la fanteria, di truppe mercenarie, talvolta anche orientali. L'estrema conseguenza dell'evoluzione della falange risultò essere un'enorme massa compatta di uomini (si potrebbe asserire che la quantità prese il sopravvento sulla qualità), armata di lance estremamente lunghe, e, quindi, incapace di virare in plurime direzioni: l'unica possibilità di manovrabilità consisteva, ora, nell'avanzare, inesorabilmente. Di qui la vittoria romana a Cinocefale nel 197 quando la falange macedone venne attaccata a destra e nelle retrovie, e, in segno di resa, il nemico poté soltanto alzare le picche o fuggire, o, ancora, a Pidna, nel 168 dove l'apertura tra i soldati

---

[498] Snodgrass 1991, p. 150
[499] Snodgrass 1991, p. 150
[500] Asclepiodoto, V, 1 *cfr.* Snodgrass 1991, pp. 151 - 154

permise ai Romani – invece, coesi - di infiltrarsi nel non più compatto schieramento nemico e attaccarne i fianchi[501]. Mentre la fanteria si alleggerì, la cavalleria si appesantì[502].

    Sino a Cinocefale, la *sarissa* rimase l'arma più offensiva del tempo, peculiarità degli uomini della falange; nel V secolo Teofrasto in *Ricerche sulle piante* (III, 12, 2) afferma che le *sarissae* più lunghe misurassero circa dodici cubiti (sarebbero cinque metri e mezzo) mentre Polibio (XVIII, 29, 2), nel II secolo, narra come il modello originario misurasse addirittura sedici cubiti ma fu in seguito abbandonato per adottarne, invece, uno che fosse lungo quattrodici (l'equivalente di poco meno di sei metri e mezzo). Portata addirittura da alcuni cavalieri, la *sarissa* veniva da essi impugnata con due mani, così che la mano anteriore, la sinistra, fosse distante dal calcio circa un metro e ottanta; la *sarissa* sporgeva in avanti per un tratto di più di quattro metri e mezzo, i ranghi distavano l'uno dall'altro circa novanta metri, quindi solo le armi impugnate dalla prima fila avevano uno scopo offensivo, le altre – la falange constava di circa sedici ranghi – potevano, se tenute sopra la testa degli uomini schierati in prima fila, riparare dai proiettili. Probabilmente di frassino, le aste dovevano essere rastremate dal calcio verso la punta, la cuspide metallica doveva essere relativamente piccola. La lancia degli *hypaspisti* doveva essere più corta, mentre la fanteria leggera tracia doveva avere un'arma molto grande, chiamata *rhomphaia*, (in latino *rumpia*, nominata da Livio (XXXI, 39, 119) riguardo i Traci, ad oggi molto difficile da identificare. La fanteria, armata di spade modeste, si trovò in difficoltà al cospetto delle legioni romane, con le pesanti spade da taglio: la spada «ispanica» romana incise nelle battaglie finali dello scontro tra Roma e la Macedonia. La *kopsis* greca curva veniva, tuttavia, applicata ancora nell'ellenismo, dai Macedoni, che la impugnavano indossando corsetto ed elmo metallico. Quando la cavalleria s'appesantì e la fanteria s'alleggerì nell'armamento, risultò più facile addestrare i non Macedoni alla falange che alla cavalleria pesante, come avvenne nel periodo intercorso da Ipso (301) a Sellasia (222) ove il reclutamento riguardava sia la fanteria che la cavalleria. Probabilmente a Sellasia la *sarissa* si era accorciata di un poco, divenendo di circa cinque metri e mezzo, mentre lo scudo dei peltasti veri e propri rimaneva ovale e lungo, detto *thureos* e comune quanto la *pelta*; per via dell'enfasi posta sui nomi del calcaspidi e dei leucaspidi[503] è plausibile che lo scudo abbia acquistato più importanza anche se è improbabile che sia divenuto più grande, poiché la formazione rimaneva quella serrata (*synapsismos*) in cui ogni uomo aveva un fronte di soli 45 cm.

Gli ultimi re macedoni furono quasi ossessionati dalla falange: il rapporto di Antigono Dosone a Sellasia era di 8 a 1, mantenuto poi da Filippo V a Cinocefale e da Perseo a Pidna. I cavalieri, invece, essendosi, come scritto, la cavalleria appesantita,

---

[501] Montagu 2015, pp. 27 – 28
[502] Snodgrass 1991, p. 155
[503] *cfr. ivi* in *Appendice*, III, 2.

erano divenuti più impacciati nei movimenti, già dal III secolo, infatti, la cavalleria greca aveva iniziato a portare scudi, che Polibio descrive come solidi e resistenti, di notevoli dimensioni, rotondi e talvolta rivestiti di bronzo. Come riporta Plutarco (*Demetrio*, XXI), un corsetto macedone poteva pesare sino a cinquanta chili, quelli ciprioti, però (che lo stesso Demetrio Poliorcete indossò) pesavano meno della metà, erano a scaglie di ferro (anche se nell'antichità greca il ferro era piuttosto raro per le armature difensive). Alla cavalleria pesante appartenevano gli elefanti da guerra, che raggiunsero il massimo fulgore nel III secolo a.C. e che, grazie alla propria pelle spessa riuscivano ad essere quasi immuni ai dardi nemici[504].

3. *L'esercito greco*

Cleomene introdusse nel suo esercito l'uso della *sarissa,* una rivoluzione per l'armamento greco della seconda metà del III secolo, dove l'armamento oplita tipicamente greco assunse quello peculiarmente macedone.

La figura dell'oplita persistette in Grecia dal VII sec., armato del peculiare scudo (*hoplon*) che gli conferiva il nome, di elmo, corazza, schinieri e di una lancia lunga circa due metri, raggiunse la massima efficacia durante le Guerre Persiane, dove vinse grazie al suo armamento; la falange in cui erano schierati gli opliti constava dalle quattro alle otto fila di guerrieri anche se nell'ellenismo si arrivò a contarne sino a sedici (con l'eccezione della falange Beota che, durante la battaglia di Leuttra del 371 a.C. contava addirittura cinquanta fila comandate da Epaminonda) e comportava, generalmente, il cozzare degli schieramenti avversari sino al cedimento di uno dei due; nel IV secolo tuttavia, il generale Ateniese Ificrate introdusse una nuova tattica bellica, che comportava una minor staticità della falange e dei peltasti (ora così chiamati per il leggero scudo d'origine tracia che recano, il *pelta*) i quali, a differenza dell'oplita pesantemente armato, ora potevano incalzare il nemico in rotta anche per lunghe distanze, grazie alla maggior mobilità conferita alla nuova falange: di qui i numerosi inseguimenti dei nemici in fuga presenti nelle battaglie laconiche prese in considerazione[505]. Già la riforma di Ificrate può considerarsi antioplitica, in quanto non solo addestrò i suoi uomini come peltasti ma convertì gli opliti in semi-peltasti sostituendo i loro scudi, grandi e di bronzo, con altri ovali e più leggeri. Senofonte (*Elleniche* IV, 4, 16) racconta come gli opliti arcadici non osassero affrontare gli uomini di Ificrate e come questi sconfisse, grazie al risultato del cambiamento, proprio una

---

[504] Snodgrass 1991, pp. 150 – 164; Lazenby 1989, pp. 80 – 81. Gli elefanti furono impiegati, in seguito, dagli stessi Romani, nella battaglia di Cinocefale *cfr. ivi* in *Cap.* IV, *Par.* VI.
[505] Montagu 2015, pp. 27 ss.; Lazenby 1989, pp. 57 ss.

falange spartana, a Corinto, nel 390. Ificrate adottò, inoltre, anche lance e spade più lunghe[506].

Si potrebbe asserire che Cleomene abbia quindi, di fatto, apportato una rivoluzione militare che continuasse quella adottata precedentemente da Ificrate: con la riforma attuata dal re spartano, l'oplita dovette impugnare la *sarissa* con due mani e di conseguenza sostituì lo scudo argivo con quello macedone: a Sellasia lo scontro tra lo Spartano e il Macedone Antigono Dosone fu quasi ad armi pari o, meglio, la resistenza posta da Cleomene al Dosone fu da parte di un esercito contro quello da cui, alla fine, derivava esso stesso. Tuttavia anche i Beoti, nel 250 circa, avevano iniziato ad adottare l'equipaggiamento macedone invece del proprio e gli Achei si armarono alla maniera dei calcaspidi e dei Macedoni indossando, come loro, corsetti (come, infatti, specifica Polibio in II, 65, 3; IV, 69, 5; V, 91, 7; IV, 12, 3). L'esercito della Lega Achea, invece, era ancora armato di lance piuttosto piccole e di scudi oblunghi: fu Filopemene, come racconta Plutarco (*Filopemene*, IX) ad adottare l'equipaggiamento e la tattica della falange macedone, e, quindi, anche la *sarissa*, con un conseguente, ottimo successo[507]. Pausania (VIII, 50, 1) infatti, nomina come ormai fuori uso le "antiche" armi oplitiche greche, ovvero lo scudo argivo e il corsetto. Polibio ricorda come, all'indomani della battaglia di Mantinea contro Macanida di Sparta, Filopemene «*[disse ai suoi soldati che]* lo splendore dell'armatura molto contribuiva ad intimorire il nemico e che delle armi che si adattassero bene quando venivano indossate erano di grande aiuto in battaglia. [...] Proseguì [...] dicendo che chi si accingeva ad uscire in armi per [...] una campagna militare, quando indossava le gambiere doveva badare a che gli andassero precise e a farle risplendere più di quanto non facesse per i suoi sandali o le altre sue calzature e, ancora, quando indossava lo scudo, la corazza e l'elmo, doveva fare attenzione a che fossero più puliti e più eleganti della propria clamide e del proprio chitone[508].» La ricercatezza dello splendore nelle armi è curiosa, interessante e peculiare anche di un'epoca pur al tramonto, quale l'ellenismo. La riforma di Filopemene, tuttavia, non poté che morire con la morte dello stesso stratego: come testimoniano Livio (XLII) e Polibio (XVIII, 18, 3), i Greci iniziarono ad avere visibilmente difficoltà nel portare le *sarissae*, anche in marcia, alla maniera dei Macedoni. La falange macedone era stata adottata anche da Pirro, al tempo delle sue vittorie contro i Romani (ottenute pur a caro prezzo e con nefaste conseguenze); la falange fu definitivamente sconfitta nel - quasi simbolico - luogo di Pidna, nel 168. Già più volte (a Magnesia e, soprattutto, a Cinocefale) le legioni Romane avevano costretto la falange ad esporre il fianco vulnerabile, sconfiggendola. Certamente, a Pidna, la vista della falange macedone fu di forte impatto emotivo e provocò scoraggiamento tra i legionari, ma la suggestione non

---

[506] Snodgrass 1991, p. 145; Pritchett 1974 pp. 62 ss., 117 ss.
[507] Snodgrass 1991, pp. 93, 165
[508] Polibio XI, 9, *cfr.* Criniti Golin 1987, p. 761, n. 2

impedì la vittoria di Emilio Paolo. Un secolo dopo anche Silla avrebbe sconfitto l'ultima apparizione della falange macedone, contro Mitridate re del Ponto[509].

4. L'esercito spartano

Per quasi due secoli, fino alla battaglia di Leuttra nel 371, furono gli opliti spartani a dominare i campi di battaglia della Grecia[510]. L'esercito di Sparta era comandato da uno dei due re, spesso sorvegliati dagli efori, comprendeva, nel V secolo, opliti essenzialmente reclutati tra gli Spartiati (cittadini a pieno diritto) e i perieci. Leggiamo da Pausania che a Cleonimo, detronizzato per deliberazione degli efori dal trono di Sparta, fu affidato, quasi per "risarcimento" il comando dell'esercito, un esercito, presumibilmente, non più di opliti ma di *pezhetairoi*, con uno scudo più piccolo e un'asta più breve (sarà Cleomene a sostituire alla *doru*, addirittura, la lunga lancia *sarissa*). Questa fanteria pesante era divisa in cinque reggimenti (*mores*) comandati da polemarchi (che si frappongono fra i re e i *locaghi*)[511]. Ogni polemarco[512] aveva ai suoi ordini i *locaghi*, comandanti di battaglione, i *pentecontarchi*, comandanti di compagnia e gli *enomotarchi*, comandanti di sezione. Nell'apice del suo funzionamento, l'esercito spartano era in grado, se attaccato nelle retrovie, di fare dietro front compiendo una sapiente contromarcia cosicché i migliori soldatisi trovassero sempre in prima fila. I guerrieri di Sparta, unici tra tutti i greci, portavano tuniche interamente tinte di porpora[513], sia per atterrire il nemico, sia perché non si vedesse il sangue, e se da adolescenti avevano portato i capelli rasati per obbligo, da adulti era consueto portarli lunghi, nonché lavarli e pettinarli prima di una battaglia. Bastonatura, morte, degradazione militare e perdita dei diritti civili erano le comuni, terribili punizioni per le infrazioni, dalle minime alle più gravi.

Nel IV secolo ogni *enomotia*, «banda armata» spartana contava circa quaranta uomini, cinque da ciascuno degli otto gruppi in cui venivano divisi dai ventuno ai sessant'anni. Essendo i soldati più anziani, tra i cinquantasei e i sessant'anni, nelle retrovie, la forza diretta dell'attacco si basava su circa trentacinque uomini; una *mora* racchiudeva trentadue *enomotiai*, divise in *pentekostyes* e due *lochoi*: essendo un *lochos* composto da 640 uomini e un *pentekostyes* da 160 uomini, una *mora* constava di 1280

---

[509] Snodgrass 1991, p. 164 - 167
[510] Snodgrass 1991, pp. 86 - 87
[511] Truppe leggere, invece, sono testimoniate nella Sparta delle origini, *cfr.* Snodgrass 1991, p. 86, verso l'età ellenistica, però, si avviò una maggior mobilità delle truppe, persino degli opliti e la fanteria adottò nuovamente un armamento meno pesante, *cfr.* Snodgrass 1991, p. 144
[512] Il primo *polemarco* è menzionato da Erodoto, ed è Eainetus, comandante del contingente al Passo tempe nel 430, *cfr.* Lazenby 1989, p. 64
[513] Plutarco, *Apoftegmata Lakonika,* 238 F

uomini; variando il numero di ciascuna *mora* – erano sei in tutto – il sistema spartano poteva mobilitare una forza di qualsiasi dimensione a seconda delle esigenze. Trecento *hippies,* cavalieri, fungevano da guardia reale, e, nonostante il loro nome, talvolta combattevano anche a piedi: piccoli gruppi della nobiltà locale, presenti, oltre che a Sparta, anche ad Atene, ad Eretria e a in Calcide[514]. *La costituzione degli Spartani* attribuita a Senofonte ci testimonia diverse tattiche a seconda, ad esempio, del dispiegamento dalla linea di marcia alla linea di battaglia o per affrontare un nemico che si avvicinava, incentrandosi, soprattutto, sulle operazioni di Agesilao a Cheronea, tutte esercitazioni complesse e rare, ma che non erano mistero per coloro che erano stati addestrati sotto la legislazione di Licurgo[515].

Privilegiati, in quanto liberi dal lavoro agricolo nei campi (assegnato agli iloti), gli Spartani potevano avviare campagne di guerra anche in periodi impensabili per gli altri Greci.[516]

L'oligantropia, ovvero il numero ristretto degli opliti era il tallone d'Achille di Sparta: la casta degli Eguali (che traevano il loro sostentamento dall'agricoltura coltivata dai *cleroi*, a loro inferiori) era ermeticamente chiusa e arrivava addirittura a limitare il numero dei figli perché rimanesse tale, nonostante le perdite in battaglia continuassero a farla diminuire; nel 479 a.C. a Platea, sotto i comandi del re Agiade Pausania, erano schierati solo cinquemila opliti spartiati (accompagnati da cinquemila opliti perieci e trentacinquemila iloti armati alla leggera), mentre nella sovra menzionata battaglia di Leuttra, un secolo più tardi, nel 371, gli opliti erano divenuti solo settecento. Un secolo dopo, nel 244 a.C. Sparta lamentava, parossisticamente, lo stesso problema militare in termini sociali: solo settecento Spartiati tenevano in mano tutto il potere economico. In quell'anno Agide sarebbe salito al trono Europontide, intenzionato a rivoluzionare la "casta".

---

[514] Snodgrass 1991, pp. 114 - 116
[515] Lazenby 1989, pp. 63 - 69
[516] Snodgrass 1991, pp. 79 - 80

III. Controversie militari

1. *Agide e la battaglia di Pellene, Sparta tra Achei ed Etoli*

Plutarco racconta esplicitamente di come l'esercito spartano al tempo di Agide IV fosse composto esclusivamente da giovani poveri e speranzosi in una redistribuzione delle terre:[517] soldati in condizione di indigenza, che pur continuavano a nutrire la speranza di rivalsa. Sorprendentemente disciplinati e valorosi, rappresentavano, tuttavia, una minaccia (non in quanto esercito, bensì in quanto istituzione composta da persone desiderose di rivalsa sociale) per la classe dirigente, che temeva, appunto, di essere espropriata.[518]

Peculiare del passaggio dalla Sparta di Agide alla Sparta di Cleomene apparirebbe il mutamento d'alleanza dagli Achei agli Etoli. Da alleato di Agide, Arato di Sicione passa infatti ad essere il più acerrimo nemico di Cleomene e a richiamare, addirittura, contro lo Spartano, i Macedoni (che pure, molti anni prima, egli stesso aveva scacciato da Corinto). Tuttavia, i tre passi di Pausania ci costringono a ipotizzare che i rapporti tra Sparta e gli Achei, ovvero tra Agide e Arato, si siano deteriorati ben prima che a Sparta fosse incoronato re Cleomene, poiché non si possono tacere tre fonti, pur non chiare, nelle quali Pausania riporta espressamente di scontri tra Agide e Arato i quali, quindi, dovevano chiaramente già essersi mutati da alleati a ostili.

Inizialmente, Agide sostenne Arato, come ci testimonia chiaramente Plutarco.[519] Subito dopo l'esilio dell'avversario Leonida, infatti, il giovane Europontide si collocò nella sfera della Lega Achea, pur consapevole che la direzione delle azioni militari sarebbe spettata primariamente ad essa e non a Sparta, la quale aveva dismessa la tradizionale egemonia sui contingenti Peloponnesiaci[520]. Come si evince da Plutarco (*Cleomene*, III, 1; III, 5 - 6) Sparta stava subendo un processo di perdita di identità egemone sul Peloponneso, mentre la sorte volgeva in favore di Arato e dell'egemonia achea, che, con Arato, «tendeva a ridurre il Peloponneso in un'unica confederazione: in questo senso, Arato cercava di lasciarsi sempre aperta la via a un accomodamento finale negoziato con gli Spartani più influenti e con gli efori[521]»

---

[517] Plutarco, *Agide*, XIV, 1
[518] A tal proposito rimando alla nota su Cicerone *cfr. ivi. Cap.* II, *Par.* IV
[519] Plutarco, *Agide*, XIV – XVI, si veda anche Gruen 1972, pp. 612 - 613
[520] Plutarco, *Agide*, XIII, 5 – 6; XV, 2-3, 5; *Arato*, XXXI, 1, *cfr.* Bernini 1982, p. 209 nn. 149 - 151
[521] Bernini 1982, p. 212

Agide raggiunse Arato a Corinto[522], quando questi già teneva consiglio sulla strategia da adottare contro gli Etoli, poi, saputa la decisione dell'Acheo di non attaccar battaglia, se ne tornò a Sparta, con il proprio esercito assolutamente fedele e disciplinato; dove, per colpa della corruzione di suo zio, l'eforo Agesilao, la situazione era mutata drasticamente e, per lui iniziò la tragedia. A tal proposito Marasco[523] opportunamente si chiede che fine abbia fatto quest'esercito ad Agide così fedele mentre Leonida, ritornato in Sparta, condannava a morte il giovane sovrano e collega. Marasco ipotizza così di ridimensionare le colpe, attribuite da Plutarco, ad Agesilao e lo fa ricorrendo a Pausania, il quale è l'unico a testimoniarci alcune imprese militari di Agide. La fonte di Pausania è, a differenza di quella a cui attinge Plutarco, filoachea, ed egli per ben tre volte[524] ricorda la sconfitta che Agide avrebbe subito a Pellene, per mano di Arato. Pausania menziona poi di un fallito attacco spartano contro Megalopoli[525] ma quest'ultimo sarebbe da escludersi anche a detta di Marasco[526]. Riguardo la triplice affermazione su Pellene, la maggior parte degli studiosi ha cercato di metterne in evidenza l'implausibilità, proponendo diverse, interessanti, interpretazioni:

1) Pausania si riferirebbe a uno zio omonimo e reggente in nome di Agide IV, all'epoca ancora fanciullo[527]
2) Pausania confonderebbe Agide IV con Agide III, caduto in battaglia a megalopoli, contro Antipatro[528]
3) Pausania avrebbe confuso Agide IV con un omonimo non re[529]

---

[522] Ferrabino ritiene che l'alleanza tra Agide e Arato sia da collocarsi prima la presa di Corinto da parte di quest'ultimo, perché non si parla di alcun contingente spartano sull'Acrocorinto (se invece Arato fosse già stato padrone della sua città, avrebbe potuto farvi entrare gli alleati spartani). Forse, però, la città era già stata presa da Arato, come ritengono Walbank e Bernini, e doveva essere, secondo il primo studioso, l'autunno del 243, lo stesso momento in cui l'eforo Lisandro presentava la *rhetra* a Sparta, secondo il secondo, invece, quando Leonida era appena andato in esilio a Tegea, quindi nell'autunno del 242: all'epoca, Agide, appena ottenuta la vittoria contro l'avversario, avrebbe stretto alleanza con Arato per avere sostegno. *cfr.* Bernini 1982, p. 209, n. 148.
[523] Marasco 1980ª, p. 155 ss.
[524] Pausania II, 8, 5; VII, 7, 3 e VIII, 27, 14
[525] Pausania III, 27, 13 - 15
[526] Marasco 1980ª, p. 158. Agide III fu effettivamente un re, antenato di Agide IV.
[527] La tesi è del Beloch, *cfr.* Marasco 1980ª, p. 158, n. 29
[528] La tesi è del Fougères, *cfr.* Marasco 1980ª, p. 158, n. 31, 32
[529] Marasco 1980ª, p. 159, n. 33. Sulla confusione tra Agide IV (che Plutarco chiama «l'ultimo Agiade») e i suoi omonimi re predecessori, si vedano anche gli *Apoftegmata Lakonika,* dove Plutarco riporta tre detti di fila attribuiti rispettivamente a tre Agide diversi, l'ultimo dei quali è il "nostro". *cfr.* Fuhrmann 1988, p. 170; p. 320, n.2

Interpretazioni delle quali Marasco[530] mostra però l'inattendibilità, rispettivamente:

1) Nessun reggente omonimo di Agide è menzionato nelle liste dei re Spartani, riferite da Plutarco e da Pausania[531]
2) Lo svolgimento della battaglia di Megalopoli non presenta alcuna affinità né con quella di Pellene, né con quella di Megalopoli che avrebbe combattuto Agide: è da escludersi, pertanto, che Pausania sia caduto in confusione su questo punto.
3) È difficile credere che una tale missione fosse stata affidata a uno Spartano che non fosse re, quando era la prassi che uno dei due re di Sparta guidasse l'esercito[532].

Una terza battaglia riferita da Pausania relativamente ad Agide sarebbe stata da questi combattuta a Mantinea, contro i Mantinesi comandati da Arato e i Megalopitani comandati da Lidiada di Megalopoli e Leocida, nella quale Agide avrebbe addirittura trovato la morte.[533] Negata per ovvie discrepanze dalla maggior parte degli studiosi, la storicità di questa battaglia è invece accettata da Marasco, anche se anch'egli, ovviamente, rigetta l'errore di Pausania di collocare nel suddetto scontro la morte dello Spartano, però, contestualizzandolo: a detta di Marasco[534] la notizia della morte di Agide in battaglia servirebbe, oltre che ad esaltare la vittoria Achea, a scagionare Leonida II dall'accusa di aver mandato a morte il suo collega, vale a dire: morendo in battaglia a Mantinea, Agide non sarebbe morto nell'esecuzione a Sparta.

Il roboante silenzio di Plutarco sulle suddette battaglie sarebbe da spiegarsi, secondo Marasco[535], con il disinteresse per esse, non peculiari per la sua narrazione[536] o con il voler celare le sconfitte del "suo eroe[537]"; Plutarco, inoltre, "sposterebbe" l'attenzione dalle sconfitte subite da Agide da lui taciute (e, invece, riportate da Pausania), su un fatto più romanzesco e teatrale, cioè l'episodio della splendida figlia di Epigete, che fu fatta prigioniera da un comandante etolico di un reparto scelto[538] il quale, per tenerla per sé, le aveva posto in testa il suo elmo a triplice cresta. Costei, correndo fuori dal tempio ove l'aveva posta il soldato, per vedere la battaglia svolgersi ai piedi dell'edificio, apparve ai soldati come una dea ed essi, atterriti, cessarono di combattere poiché, come spiega Plutarco, credettero che la sacerdotessa avesse portato fuori la statua della dea (che non ammette sguardi umani), affinché inavvertitamente gli Etoli la

---

[530] Marasco 1980ª, p. 158 - 159
[531] Marasco 1980ª, p. 158, n. 30
[532] Marasco 1980ª, p. 159, n. 33
[533] Pausania VIII, 10, 5 - 10
[534] Marasco 1980ª, pp. 159 - 160
[535] Marasco 1980ª, p. 163
[536] Marasco 1980ª, p. 163, n. 56
[537] Volontà, questa, già di Filarco, fonte di Plutarco. cfr. Marasco 1980ª, p. 163, n. 57
[538] Il termine, ἐπιλεκτάρχης, è anche presente in un'iscrizione, Syll. 421, A; cfr. Magnino 1996, p. 612, n. 86

guardassero e questa vista causasse loro la perdita della ragione. Arato, continua Plutarco, non riferì niente di ciò nelle sue *Memorie,* e lo storico procede nella narrazione di come l'Acheo sconfisse gli assedianti Etoli[539]. La suddetta parentesi potrebbe dunque esser stata, per Plutarco funzionale a distogliere l'attenzione del lettore da una presunta sconfitta subita da Agide, il quale si era allontanato dall'antico alleato Arato e, anzi, aveva mosso guerra a una città della di lui Lega? Se così fosse è evidente come Plutarco taccia alcune notizie di rilievo; anche Polibio e Pausania tacciono, tuttavia, su un particolare importante, ovvero sul coinvolgimento di Agide nell'esilio di Leonida:[540] il loro silenzio si spiegherebbe con il voler tacere, da parte di una storiografia filoachea, il nome di un re spartano, Agide appunto, ostile agli Achei già prima che anche Cleomene entrasse in guerra contro di essi; ovvero, volendo attribuire tutta la colpa della guerra cleomenica a Cleomene, senza diluirla tra egli ed il suo predecessore, Cleomene sarebbe apparso come unico colpevole della guerra contro Arato[541].

Seguendo la tesi di Marasco, effettivamente, il mutamento di Sparta, prima alleata con gli Achei contro gli Etoli (sotto la guida di Agide), poi in guerra aperta con gli Achei (sotto la guida di Cleomene), avrebbe una spiegazione, mostrando come la rottura con gli Achei e il passaggio agli Etoli avvenne nella Sparta ancora di Agide e non già di Cleomene. Come mai, però, Agide e Arato passarono da alleati a ostili? Forse perché Agide si offese per il fatto che il suo piano di guerra non fu accettato e non volle subordinare la sua autorità a quella di Arato[542]? Forse per la riprovazione da parte degli Achei nei confronti dell'orientamento politico di Agide e delle sue riforme[543]? Probabilmente resterà un mistero irrisolto.

  Secondo Marasco, Agide perse prestigio dopo la sconfitta a Mantinea, venendo sfiduciato dall'esercito e disprezzato da Agesilao, il quale, comunque, ne approfittò per estendere il proprio potere a Sparta. Marciando su Sparta, in ritirata da Corinto, Agide avrebbe considerato seriamente di allearsi con gli Etoli, per consolidare il proprio regime e trovare alleati in Arcadia, ai danni di Megalopoli, tradizionale nemica di Sparta.

Proprio attaccando Megalopoli, infatti, Agide avrebbe rivendicato il prestigio di Sparta, poiché ai piedi della città era caduto, ormai molti anni prima, il giovane re di Sparta Acrotato (il figlio di Areo I[544]). Sparta e gli Etoli arrivarono ad avere, quindi, come nemici comuni, Megalopoli e la Lega Achea. Inoltre, gli Etoli avrebbero tenuto, a

---

[539] Plutarco, *Arato,* XXXII
[540] Polibio IV, 35, 11; Pausania III, 6, 8
[541] Marasco 1980ª, p. 163, nn. 57, 58. Riguardo la chiamata dei Macedoni da parte di Arato si veda anche Gruen 1972, pp. 609 ss.;
[542] Tesi, questa, del Preiss, *cfr.* Marasco 1980ª, p. 164, n. 64
[543] Tesi, questa, condivisa dal Beloch, dal Tarn, dal Walbank, da Oliva e da Shimron, *cfr.* Marasco 1980ª, p. 164, n. 64
[544] Sull'interessante questione riguardo la morte del re Acrotato ai piedi di Megalopoli, *cfr. ivi, Appendice,* IV; la tesi del motivo di perché Agide avrebbe attaccato Megalopoli è del Preiss, *cfr.* Marasco 1980ª, p. 165, n. 67

differenza degli Achei, in gran considerazione le riforme di Agide, per le presunte conflagrazioni che esse avrebbero potuto provocare nelle classi sociali dei loro nemici achei[545]. L'alleanza stretta tra Spartani e Etoli sarebbe confermata, oltre che dalle imprese compiute da Agide in Arcadia, anche dal ruolo avuto da Messene: qui vi si rifugiò Archidamo[546], dopo che suo fratello Agide era stato condannato a morte, trovando rifugio presso l'amico Nicagora di Messene: il dubbio che quest'ultima dimostrazione possa essere, tuttavia, soltanto una dimostrazione di rapporti privati e non pubblicamente politici (quelli tra Archidamo e Nicagora) sarebbe fugata dal fatto che, oltre al principe spartano, nella Messene alleata degli Etoli[547] trovarono scampo anche altri esuli politici[548].

A tal proposito, Marasco nota[549] come Ippomedonte, figlio di Agesilao, a differenza di Archidamo, si rifugiò, anziché a Messene, in una città della Tracia: la scelta del figlio dell'eforo di rifugiarsi in una città diversa da Messene, a differenza del cugino Archidamo, si spiegherebbe, secondo Marasco, con il fatto che, essendosi ormai tirato fuori dai rapporti politici con Sparta dopo la rischiosa conclusione dell'eforato di suo padre, proprio in quanto ormai esterno, avrebbe trovato accoglienza in una città "altra" dall'alleata Etolica di Sparta, Messene. In pratica, Ippomedonte non si sarebbe rifugiato a Messene perché, ormai, «non partecipava più all'azione del partito riformatore.»

Pur concordando con questa autorevolissima tesi sul ruolo di Messene, mi sentirei tuttavia di segnalare che Ippomedonte doveva invece apparire in qualche modo ancora coinvolto nell'azione politica di Sparta se, come ci tramanda Polibio[550], non solo Archidamo, fratello di Agide, sposò la di lui figlia, ma anche i due figli che successivamente la di lui figlia diede ad Archidamo, poterono vantare pretese sul trono Europontide (anche se poi furono scalzati dalla tirannia di Licurgo, che, corrompendo gli efori, si fece eleggere re per la suddetta casata).

 Leonida II, dopo la morte di Agide si mostrò in tacito accordo con gli Achei, mentre Archidamo, a Messene, continuava ad appoggiare e ad essere appoggiato esplicitamente dagli Etoli. Vi è poi l'episodio in cui gli Etoli compirono una spedizione militare a Sparta per ristabilirvi gli esiliati, testimoniato sia da Polibio che da Plutarco.[551] In merito a chi potessero essere questi esuli si apre una disputa tra studiosi: mentre per il Droysen l'impresa degli Etoli sarebbe da datarsi prima dell'esecuzione di Agide e gli esuli sarebbero quindi i seguaci di Leonida (collega e avversario di Agide da questi

---

[545] Marasco 1980ª, p. 166
[546] Polibio, V, 37, 1 ss.; Plutarco, *Cleomene*, I, 1; V, 2, Marasco 1980, p. 117
[547] Polibio, IV, 6, 11, *cfr.* Marasco 1980ª, p. 166, n. 72
[548] Polibio, IV, 39, 4, *cfr.* Marasco 1980ª, p. 166, n. 73
[549] Marasco 1980ª, p. 166, n. 73
[550] Polibio, IV, 35, 6 – 15 *cfr. ivi. Cap IV, Par.* IV; anche Bernini 1981, p. 444, n.36, tratta Archidamo come genero di Ippomedonte.
[551] Polibio, IV, 39, 4; IX, 34, 9; Plutarco, *Cleomene*, XVIII, 3

esiliato a Tegea tempo prima), per Marasco gli esuli sarebbero invece da identificarsi coi seguaci di Agide stesso, esiliati da Sparta dopo la morte del loro leader, e, quindi, l'impresa degli Etoli sarebbe da collocarsi soltanto dopo l'esecuzione del giovane re Europontide. In ogni caso, sicuramente prima della successiva – e inaspettata – alleanza tra Etoli e Achei, stipulata nel 239 – 238 a.C.[552]

Dieci anni dopo questa data, nel 229, iniziò la guerra cleomenica, durante la quale Polibio accusa gli Etoli di una politica antiachea, orientamento che avrebbe "costretto" Arato di Sicione ad avvalersi dell'aiuto dei richiamati Macedoni. Secondo Polibio, infatti, la responsabilità di questo mutamento sarebbe da ascrivere alla politica antiachea degli Etoli, i quali si sarebbero alleati con Sparta contro la Lega Achea, a loro rivale. Tuttavia questa versione è considerata frutto di una narrazione di parte e filoachea: Polibio avrebbe voluto scagionare Arato di Sicione dall'accusa di aver richiamato nel Peloponneso i suoi ex nemici Macedoni[553].

La tacita intesa tra gli Etoli e Cleomene è pressoché accettabile, mentre la comprovata e sorprendente richiesta di alleanza da parte di Arato stesso agli Etoli, avvenuta nel 225 circa, potrebbe essere stata funzionale, secondo Polibio, a mostrare che gli Achei, in seguito alla risposta negativa degli Etoli, erano costretti a far intervenire Antigono Dosone nel Peloponneso[554]. Durante la guerra cleomenica gli Etoli mantennero solo formalmente l'alleanza con gli Achei, che avevano stipulata dieci anni prima, avvicinandosi, di fatto e diplomaticamente, alla Sparta di Cleomene. In Messenia, tuttavia, si rifugiarono diversi esuli che fuggivano dallo stesso Cleomene, il quale, però, si limitò ad inviare ambasciatori, senza attaccare la regione.[555] Messene, nel frattempo, quanto più si avvicinò a Sparta, tanto più si allontanò dall'Etolia, provocando quell' ostilità sarebbe successivamente sfociata nella guerra sociale.[556] Durante la guerra cleomenica, quindi, cercando di mantenere la propria indipendenza, la Messenia, in particolare, guardò con sospetto alle mire degli Achei, ma quando fu ormai certo che i Macedoni, chiamati dagli Achei stessi, avrebbero vinto su Cleomene, ecco allora la Messenia combattere a fianco di Achei e Macedoni, nella fatale Sellasia, pur restando estranea ai contatti diretti con Antigono Dosone.

---

[552] Marasco 1980ª, p. 167, n. 76
[553] Polibio, II, 45, 2 ss. 46, 1 ss. 49, 1 ss. *cfr.* Marasco 1980ª, p. 153, n. 2; p. 180.
[554] Marasco 1980ª, pp. 169 – 170.
[555] Marasco 1980ª, p. 174 – 175. Per gli ambasciatori mandati da Cleomene in Messenia si veda Polibio II, 61, 4 ss., Plutarco, *Cleomene* XXIV, 7 ss., Filopemene, V, 3ss, Pausania VIII, 49, 4, ss. *cfr.* Marasco 1980ª, p. 175, n. 117 sugli esuli *cfr.* Shimron 1972, pp. 135 ss.
[556] Polibio, IV, 3 ss. *cfr.* Marasco 1980ª, p. 175, n. 120

2. Cleomene e la battaglia di Sellasia, iloti e periegeti

A differenza dell'esercito di Agide, per quello di Cleomene abbiamo riferimenti sulla quantità dei suoi soldati, non esenti, tuttavia, da controversie riguardo il numero preciso di reclute. Sappiamo che Cleomene ampliò la cittadinanza per disporre di quattromila opliti[557], anche se, nell'esiziale Sellasia[558], i Lacedemoni ammontavano a seimila: Cleomene aveva arruolato, infatti, un corpo speciale di duemila uomini, i cosiddetti δισχίλιοι. Chi erano costoro grazie ai quali si giunse a contare seimila uomini, oltre ai quattromila Spartiati? Questi duemila δισχίλιοι erano ex iloti liberati o Spartiati? Vi sono diverse tesi.

Tradizionalmente si ritiene che fossero iloti, poiché Cleomene ne liberò seimila e, di questi, ne avrebbe scelti duemila da aggiungere ai quattromila Spartiati, spiegazione, questa, che presenta come punto oscuro[559] il silenzio sia di Polibio (di poco posteriore alle suddette vicende) che di Macrobio (che chiaramente scrive otto secoli dopo), sull'arruolamento degli iloti liberati[560]. Pur essendo, quindi, la liberazione degli iloti nei momenti di grave difficoltà, una pratica consolidata a Sparta, persistevano da un lato la tradizionale ostilità degli Spartiati nei confronti degli iloti, dall'altro il timore continuo di rivolte, perciò è poco plausibile che gli iloti liberati furono ammessi nelle fila dell'esercito[561]. Tuttavia, riguardo i mercenari, è interessante l'*Apoftegmata* 233 C, dove, alla domanda se per caso non fosse un ilota, un mercenario risponde al suo interlocutore: «tu credi che uno Spartano verrebbe qui per guadagnare i tuoi quattro oboli?» Lo stato degli iloti emancipati sotto Cleomene resta, ad oggi, non chiarificato[562].

Un'altra ipotesi spiega che i seimila Lacedemoni di Sellasia, testimoniati da Plutarco, potrebbero comprendere, oltre ai quattromila opliti, i duemila perieci che furono schierati sull'Euas e comandanti da Euclida (mentre gli ex iloti, anche per questa tesi, non sarebbero mai stati arruolati). I duemila perieci, quindi, sarebbero stati soldati

---

[557] Plutarco, *Cleomene* XI, 3; Shimron 1972, pp. 151 – 155 nota, a proposito, che i quattromila opliti erano gli equivalenti dei 4500 uomini resi cittadini da Agide.
[558] Su Sellasia *cfr.* Roberts, Bennett 2012, pp. 14 – 38; Nicolai 1998, pp. 259 – 269, nn. 274 – 296; Montagu 2015, pp. 120 – 12; Pritchett 1974 p. 147
[559] Marasco 1979, p. 45 ss.
[560] Macrobio, *Saturnalia* I, 11, 34 pur citando Cleomene, non fa cenno all'immissione nella cittadinanza (e al conseguente arruolamento) degli iloti liberati; Polibio, che tuttavia avrebbe buoni motivi, essendo di Megalopoli, per tacere sulla liberazione degli iloti, d'altro canto riporta, XXXVIII 15, 4, chiaramente un'altra liberazione con conseguente arruolamento: quella della Lega Achea che arruolò schiavi liberati nella guerra contro Roma: non si spiegherebbe, quindi, a detta di Marasco, perché Polibio abbia taciuto su un episodio di arruolamento e non su un altro. *cfr.* Marasco 1979, p. 46, e *ivi* n. 6
[561] Marasco 1979, p. 46 - 47
[562] Shimron 1972, p. 121

già facenti parte dell'esercito spartano, che Cleomene aveva armato alla macedone per opporli ai leucaspidi,[563] ovvero agli «scudi bianchi» macedoni.

Ora, erano i leucaspidi di Antigono gli stessi calcaspidi dell'esercito macedone? Stando a Livio[564] ovviamente no, poiché nella sua narrazione delle (successive) guerre macedoniche, i due reparti scelti vengono ben distinti: i calcaspidi fronteggiano una determinata legione romana («*frontem adversus clupeatos habebat»)*, ovvero una falange armata di scudi, i leucaspidi, invece, si pongono contro una seconda legione (*secundam legionem*) comandata da Lucio Albino. Per indicare i primi, inoltre, Livio usa il termine *caetrati,* termine tecnico indicante, forse, gli uomini armati con lance da punta o, piuttosto, semplicemente schierati nella falange[565]. Quindi, secondo Marasco, Livio testimonierebbe che i leucaspidi costituissero una formazione facente sì parte della falange, ma distinta dai calcaspidi[566], tesi condivisa anche da Roberts e Bennett[567] che scrivono: «l'esatta differenza tra queste due unità non è chiara, tuttavia gli scudi di bronzo sembrano essere stata una divisione d'élite. Inoltre, [*il Dosone*] aveva tremila peltasti macedoni e trecento cavalieri.»

Secondo Daubies[568], invece, calcaspidi e leucaspidi potrebbero essere sinonimi (è l'unico a perorare questa tesi) e, poiché è stato notato che Cleomene armò alla macedone quattromila Spartiati subito dopo il colpo di stato e non quando lo scontro con Antigono era ormai imminente,[569] gli ultimi duemila soldati aggiunti potrebbero essere «un nuovo corpo, arruolato fra gli ex-iloti, con la particolare finalità di opporli ai leucaspidi[570].»

Infine, poiché a Sellasia, Antigono Dosone schierò i calcaspidi contro l'ala sinistra spartana, posta sull'Euas e comandata da Euclida, a loro volta i duemila δισχίλιοι, opposti come ἀντίταγμα ai leucaspidi, avrebbero potuto anche essere proprio i perieci agli ordini di Euclida[571].

Posto (come vorrebbe Daubies) che leucaspidi significhi "dai lucenti scudi" e che lo scudo di bronzo (lucente, per l'appunto), fosse caratteristico dell'armamento macedone[572], dedotto che la maggior parte dell'esercito del Dosone fosse composto da

---

[563] Tesi, questa, di Daubies 1971, il quale, tuttavia, riconosce che essa presenti soltanto una possibilità di spiegazione, *cfr.* Marasco 1979, p. 47 n.11
[564] Livio XLIV, 41, 1
[565] Snodgrass 1991, p. 160
[566] Marasco 1979, p. 49
[567] Roberts Bennett 2012, p. 28
[568] Daubies 1971, pp. 676 ss. *cfr,* Marasco 1979, p. 47 n.11
[569] Plutarco, *Cleomene,* XI, 3 *cfr.* Marasco 1979, p. 48
[570] Marasco 1979, p. 48
[571] Daubies 1971, pp. 676 ss.
[572] Snodgrass 1991, pp. 117, 127, *cfr.* Marasco 1979, p. 49

leucaspidi,[573] si potrebbe concludere, a detta di Marasco[574] che a Sellasia i δισχίλιοι, armati alla macedone, non fossero schierati sull'Euas di fronte al Dosone, che vantava superiorità numerica, ma sull'Olimpo, poiché lì Antigono aveva stanziato i suoi leucaspidi. Si può alfine concludere, sempre secondo Marasco, che i δισχίλιοι fossero addirittura duemila ex iloti, costituenti un contingente "extra", ma non necessariamente facenti parte dei seimila Spartiati.

Infine, il complessivo numero di questi ultimi (seimila, appunto) sarebbe dovuto alla riforma cleomenica che consistette, dopo l'istituzione dei primi quattromila Spartiati, in un'ulteriore immissione di nuovi cittadini, comprendente comunque sempre perieci e pressoché mai stranieri.[575] Cleomene, «emulator di Agide», si ricollegò al suo predecessore nell'immissione di nuovi cittadini, anche se la sua fu una mossa dettata più dall'emergenza bellica che dalla riforma sociale, dovuta dapprima alla guerra tra Sparta e gli Achei, che assediavano Orcomeno e Mantinea[576] indi all'imminenza del conflitto col Dosone.

---

[573] E, come riporta Marasco 1979, p. 49, Livio XLVI 41, 1 – 2 testimonia che i leucaspidi costituissero una formazione facente parte della falange ma distinta dai calcaspidi, distinzione che, come scritto sopra, Daubies invece rifiuta.

[574] Marasco 1979, p. 50

[575] Plutarco, *Cleomene*, XI, 11; XI, 3 *cfr.* Marasco 1979, p. 51. Interessante come Marasco 1979, pp. 55 ss. noti che l'unica categoria di stranieri che avesse interesse a risiedere a Sparta nel III sec a.C., fosse quella dei mercenari (cui per meriti poteva essere concessa la cittadinanza), come testimonia da un lato l'arruolamento di mercenari Cretesi da parte di Cleomene, dall'altro l'epigramma dedicato a Botrico, mercenario residente a Sparta con la propria moglie, sotto la tirannia di Macanida o Nabide *cfr.* IG V 1, 724 (=Moretti, *Iscrizioni storiche ellenistiche*, I, Firenze 1967, n° 50), *cfr.* Marasco 1979, p. 55 n. 46. La stessa speranza di Cleomene, di reinsediarsi sul trono di Sparta dopo la sconfitta di Sellasia ed il suo esilio volontario in Egitto, fu dovuta, sempre secondo Marasco 1979, p. 62 dalla fiducia che il re s'era conquistato proprio tra i mercenari *cfr. supra.*

[576] Plutarco, *Cleomene*, VII, 5 *cfr.* Marasco 1979, pp. 52 - 53

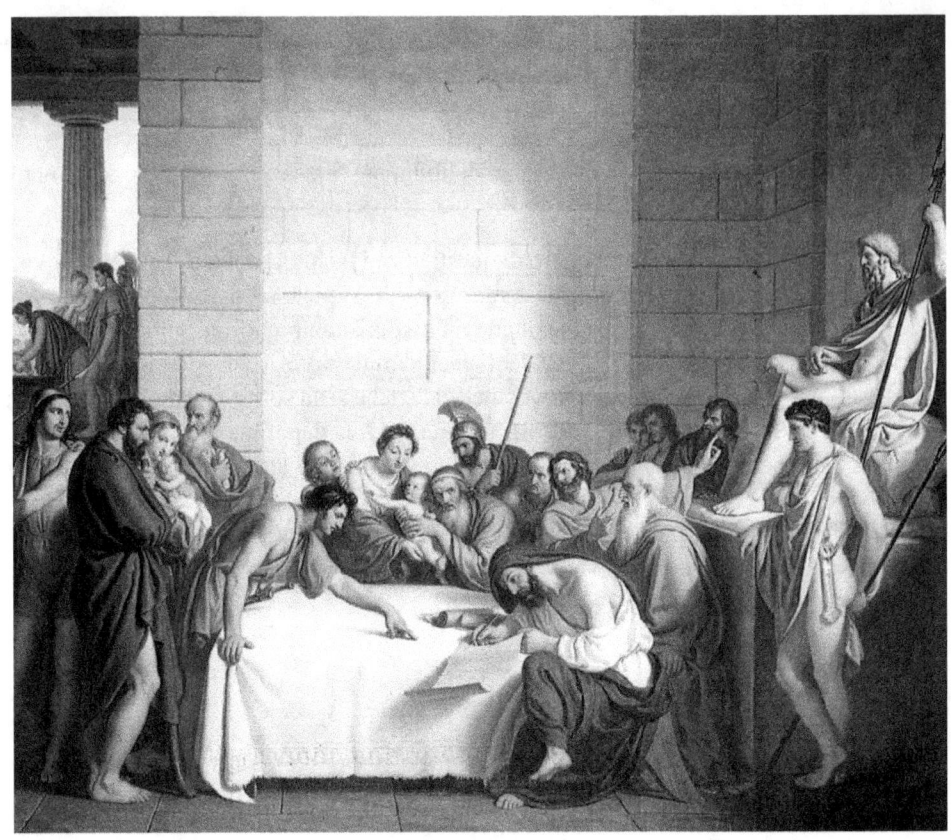
La selezione dei neonati spartani, Giuseppe Diotti, 1840, Milano, collezione privata

Giovani spartani che si esercitano, Egdar Degas, 1860, National Gallery, London. Sotto: il collegio degli efori, Ludwig Löffler, 1862

falangi, incisioni fine XIX sec. Con Cleomene anche gli opliti greci adottarono la *sarissa* macedone.

Licurgo, il leggendario legislatore di Sparta, Merry-Joseph Blondel, 1828, Museé de Picardie, Amiens

Busto di Plutarco, proveniente dal Tempio di Apollo a Delfi
Sotto: Busto di Plutarco, copia, conservata a Cheronea

Stele di *Kleitor*, presumibilmente Polibio

Busto di Tito Livio. Incisone ottocentesca

Busto ellenistico, anonimo, British Museum, London

IV.   Controversie dinastiche

1. *Sull'equivoco del nome, della persona e del luogo di morte di Acrotato; su il principe Acrotato e il re Acrotato, nonno e nipote*

Nelle vicende quivi trattate due sono gli uomini che portano il nome di Acrotato, rispettivamente nonno e nipote. Il primo Acrotato, erede al trono e figlio del re Cleomene II, dopo esser rientrato da Siracusa, ove aveva assassinato Sosistrato e combattuto contro Agatocle, morì. Alla morte di re Cleomene II, essendo il primogenito già morto, anziché il secondogenito di re Cleomene, Cleonimo, salì sul trono il giovane figlio che Acrotato aveva lasciato, Areo I. Il nuovo re generò un figlio, che chiamò col nome di suo padre, Acrotato. Costui sottrasse la moglie al prozio Cleonimo, la giovane Chilonide, e ne fece la sua regina quando salì al trono (dopo che suo padre Areo I era morto combattendo a Corinto, contro i Macedoni). Appena un anno dopo la sua incoronazione, Acrotato morì a Megalopoli combattendo contro il tiranno Aristodemo.

Riguardo il luogo della morte del primo Acrotato, il figlio del re Cleomene II, sorge ora una controversia. Pausania in I, 13, 5 e in III, 6, 2 e Plutarco in *Agide*, III, 6 scrivono semplicemente che morì prima del padre e che, in seguito alla sua morte, si aprì la disputa per la successione al trono, tra il di lui fratello minore, Cleonimo e il di lui figlio, (l'allora giovanissimo) Areo. Ma dove morì Acrotato? Sappiamo da Diodoro Siculo (XIX, 70ss) che Acrotato era partito per Siracusa, in favore di Agrigento, Messina e Gela, alleate contro il tiranno Agatocle di Siracusa, sappiamo, sempre da Diodoro (XIX, 71, 1ss.) che, essendosi reso inviso ai Sicelioti a causa del proprio lusso e della propria crudeltà, fu costretto a tornare a Sparta in segreto, e qui – dobbiamo presupporre – morì, prima del padre, Cleomene II. Quando, poco dopo, anche questi morì, essendo Acrotato, che era il primo in linea di successione, già morto, si aprì la disputa per il trono tra il figlio di Acrotato, Areo, e suo fratello minore Cleonimo. Soltanto Plutarco (*Apoftegmata Lakonika* 240 F) testimoniando il detto di una Spartana, Girtiade, riporta che il di lei nipote, di nome Acrotato, morì a Creta. Su chi sia questo Acrotato, se il padre o il figlio di Areo, non è certo[577]. Girtiade potrebbe essere stata la moglie di Cleombroto

---

[577] Zanetto 1996, p. 217, n. 337 "corregge" Plutarco sostenendo che Girtiade sia la madre di re Areo I e che, quindi, quell'Acrotato, essendo il di lei nipote, sia il figlio di Areo, il che, come nota Zanetto morì, però, per l'appunto, a Megalopoli e non a Creta. Io ritengo che Girtiade sia invece la moglie di Cleombroto, e, quindi, la madre di re Cleomene II e, di conseguenza, la nonna del principe Acrotato, sul cui luogo di morte non si ha nessun'altra fonte, a differenza dell'altro Acrotato, per cui la concordanza delle fonti segna come luogo di morte Megalopoli. Non ho potuto consultare i contributi del Poralla e del Beloch (*cfr.* n. successiva), che formulano la mia stessa ipotesi, *cfr.* Marasco 1980, p. 31, n. 2 e *cfr. ivi,* n. successive. Se così fosse, ovvero se l'Acrotato morto a Creta, dell'*Apoftegmata* 240 F, fosse il figlio di Cleomene II, allora sarebbe lo stesso dell'*Apoftegmata Lakonika,* 216 E. *cfr. ivi.* in Cap. I, Par. I.

I e, quindi, la madre di re Cleomene II. Pertanto il di lei nipote, che nell'*Apoftegmata* viene descritto dapprima, bambino, ferito in una rissa, poi, adulto, morto a Creta, potrebbe davvero essere il principe Acrotato.

A tal proposito, la mia congettura si basa anche su un approccio puramente psicologico: tralasciando il fatto che Acrotato, bambino, venne portato sotto gli occhi della nonna moribondo per le ferite in seguito a una rissa avuta con coetanei e che questo comportamento iroso potrebbe essere indice di quel che Acrotato sarebbe diventato da adulto, comportandosi con crudeltà in Sicilia (vedendolo, la nonna avrebbe così rimproverato i parenti in lacrime: «Smettetela! Non ha fatto altro che mostrare qual è il suo sangue. I ragazzi valorosi vanno medicati, non pianti.») è soprattutto d'interesse ciò che esclamò Girtiade non appena seppe che il nipote, chiaramente adulto, era morto a Creta. Disse: «andando in guerra è ovvio che uno o sia ucciso dai nemici o li uccida. Ma piuttosto che vederlo vivere da vigliacco per tutta la vita è meglio sapere che ha avuto una morte degna di sé, della sua città e dei suoi antenati.» Questa denotazione, a mio avviso, potrebbe chiarire (se pur labilmente) l'identificazione con il principe Acrotato, piuttosto che con il di lui nipote, il giovane re morto a Megalopoli. Perché, altrimenti, il re Acrotato (ovvero il figlio di Areo) avrebbe dovuto vivere da vigliacco, se aveva anche, come ci testimonia Plutarco, combattuto valorosamente a Sparta contro l'assedio di Pirro e di Cleonimo? Forse che il termine κακὸς, tradotto con "vigliacco", sia piuttosto da ascriversi al comportamento tenuto dal principe Acrotato durante la sua permanenza nella Sicilia di Agatocle e, successivamente, durante la fuga, cui accenna velatamente Diodoro, alla quale fu costretto per le sue nefandezze attuate a Siracusa? A parer mio è plausibile. In tal caso, Girtiade non sarebbe la moglie del principe Acrotato e, quindi, la nonna del re Acrotato, bensì la moglie di Cleonimo I e, quindi, la nonna del principe Acrotato, il quale, dunque, sarebbe morto a Creta, come accenna - il solo - Plutarco.

Nessun'altra fonte, tuttavia, ci è nota circa il luogo dove Acrotato morì. Quel che è certo è che Acrotato morì poco dopo il suo ritorno dalla Sicilia[578], se a Sparta o, come comunque è stato ipotizzato, a Creta[579], probabilmente resterà sempre un mistero.

Ora, Pausania (VIII, 27, 2), invece, è l'unico a scrivere che Acrotato, invece, morì a Megalopoli, combattendo contro il tiranno Aristodemo. Ed è chiaro che si riferisca al primo Acrotato, poiché, quando ne parla, lo descrive come «il figlio maggiore di re Cleomene II» (e si riferisce, con intertestualità, alla genealogia che ha già trattato nel proprio libro III, 6, 2). Stando a Pausania, quindi, Acrotato sarebbe morto a Megalopoli. Plutarco, invece, in *Agide,* III, 6, scrive che a Megalopoli morì il secondo Acrotato, e sappiamo che si riferisca al secondo, poiché egli lo descrive chiaramente come figlio di Areo.

---

[578] Marasco 1980, p. 31, n. 2.
[579] Ipotesi da me sostenuta, non ritenuta sicura, formulata già dal Poralla *Plut.apopht.lac.240 f,* p. 147 e dal Beloch (*Griech. Gesch.*, IV, 2, p. 157) *cfr.* Marasco 1980, p. 31, n. 2

Stando al fatto che è improbabile che due Spartani, entrambi di nome Acrotato, morirono entrambi a Megalopoli, combattendo contro il tiranno Aristodemo, a mio avviso è plausibile che Pausania abbia semplicemente confuso i due Acrotato.

L'equivoco che Pausania presenta in VIII, 27, 2 sta nella frase τοῦ βασιλέως Κλεομένους ὁ πρεσβύτατος τῶν παίδων Ἀκρότατος, che qualifica Acrotato non come figlio di Areo, bensì come figlio di Cleomene.

Mentre in III, 6, 3 ss. Pausania scrive ben chiaramente che Acrotato non sopravvisse a suo padre Cleomene II (ma il di lui fratello, Cleonimo, fu estromesso dalla successione, a favore, invece, del figlio che aveva Acrotato, ovvero Areo I), in VIII, 27 Pausania scrive che l'Acrotato che muore a Megalopoli è, ancora, «il figlio maggiore di Cleomene II».

Ora, questo è impossibile, poiché, *in primis,* come sappiamo da (Diodoro XIX 6 – 9; 65; 70 ss.; 102), da Polibio (IX 23, 2) e dal *Marmor Parium* (FGrHist239) B 12 (anno 319/8)[580], il figlio maggiore di Cleomene II fu quell'Acrotato morto dopo aver combattuto a Siracusa (se poi, come quivi ipotizzato, questi sia morto a Creta è un'ipotesi plausibile, comunque sia non morì a Megalopoli); *in secundis*, come ci testimonia Plutarco (*Agide* III, 7) quell'Acrotato che, invece, cadde a Megalopoli combattendo contro il tiranno Aristodemo era anzitutto non principe ma re di Sparta, indi figlio di Areo I, che era, appunto, già morto.

Acrotato lasciava un erede, Areo II, che sarebbe morto bambino all'età di otto anni come, questa volta correttamente, ci tramanda Pausania (III, 6, 6) confermato da Plutarco (*Agide,* III, 8).

---

[580] *cfr.* Musti 1989 p. 567, n. 68

2. *Sulle pretese regali dei secondogeniti al trono di Sparta*

Alla morte del re Agiade Cleomene II, essendo il primogenito, il principe Acrotato, già morto, si aprì una disputa tra Cleonimo, secondogenito del re, e Areo, figlio del principe primogenito. Secondo Pausania e Plutarco, Cleonimo fu escluso dalla successione poiché violento e gli fu preferito il nipote Areo, del quale Cleonimo fu costretto ad essere tutore. Cleonimo partì allora per l'Italia, dove tuttavia fu sconfitto sia a Turi che sul Brenta. Successivamente, Areo generò un figlio, Acrotato. Cleonimo, rientrato a Sparta, sposò la giovane Chilonide, che prima gli partorì un figlio, Leonida, poi lo tradì proprio con Acrotato. Furioso per la sottrazione, sia del trono da parte del nipote Areo, sia della moglie da parte del pronipote Acrotato, Cleonimo si alleò con Pirro (anch'egli, come lui, batteva in ritirata dall'Italia) per assediare Sparta, approfittando dell'assenza di re Areo che combatteva a Creta. L'assedio fallì grazie all'eroismo del principe Acrotato. Cleonimo fu sconfitto (Pirro morì poco dopo), Acrotato sposò Chilonide e, alla morte di Areo, divenne re. Morì un anno dopo, combattendo a Megalopoli, lasciando un infante, che salì sul trono col nome di Areo II, sotto il tutoraggio del fratellastro maggiore Leonida, ma che morì a otto anni. Salì allora sul trono Leonida, figlio di Cleonimo, il quale, in qualche modo, aveva così avuto la propria rivincita. La stirpe che avrebbe regnato sul trono Agiade sarebbe stata, infatti, non quella del "valoroso" Acrotato bensì del "reietto" Cleonimo (il cui figlio, Leonida, sarebbe stato colui che avrebbe mandato a morte Agide).

È generalmente accettata dalla maggior parte degli studiosi la tesi secondo cui il rancore che Cleonimo provasse per Sparta fosse stato generato sia dalla detronizzazione che dall'adulterio, da parte, rispettivamente, di padre e figlio, rispettivamente suo nipote e suo pronipote. Ora, Marasco sostiene[581] invece che Cleonimo non potesse vantare pretese sul trono di Sparta, in quanto, in caso di morte dei primogeniti, i secondogeniti erano estromessi, per una legge spartana sulla successione in favore dei figli che i primogeniti avessero lasciato. In pratica, al trono era destinato il figlio del primogenito eventualmente defunto, non il fratello di quest'ultimo.

Marasco nota[582] come Pausania (III, 6, 4-6) e Plutarco (*Pirro,* I, 13; XXVI, 16) riportino l'esclusione al trono di Cleonimo come causa del di lui rancore contro Sparta, cui si aggiunse l'adulterio commesso dalla di lui moglie Chilonide con Acrotato, figlio di re Areo, eletto al posto di Cleonimo stesso. Le fonti di questa narrazione per Plutarco e Pausania furono, scrive Marasco, rispettivamente Filarco e le liste ufficiali dei re

---

[581] Marasco 1980, pp. 31 ss.
[582] Marasco 1980, pp. 31 ss.

Spartani[583]. È interessante, continua Marasco[584], notare però come Diodoro (XX 29, 1) che attinge da una fonte diversa, generalmente identificata con Geronimo di Cardia[585], non riporti come eclatante l'esclusione al trono di Cleonimo, e narri invece, come del tutto normale, l'ascensione al soglio Agiade di Areo[586]. Cleonimo, a detta di Marasco, non poteva avanzare pretese regali in quanto secondogenito, quindi la fonte più coeva sarebbe quella di Diodoro e non quella di Pausania e di Plutarco, «influenzate», invece, «dalle successive pretese di regalità avanzate da Cleonimo all'epoca della spedizione di Pirro[587]».

A supporto di questa tesi, Marasco riporta un analogo fatto di (a questo punto "apparente") esclusione al trono: quella di Leotichida, figlio illegittimo della regina di Sparta Timea (moglie di Agide II) e di Alcibiade: il principe fu escluso e gli fu preferito Agesilao (Senofonte, *Elleniche,* III, 3 ss.; Plutarco, *Agesilao,* III ss; *Lisandro* XXII ss; Cornelio Nepote, *Agesilao,* I, 3). Lo stesso fatto è riportato da Magnino[588] in analogia, però, con la detronizzazione di un altro re, questa volta Leonida II[589]. L'esclusione dal trono di Leotichida è, infatti, confrontabile sia con l'esclusione di Cleonimo che con quella di Leonida: nel caso di Cleonimo per via dell'esclusione dei secondogeniti alla successione al trono (in caso di morte dei primogeniti, a favore, invece, degli eventuali figli lasciati dai primogeniti defunti); nel caso di Leonida, invece, per l'antica legge che precludeva a un re l'esercizio della sua funzione, eventualmente esiliandolo. Ricapitolando: alla morte di Agide II si contesero il trono il suo figliastro, Leotichida, e suo fratello, Agesilao, prevalse quest'ultimo; alla morte di Acrotato, invece, si contesero il trono suo figlio Areo e suo fratello Cleonimo, prevalse il primo. Nel primo caso prevalse lo zio, nel secondo il nipote[590]. Marasco[591] riporta poi la legge che vigeva a Sparta per la quale, in caso di morte del primogenito, non salisse al trono il fratello di questi, bensì il figlio, una legge, quindi, che faceva prevalere i nipoti sugli zii. Stando a questa legge, allora anche Leotichida avrebbe dovuto prevalere su Agesilao, ma, non essendo realmente figlio del fratello di Agesilao (bensì di Alcibiade), fu svantaggiato; quel che è però d'interesse, è notare come Leotichida citò la legge presa in

---

[583] *cfr.* Marasco 1980 p. 33, n. 7; Marasco 1978. Sulle fonti di Diodoro *cfr.* anche Biziére 1975, pp. XIV, ss.
[584] Marasco 1980, p. 33 ss.
[585] Marasco 1980, p. 33, n.9; Biziére 1975, pp. XIV, ss.
[586] Anche Durvye 2018 segnala, come unica nota al passo XX, 29, 1 solo una corruttela al testo greco, non al contenuto. *cfr.* Durvye 2018, p. 40, 200 n. 228
[587] *cfr.* Marasco 1980, pp. 33, 107
[588] Magnino 1991, p. 156 n.39
[589] *cfr. ivi Cap.* II, *Par.* III. « L'antica legge » di cui parla Plutarco, alla quale Lisandro avrebbe fatto ricorso per esiliare Leonida II (in favore di Agide IV), sarebbe, secondo Magnino, la stessa per la quale Leotichida (assieme ad altri sovrani prima di lui) era stato escluso dalla successione al trono.
[590] Leotichida II ebbe un figlio, Zeuxidamo, che morì anzitempo, prima dell'esilio di suo padre. *cfr.* Fuhrmann 1988, p. 186, n. 2; p. 326, n. 2 di lui ci è testimoniato l'*Apoftegmata* 221 C
[591] Marasco 1980 p. 34

considerazione da Marasco, riportata da Senofonte (*Elleniche,* III, 3) per ricordare allo zio Agesilao che il trono spettasse a lui, dicendo «ma, oh Agesilao, secondo la legge il trono spetta al figlio del re, non a suo fratello». Il problema è, come detto, che Leotichida non era veramente figlio di Agide II. Quando Leotichida pronunziò la suddetta pretesa, era il 397 a.C., quindi un secolo prima della salita al trono di Areo al posto di Cleonimo, avvenuta nel 309 a.C.[592] Carlier[593] prende in considerazione la medesima legge citata da Senofonte, allargando la panoramica anche a casi precedenti. Anch'egli, come Marasco, sostiene che, qualora il re avesse avuto un figlio, la successione al trono si trasmetteva da padre in figlio ma se, come nel caso di Acrotato e Cleomene, il figlio (il primo) moriva prima del padre (il secondo), allora la legge poteva, a detta di Carlier, aprirsi anche a diverse interpretazioni, come nel riportato caso di Dorieo, figlio cadetto di Anassandrida, che vantava pretese al trono pur essendo secondogenito, in nome dei propri meriti: i Lacedemoni gli preferirono comunque il primogenito Cleomene.[594] La regola di successione, nota Carlier, non era, tuttavia, necessariamente sempre la primogenitura: è il caso dei consigli di Demarato sul seguire le varianti del *nomos* spartano dati ai re di Persia[595], infatti, prosegue Carlier, esaminando le successioni, non emerge altro che la varietà d'interpretazioni della stessa: talvolta il nipote succedette al nonno, come nei casi di Archidamo II a Leotichida II, e dei "nostri" Areo I a Cleomene II; altre volte, invece, il cugino al cugino, e sono di casi di Leotichida II a Demarato, Pleistonatte[596] a Pleistarco, Leonida II a Areo II. In quest'ultimo "nostro" caso, è interessante notare come Leonida e Areo fossero sia fratellastri, in quanto figli della stessa madre, Chilonide, ma di diverso padre (Leonida figlio di Cleonimo, Areo figlio di Acrotato), ma, per come d'altra parte giustamente li riporta Carlier, anche cugini, in quanto i loro due padri, primo e secondo marito di Chilonide, Cleonimo e Acrotato, erano rispettivamente prozio e nipote: quindi il figlio del primo, Leonida, rispetto al figlio del secondo, Areo, era, oltre che fratellastro, anche cugino di secondo grado. Infine, prosegue Carlier, non era implausibile che accadesse che il fratello minore succedesse al fratello maggiore: sono i casi di Leonida I a Cleomene I, Agesilao II ad Agide II, Cleombroto I ad Agesipoli I, dello stesso "nostro" Cleomene II ad Agesipoli II, di Eudamida I ad Agide III[597]. L'ultimo elenco di casi dimostra come i secondogeniti potessero succedere ai loro fratelli maggiori, in caso di morte di quest'ultimi. Esaminiamo ora chi, tra i primogeniti citati cui succedettero i secondogeniti, aveva un erede e come quest'ultimo si relazionò allo zio. Cleomene I lasciò una figlia, Gorgo, che sposò lo zio Leonida I (celeberrimo eroe delle Termopili); Agide II, come scritto sopra, lasciava un figliastro che, considerato illegittimo (in quanto figlio dell'adulterio di sua

---

[592] Carlier 1984, p. 246, Marasco 1980, p. 31
[593] Carlier 1984, p. 240
[594] Erodoto V, 42, VI, 52, *cfr.* Carlier 1984, p. 241, n. 29
[595] Carlier 1984, p. 241
[596] Su Pleistonatte si vedano anche *Apoftegmata Lakonika* 230 F, 231 D
[597] Carlier 1984, p. 242; per le liste dei re di Sparta e rispettive genealogie, *cfr.* Carlier 1984, p. 318ss.

madre, Timea, con Alcibiade), non poté succedergli, così gli succedette il fratello Agesilao II; Agesipoli I, invece, non lasciò alcun figlio, così alla sua morte salì al trono il di lui fratello Cleombroto, Agesipoli II, figlio di quest'ultimo, morì anch'egli senza eredi, così gli succedette Cleomene II (padre dei "nostri" Acrotato e Cleonimo). Quando un re moriva senza eredi, conclude Carlier, il trono spettava al maggiore dei suoi fratelli (e su questo concorda anche Marasco che sottolinea come sia Cleombroto, Eudamida I che Cleomene II, regnarono tutti dopo la morte dei rispettivi fratelli maggiori, perché questi ultimi non avevano eredi[598]) mentre se il re lasciava dei figli, anche se aveva dei fratelli, il trono era del primogenito: con quest'ultima regola, tuttavia, contrasta il caso della salita al trono di Cleomene I, che era figlio di secondo letto di re Anassandrida, al posto di Dorieo, figlio di primo letto del medesimo padre e re (Dorieo era fratello maggiore di Leonida I): la questione si risolse col compromesso di unire in matrimonio Gorgo, figlia di Cleomene allo zio Leonida, cosicché la stirpe dei figli di primo letto ottenesse la regalità.

Tre sono inoltre i casi in cui uno zio e un nipote si disputano il trono di Sparta, il primo dei quali appena preso in considerazione: alla morte di Anassandrida II, il trono di Sparta sarebbe dovuto spettare al figlio maggiore e di primo letto Dorieo[599] o, stando alla legge spartana citata da Senofonte, che prediligeva i nipoti agli zii, al figlio di questi, Eurianatte: invece andò allo zio di questi, Leonida (che sposò, poi, la nipote Gorgo, figlia del fratellastro Cleomene). In questo caso, dunque, lo zio prevalse sul nipote. Leonida I, morto alle Termopili, lasciò poi un figlio, Plistarco, che salì al trono alla morte del padre ma sotto la reggenza, in quanto minorenne, prima dello zio Cleombroto poi del figlio di quest'ultimo, il cugino Pausania. Figlio di Pausania fu Plistonatte, che salì al trono (dopo la disgrazia in cui era caduto suo padre), al posto dello zio Cleombroto. In quest'ultimo caso, dunque, fu un nipote a prevalere sullo zio (tuttavia la legittimità di quest'ultimo, forse, non era comprovata, e forse fu questo il motivo per cui prevalse il nipote). L'ultimo caso è quello di Areo che prevalse sullo zio Cleonimo. Quest'ultimo caso ha due precedenti: nel primo è lo zio a prevalere, nel secondo è il nipote. Personalmente aggiungerei un altro caso, posteriore, che non fa che accreditare la tesi secondo cui i figli dei primogeniti defunti avessero la precedenza sui secondogeniti (loro zii): quello di Agesipoli III, ultimo re Agiade e di Sparta, che salì al trono nel 219 a.C. e, poiché era minorenne, fu tutorato dallo zio Cleomene[600]. Chilonide (figlia di Leonida II e sorella di Cleomene III) aveva infatti generato con Cleombroto (collega di Agide IV) due figli, Agesipoli e Cleomene. Agesipoli, il primogenito, era morto dopo aver generato un figlio

---

[598] Marasco 1980, p. 34
[599] *cfr.* Carlier 1984, p. 243; Anassandrida II aveva anche altri figli, che quivi non riporto per non complicare la già complessa trattazione. Rimando alle tavole genealogiche dei re spartani pubblicate da Carlier 1984, pp. 317 ss.
[600] Non si confonda questo Cleomene, figlio di Chilonide e di Cleombroto, con Cleomene III (in pratica suo zio), fratello di Chilonide e figlio di Leonida II. *cfr. ivi.* albero genealogico.

(chiamato anch'egli Agesipoli). Per il trono Agiade di Sparta, gli efori avevano scelto costui, figlio del primogenito defunto, e non il secondogenito Cleomene: quest'ultimo aveva fatto, infatti, da tutore al nipote re fanciullo[601]. Nel nostro caso, dunque, chi aveva diritto al trono, tra lo zio e il nipote? Come probabilità siamo, rispetto agli esempi apportati dal Carlier, a-uno-a-uno, ovvero due soli casi precedenti, con due soluzioni diverse; ma, anche se è quest'ultimo caso a far pendere la bilancia in favore dei figli dei primogeniti defunti, tuttavia tutto ciò dimostra come stabilire una regola precisa di successione al trono sia pressoché impossibile[602].

3. *Sul motivo del risentimento di Cleonimo nei confronti di Sparta*

Non essendo definitivamente implausibile che anche il secondogenito potesse vantare il trono e se lo disputasse col nipote, figlio di suo fratello maggiore morto, come dimostra il caso di Leonida I, a mio avviso è plausibile che il risentimento di Cleonimo nei confronti di Sparta fosse veramente dovuto al fatto che da parte della gerusia[603], gli fu preferito, come re, Areo (e, inoltre, che il figlio di questi gli avesse, in seguito, sottratto la moglie); dando credito a Pausania e a Plutarco, potrebbe essere che il silenzio di Diodoro sulla disputa per il trono tra Cleonimo e il nipote Areo sia da spiegarsi con una semplice sintesi dei fatti, attuata, appunto, dal Siculo. Certo è che, come nota Marasco, la "ricompensa" del comando offerto a Cleonimo come "risarcimento" per esser stato detronizzato, ebbe un valore formale e non certo sufficiente[604].

Tuttavia la tesi di Marasco, riguardo l'implausibilità che Cleonimo pretendesse di essere re al posto del nipote Areo, è di straordinaria sottigliezza poiché accentua l'elemento drammatico e passionale, rispetto a quello politico. Marasco[605] distingue le fonti, anche quelle tra loro apparentemente coerenti. Pausania (I, 13, 5; III, 6, 3) infatti, scrive che Cleonimo, fu esiliato o si dipartì da Sparta (era il 275 a.C.) perché era stato detronizzato, tuttavia, nota Marasco, è poco credibile che lo Spartiata provasse ancora risentimento per un fatto accaduto trent'anni prima: Plutarco (*Pirro,* XVI – XIX) invece, aggiunge che, oltre all'antico e comunque mai estinto risentimento per il fatto d'esser stato detronizzato, Cleonimo fosse iroso con Sparta poiché, all'epoca, la moglie Chilonide aveva intrecciato una relazione adultera con Acrotato, figlio di Areo. Certo, a mio avviso, il fatto che colui che gli avesse sottratto la moglie fosse proprio il figlio di

---

[601] Polibio IV, 34 – 35; *cfr. ivi.* in *Cap.* IV. *Par.* III
[602] Carlier 1984, p. 242
[603] Carlier 1984, p. 245
[604] Marasco 1980, p. 37
[605] Marasco 1980, p. 101 ss.

colui che era salito come re al suo posto, certamente incrementò l'ira di Cleonimo (ma Marasco, come detto, respinge l'ipotesi che Cleonimo pretendesse di regnare).

Inoltre, come nota sempre Marasco[606], l'aver perduto una moglie come Chilonide, che Plutarco (*Pirro* XXVI, 17) dice esplicitamente esser di una casata regale in quanto figlia di un certo Leotichida (dal nome doveva essere di sangue Europontide, quindi dell'altra dinastia), significò, per Cleonimo, la perdita anche dell'appoggio politico e dell'alleanza con l'oligarchia. Per di più, infatti, nessun processo fu intentato contro Acrotato: era chiaro che Cleonimo aveva ormai perso appoggio, consenso, credibilità, nonché la moglie. L'individuare il motivo passionale (e, in qualche maniera, anche politico, data la regalità di Chilonide) a discapito di quello prettamente politico (la disputa, avvenuta o meno, si datava a trent'anni prima) è, a mio avviso un'indagine senz'altro vincente: Cleonimo si dipartì da Sparta non in quanto detronizzato (sia perché non potesse vantare pretese in quanto secondogenito, sia perché la scelta del nipote al suo posto era accaduta, ormai, trent'anni prima) bensì in quando tradito dalla moglie.

4. *Sull'eliminazione dei re fanciulli*

Da Chilonide Cleonimo aveva avuto un figlio, Leonida, che Marasco[607] ipotizza abbia partecipato a fianco del padre, all'assedio punitivo della città, per l'adulterio di sua madre. La permanenza di Leonida in Siria presso Seleuco, testimoniata da Plutarco (*Agide*, III, 8; IX, 6) sarebbe da collocare, scrive Marasco, soltanto dopo il fallimento dell'attacco a Sparta, da parte di Cleonimo, a fianco di Pirro, nel 272 a.C.: solo dopo la sconfitta, infatti, Cleonimo avrebbe tentato di intrecciare rapporti con l'oriente mandando Leonida alla corte del satrapo di Persia. Marasco ritiene dunque che la menzione plutarchea del nome del satrapo, Seleuco I, sia errata, poiché, se così fosse, si dovrebbe datare la permanenza di Leonida in Persia al 290 – 280 a.C., quindi prima dell'assedio di Sparta, ma sarebbe strano, argomenta Marasco, ritenere che Leonida non prese parte all'assedio. Essendo coerente la tesi secondo cui Leonida tornò dalla Persia a Sparta attorno al 262, ovvero dieci anni dopo il fallimentare quanto terribile attacco a Sparta da parte di suo padre, e regnando all'epoca, in Siria, Seleuco II, asceso al trono un anno prima, la svista di Plutarco, a detta di Marasco, potrebbe esser stata dovuta all'omonimia tra il satrapo e il sovrano di Siria[608]. In quei dieci anni intercorsi tra il fallito

---

[606] Marasco 1980, pp. 97 ss.
[607] Marasco 1980, p. 56
[608] Marasco 1980, p. 56, n. 96

assedio condotto dal padre ed il suo richiamo a Sparta, Leonida avrebbe, quindi, sposato la Persiana Cratesiclea e generato Chilonide, Cleomene ed Euclida.

Leonida fu dunque richiamato a Sparta dopo che Acrotato era caduto a Megalopoli, e occorreva, perciò, un tutore al piccolo re Areo II. Perché mai come tutore di Areo II fu chiamato proprio Leonida, figlio dell'assediatore di Sparta, Cleonimo, che, forse, aveva pure partecipato all'assedio della sua stessa città, a fianco del padre? Forse perché figlio della regina in carica, Chilonide? Di certo Leonida non doveva essere ben visto, in quanto oltre che figlio di colui che aveva chiamato Pirro in aiuto per muovere guerra alla sua stessa città, era stato educato per anni tra il lusso di Persia. E neppure Leonida doveva tenere in gran considerazione Areo II, essendo questi il frutto dell'adulterio commesso da sua madre con Acrotato, tradimento, per giunta, causa anche dell'allontanamento da Sparta di suo padre Cleonimo. D'altronde, fu lui ad essere designato come tutore in nome del suo fratellastro ed il perché rimarrà per sempre insondabile.

Se non fosse per la convergenza di due fonti (Pausania, III, 6, 6; Plutarco, *Agide*, III, 8) che esplicitano che il piccolo Areo II morì di malattia, fugando così ogni dubbio sul possibile ruolo che potrebbe aver avuto il di lui tutore Leonida nell'uccisione del piccolo re, allora si potrebbe tracciare un *fil rouge* sulle morti (e su un risparmio) dei re fanciulli, attuate dai loro tutori, questi ultimi tutti legati, tra loro, da una linea di sangue: Cleonimo risparmiò Areo, ben sapendo che sarebbe divenuto re al suo posto, ma non potendo sapere che avrebbe generato Acrotato, colui che a Cleonimo stesso avrebbe sottratto Chilonide; il figlio di Cleonimo, Leonida, fece da tutore a Areo II (suo fratello uterino e minore, figlio della "sconfitta" di Cleonimo e che, nonostante ciò, sarebbe divenuto re al suo posto) e *stranamente* Areo morì in tenera età; Cleomene, figlio di Leonida, uccise (qui è solo Pausania II, 9, 1 a testimoniarlo esplicitamente, come nota anche Bernini[609]) Eudamida, figlio di Agide, che – anch'egli – sarebbe dovuto divenire re al suo posto o, almeno, sul soglio della casata collega. Se, dunque, Pausania e Plutarco non scagionassero Leonida dalla (da me paventata) accusa di eliminazione di Areo II, allora si potrebbe asserire, ipotizzando, che mentre Cleonimo risparmiò Areo I, i discendenti di Cleonimo, cioè suo figlio Leonida e suo nipote aviatico Cleomene, non si fecero scrupoli di non risparmiare coloro ai quali avrebbero dovuto fare da tutori, rispettivamente Areo II per Leonida, Eudamida III per Cleomene.

Ovvero, si potrebbe asserire che il possibile rimpianto di non aver, a suo tempo, eliminato il nipote Areo I di cui era tutore (futuro genitore di colui che gli avrebbe sottratto la moglie), avrebbe portato Cleonimo a consigliare al figlio Leonida di fare quel che egli non aveva fatto: così Leonida avrebbe eliminato il fratellastro Areo II di cui era tutore, per salire al trono al suo posto. Consigliando al figlio Leonida di compiere

---

[609] Bernini 1978 p. 35, n.27

quell'efferatezza che egli, invece, a suo tempo non aveva compiuto, Cleonimo avrebbe così ottenuto la propria rivincita, vedendo alfine regnare il proprio sangue e non quello di Acrotato, suo rivale sia in politica che in amore.

Bernini[610] tuttavia riporta il tutoraggio da parte di Leonida nei confronti di Areo II, senza muovere alcuna accusa al primo sulla morte del secondo. Tuttavia, complice l'atmosfera da «tragedia spartana» di cui sono impregnate le vicende storiche quivi trattate (di quattro generazioni, rispettivamente Cleonimo, Agide, Cleomene, Agesipoli, al cui proposito rimando a Fantuzzi 2021), date le fonti storiche su la detronizzazione di Cleonimo (pur essendo la tesi di Marasco 1980 di straordinaria lucidità e precisa sottigliezza, permane pur sempre il fatto che Plutarco (*Pirro,* XXVI, 16 ss.) e Pausania (III, 6, 3) sostengono che il trono spettasse a Cleonimo per diritto), data inoltre la testimonianza di Pausania riguardo l'eliminazione, da parte di Cleomene, del figliastro Eudamida e la convergenza di testimonianze di Plutarco e di Polibio, sull'uccisione dell'altro discendente diretto al trono Europontide, Archidamo (Plutarco scrive che Archidamo venne ucciso da «amici» di Cleonimo, Polibio esplicitamente accusa Cleomene dell'eliminazione di Archidamo), la plausibilità dell'interpretazione riguardo la consapevolezza genealogica dell'eliminazione del re fanciulli, permane.

Contro la plausibilità di quanto riporta Pausania sull'uccisione di Eudamida da parte di Cleomene, si pone Niccolini[611] che nota l'incongruenza tra l'amore, testimoniato da Plutarco (*Cleomene,* XXII) che Cleomene provava per Agiatide, nonché il ruolo della sposa stessa, quasi un anello di congiunzione tra Agide e Cleomene, tanto da indurre il secondo marito a perseguire l'opera del primo come, appunto, testimonia sempre Plutarco (*Cleomene,* I): si potrebbe asserire, dunque, che Niccolini creda fermamente a Plutarco[612], tanto da escludere totalmente l'ombra gettata da Pausania su Cleomene. Niccolini nota poi come Plutarco taccia su Eudamida e riporta l'interessante ipotesi[613] secondo cui Cleomene avrebbe richiamato Archidamo a Sparta solo dopo che Eudamida era morto: ovvero, scomparso il primo e unigenito figlio di Agide IV, il più prossimo ad ereditarne la corona Europontide sarebbe stato il fratello Archidamo V. A parte il fatto che questa ipotesi dimostrerebbe, ancora una volta, la precedenza dei figli dei primogeniti defunti sui secondogeniti, ovvero dei figli sui fratelli, nipoti sugli zii (avvalorando, quindi, la tesi di Marasco 1980), Niccolini confuta la suddetta ipotesi perché, sostiene, se Cleomene avesse richiamato Archidamo dopo la morte di Eudamida, cioè nel 227 a.C., ciò significherebbe che Eudamida avesse, all'epoca della morte, quattordici anni, quindi, sino a quell'età sarebbe stato risparmiato. Ora, se veramente

---

[610] Bernini 1978, pp. 35 ss.
[611] Niccolini 1903, pp. 718 ss.
[612] Niccolini 1903, p. 719
[613] Di Droysen, Gerlert e Niese *cfr.* Niccolini 1903, p. 719, n. 4

Cleomene lo avesse avvelenato, come vuole Pausania, perché, dunque, si chiede Niccolini, avrebbe atteso quattordici anni? Se, invece, Archidamo fosse stato chiamato semplicemente per fare da tutore ad Eudamida, che, forse, poteva essere ancora in vita, perché fu richiamato così relativamente tardi, quando il fanciullo era già un adolescente, e non quando era un infante? Inoltre, il fatto che Plutarco (*Cleomene*, I) lo menzioni infante e poi, anche al momento dell'uccisione di suo zio Archidamo, lo tralasci, sta a significare come «l'esistenza di Eudamida non destò mai interesse.» Anche dopo il matrimonio forzato tra Agiatide e Cleomene, continua Niccolini «Plutarco non parla più di lui, come se non esistesse più.» il piccolo Eudamida, conclude Niccolini, o si spense da sé, oppure, più presumibilmente, fu ucciso non da Cleomene, bensì dal di lui padre Leonida: «se si osserva altresì che [*Leonida*] per avidità delle ricchezze di Agiatide, la strappò violentemente dalla sua casa, mentre aveva un bambino lattante, per collocarla col proprio figlio Cleomene, non ancora in età da nozze, si resta dubbiosi sulla sorte del fanciullino indifeso e la cui esistenza costitutiva una minaccia contro gli uccisori del padre e una pretesa ad una parte delle ricchezze della madre [...] tutto fa credere ad una morte procurata e che compisse la strage di Leonida, il quale non avrebbe avuto motivo di aspettare lungamente[614].» Niccolini quindi non rigetta *in toto* la fonte di Pausania, bensì sposta la responsabilità dell'uccisione di Eudamida da Cleomene a Leonida, spiegando che «...né Leonida a capo della reazione trionfante avrebbe tollerato un rappresentante ufficiale dei diritti dell'altra famiglia sì gravemente da lui offeso[615]». Perché, dunque, Cleomene sarebbe stato accusato di un crimine non commesso? Niccolini scrive: «la scomparsa di Eudamida dava una ragione della salita al trono di Euclida: quindi i due fatti furono avvicinati e per conseguenza l'uccisore divenne Cleomene.» Ora, il fratello minore di Cleomene, Euclida, fu associato al trono Agiade non essendovi più ostacoli fisici di Europontidi, essendo, ovvero, morti sia Eudamida che Archidamo. Sull'uccisione del secondo tornerò innanzi, sulla morte del primo, invece, escludendo che questa soggiunse per cause naturali (il silenzio di Plutarco riguardo la morte del fanciullo potrebbe esser dovuto, piuttosto che alla scomparsa per malattia del ragazzino, al non voler gettare un'ombra nera sul "suo" eroe: d'altra parte Plutarco scagiona Cleomene anche dalla colpevolezza dell'uccisione di Archidamo) se questa sia avvenuta per mano di Leonida o degli efori è quivi da verificare.

Ora, sul passo di Pausania che è l'unico a testimoniare che Eudamida perì di morte violenta, Solari[616] nota la duplice interpretazione dello stesso. La frase in questione è «καὶ βασιλέα τε οἰκίας τῆς ἑτέρας Εὐρυδαμίδαν παῖδα ἔτι ἀνελὼν φαρμάκῳ διὰ τῶν ἐφορευόντων ἐς Ἐπικλείδαν τὸν ἀδελφὸν μετέστησε τὴν ἀρχὴν καὶ τὸ κράτος τῆς

---

[614] Niccolini 1903, p. 720
[615] Niccolini 1903, pp. 720 - 721
[616] Solari 1907, p. 226, n. 2, e p. 69 ss.

γερουσίας καταλύσας πατρονόμους τῷ λόγῳ κατέστησεν ἀντ' αὐτῶν» ovvero «[*Cleomene*] avvelenò il re dell'altra casata, Eudamida, che era ancora un fanciullo, con il veleno, per mezzo degli efori trasmise il potere al fratello Epicleida [= *Euclida*] e vanificò il potere della gerusia sostituendolo con la magistratura puramente nominale dei patronomi.»

Come nota Solari, con una sola virgola la fonte potrebbe testimoniarci che la colpevolezza di Cleomene fu indiretta oppure che fu diretta, ovvero a seconda della punteggiatura il senso della fonte cambia radicalmente. Se, come nelle edizioni di Pausania curate dallo Siebelis o dallo Schubart, si pone la virgola dopo la parola φαρμάκῳ, veleno, il senso risulta essere: «[*Cleomene*] avvelenò il re dell'altra casata, Eudamida, che era ancora un fanciullo, con il veleno e, per mezzo degli efori, trasmise il potere al fratello». Se, invece, seguendo le edizioni curate dallo Schubart-Wolf o del Didot curata dal Dindorf, ovvero senza porre la virgola, il senso diviene: «[*Cleomene*] avvelenò il re dell'altra casata, Eudamida, che era ancora un fanciullo, con il veleno per mezzo degli efori, e trasmise il potere al fratello[617]». Posto che Eudamida fu eliminato, Solari si chiede: dagli efori o da Cleomene stesso? Ora, come continua Solari, Plutarco (*Cleomene*, XI) ci testimonia che Cleomene si associò al regno il fratello Euclida solo dopo che aveva eliminato gli efori, nel 226 a.C. (quando, peraltro, sia Eudamida che Archidamo erano già morti). Esattamente come Niccolini pochi anni prima di lui, Solari nota che di Eudamida: «si fa cenno solo come fanciullo e, stando a Plutarco, siamo indotti a credere che il re Leonida (e non il figlio Cleomene), il quale usava tutti i mezzi per distruggere la famiglia del rivale defunto Agide, non si sia peritato di togliere di mezzo anche il piccolo Euridamida [= *Eudamida*], valendosi magari dell'opera degli efori, i quali gli erano stati fino ad allora di valido aiuto nella lotta sleale che egli aveva sostenuto contro il suo odiato nemico Agide[618].»

Notando come Pausania «quando può [...] cerca di dipingere Cleomene con i colori più foschi», Solari, come Niccolini, non ricusa il passo di Pausania, ma lo corregge, spostando la colpevolezza di Cleomene nell'uccisione di Eudamida su Leonida, e vi aggiunge, inoltre, anche un'ulteriore ipotesi di correzione, sostenendo cioè che l'ucciso col veleno non sia Eudamida ma Archidamo e che Pausania possa aver confuso il nipote con lo zio: se cioè Cleomene avesse davvero ucciso qualcuno, la vittima sarebbe stata Archidamo e non Eudamida, il quale all'epoca, a detta di Solari, era già stato ucciso per mano di Leonida. E perché, dunque, non dagli efori? Perché l'eforato, conclude Solari,

---

[617] Solari 1907, pp. 69 - 72
[618] Solari 1907, pp. 72 - 73; Plutarco, *Cleomene*, XVI – XX

all'epoca della morte di Eudamida, cioè nell'inverno del 227-226, era già stato, da Cleomene, soppresso[619].

Solari e Niccolini sostengono quindi che il piccolo Eudamida fu assassinato non da Cleomene bensì da Leonida e, cioè, che la fonte di Pausania vada corretta sostituendo al nome del figlio quello del padre e che il silenzio sul re fanciullo in Plutarco sia dovuto alla sua repentina e subitanea eliminazione. Il vecchio re avrebbe dunque cercato di estirpare la stirpe Europontide, condannando a morte Agide IV, uccidendone la di lui madre e la di lui nonna, obbligandone la di lui giovane vedova a sposare suo figlio Cleomene, e, quindi conseguentemente, uccidendone il figlio, erede di Agide. Se l'ipotesi di Niccolini e di Solari regge, aumenta ulteriormente il nesso tra le ombre gettate sul complesso personaggio di Leonida, figlio del (forse ormai dimenticato) assediator di Sparta Cleonimo, uccisore e vendicatore del collega Agide (da cui, a sua volta, era stato esiliato), tutore, in gioventù, del fratellastro e cugino morto «per malattia» all'età di otto anni: forse, a questo punto, Leonida fu, oltre che il tutore, del re fanciullo, anche il suo uccisore. Ovvero, se fu Leonida l'uccisor di Eudamida III, perché allo stesso modo non avrebbe potuto uccidere, molti anni prima, anche Areo II[620]? Fu solo la morte di Areo, infatti, che gli permise di regnare, così come fu solo la morte di Eudamida (e di Archidamo poi) che permise al di lui figlio minore, Euclida, di regnare accanto al maggiore, Cleomene.

Forse proprio Cleonimo, detronizzato in favore di Areo I, consigliò al figlio Leonida di togliere di mezzo Areo II (nipote di Areo I e figlio di Acrotato, che a Cleonimo aveva sottratto la moglie e a Leonida, conseguentemente, la madre): vedendo il figlio regnare, Cleonimo, che regnare non aveva potuto, avrebbe così ottenuto la propria vendetta. Tuttavia, come scritto sopra, forse Cleonimo non avrebbe potuto, a suo tempo, vantare pretese sul trono di Sparta, ma se non avesse comunque potuto regnare, in quanto secondogenito, perché, allora, anni dopo, Cleomene (o chi per lui) avrebbe fatto eliminare Archidamo, fratello minore (secondogenito, appunto) di Agide, che pure sarebbe dovuto divenire re col nome di Archidamo V? L'iniziale accanimento, la fuga, il rientro e l'uccisione di Archidamo V, dimostrano, a mio avviso, come anche un

---

[619] Solari 1907, pp. 73 – 74. Commenta a tal proposito Solari: «Che Pausania poi abbia commesso un errore cronologico e possa aver creduto esistenti gli efori a Sparta quando non c'erano più, non può recar meraviglia, quando si pensi che egli asserisce che ai tempi suoi gli efori designavano gli anni, mentre ci è dato con certezza di sapere che tale attribuzione spettava allora ai patronomi.» da pp. 75 ss., Solari prosegue, infatti, con la trattazione dei *fasti ephororum Spartanorum*.
[620] Certo, come scritto, contro questa ipotesi si pone la convergenza delle fonti di Pausania, III, 6, 6 e di Plutarco, *Agide,* III, 8, che escludono l'implicazione di Leonida nella morte di Areo II, esplicitando che quest'ultimo morì di malattia.

secondogenito, in caso di morte del primo, potesse avanzare pretese al trono: se in quanto reggente in nome dell'erede fanciullo, o in quanto re è affar da verificare.

Ricapitolando, il sospetto dell'azione di Leonida nella morte «per malattia» di Areo II, azione supportata dal possibile rimorso di Cleonimo della mancata eliminazione di Areo I, sarebbe, a parer mio, avvalorata anche dalla successiva eliminazione, da parte di Leonida stesso (secondo Solari e Niccolini) o di suo figlio Cleomene (secondo l'interpretazione non filtrata di Pausania), di Eudamida, orfano di Agide IV, mentre l'ipotesi che anche i secondogeniti potessero vantare la pretesa di regnare[621], in caso di morte dei loro fratelli maggiori, si spiegherebbe con l'accanimento nei confronti di Archidamo, fratello di Agide.

Il progetto degli Agiadi di far trionfare la propria dinastia sulle altre era quindi iniziato molto tempo prima di Cleomene, già ai tempi di suo nonno Cleonimo, che, pur alfine detronizzato, vide suo figlio Leonida regnare, e, in seguito, regnare da solo, così come i di lui figli (Cleomene ed Euclida, un'unica stirpe): con essi, però, Sparta avrebbe perso i suoi re. Agesipoli III, salito al trono dopo il suicidio di Cleomene ad Alessandri d'Egitto, era sempre della stirpe di Leonida (e, quindi, di Cleonimo), nipote della di lui figlia Chilonide.

Ricapitolando, Cleonimo avanzò pretese sul trono di Sparta e assediò la sua stessa città, per vendicare l'oltraggio subito dall'adulterio commesso da sua moglie con il principe Acrotato. Sul trono di Sparta, però, non regnò la stirpe del vincitore Acrotato (il quale morì un anno dopo la sua incoronazione a Megalopoli e il cui figlio morì a soli otto anni), bensì la stirpe di Cleonimo: sul trono Agiade regnarono infatti suo figlio (Leonida), i suoi nipoti (Cleomene ed Euclida) e il suo bis-bisnipote (Agesipoli, la cui nonna era Chilonide, sorella di Cleomene e figlia di Leonida). Tuttavia l'ultimo Agiade (che, quindi, per strana fatalità recava il sangue proprio di Cleonimo),[622] fu detronizzato dal tiranno Licurgo. Costui, quindi, divenne re nel seggio Europontide dopo aver corrotto gli efori (che in seguito furono in qualche modo puniti dal fato, in quanto massacrati da Chilone, il quale riteneva di essere il legittimo erede Europontide, ma di cui non sappiamo che legami di parentela avesse coi "nostri" Europontidi). Morto (forse in

---

[621] Tuttavia è bene specificare ulteriormente che la pretesa di regalità di Cleombroto potrebbe essere stata successiva all'elezione di Areo ovvero: egli avrebbe accettato che il nipote salisse al trono, com'era suo diritto in quanto figlio del primogenito, *poi*, in seguito all'adulterio commesso dalla moglie con il figlio di Areo, Cleonimo avrebbe *allora* indotto Pirro ad assediare Sparta, progettando di prendersi, in caso di vittoria, l'agognato (e forse, come diceva Marasco, non da tempo agognato), trono.

[622] Tuttavia mentre la nonna di Agesipoli III era l'Agiade Chilonide, figlia di Leonida e nipote di Cleonimo, suo nonno era invece Cleombroto, l'Europontide che sostenne Agide nel suo progetto riformista, sostituendo sul trono il genero Leonida. Quindi Agesipoli aveva anche un po' di sangue Europontide, per parte del nonno.

battaglia) lasciò un erede fanciullo, Pelope: l'ennesimo "re fanciullo" fu dapprima protetto dal successor di Licurgo, il combattente dalle oscure origini, Macanida, poi, alla morte di questi per mano di Filopemene, sul campo di battaglia a Mantinea, salito al trono il tiranno Nabide, Pelope fu da questi prontamente eliminato, come ci testimonia Diodoro (XVII, 1). Tra "i re fanciulli" che, una volta raggiunta la maggiore età, avrebbero dovuto regnare, solo Areo I fu (forse) "risparmiato", mentre il di lui figlio Areo II e tutti i di lui successori Eudamida III e Pelope furono prontamente eliminati. Così parve voler la sorte per i re fanciulli di Sparta.

5. *Sul tutoraggio dei re fanciulli*

Considerando i tutori trattati in questo saggio, e i fanciulli da loro tutorati, essi furono situati nei seguenti rapporti di parentela: zio Cleonimo fu tutore del nipote Areo I; Leonida II fu tutore del fratellastro (per parte di madre) e cugino (per parte di padre) Areo II.

È bene, però, notare una differenza tra i giovinetti reali: sia Areo I che Areo II erano figli di madri vedove che non si erano risposate, i due fanciulli, cioè, non avevano patrigni. Eudamida III, invece, era figlio della vedova di Agide, Agiatide, che era stata costretta a risposarsi con Cleomene, ma era anche nipote di Archidamo, fratello del defunto re, in vita, ma esiliato.

Per quanto riguarda la reggenza da parte dei secondogeniti in nome dei figli dei primogeniti defunti, ovvero, in altre parole, la reggenza degli zii in nome dei nipoti, la reggenza di Cleonimo in nome del nipote Areo è cosa assolutamente certa per Marasco[623], che nota come fino al 281/280 non vi sia alcuna testimonianza relativa a (il probabilmente allora troppo giovane) Areo, mentre non è da considerarsi sicura secondo l'opinione del Carlier.[624] Avendo però, ancora una volta, dei precedenti (tra gli altri, Cleombroto e Pausania per il nipote e cugino Plistarco) la reggenza dello zio in nome del nipote può avere buone probabilità. Allo stesso modo, quindi, Leonida potrebbe esser stato reggente del proprio fratellastro e cugino[625], Areo II.

---

[623] Marasco 1980, p. 38
[624] Carlier 1984, p. 318, n. 475
[625] Leonida e Areo II erano, fra loro, anche cugini, in quanto i loro due padri, primo e secondo marito di Chilonide, Cleonimo e Acrotato, erano rispettivamente prozio e nipote: quindi il figlio del primo, Leonida, rispetto al figlio del secondo, Areo, era, oltre che fratellastro, anche cugino di secondo grado *cfr.* Carlier 1984, p. 242

Ricapitolando, quindi, Cleonimo fu tutore di Areo I, Leonida di Areo II. Chi fu, invece, il tutore di Eudamida III, figlio di Agide IV? Il patrigno Cleomene o lo zio Archidamo?

6. *Su Archidamo V, re o reggente di Eudamida III?*

Bernini[626] nota come «Archidamo, nella visione polemicamente atteggiata di Polibio (e della sua fonte, probabilmente Megalopolitana o forse anche Messenia), apparisse come "re", l'"altro re" ingiustamente avversato dal "tirannico" Cleomene, fino a che egli stesso non si mise nelle mani del suo peggior nemico παραδόξως» mentre nella versione di Pausania, che pure incolpa Cleomene dell'uccisione di Eudamida, Archidamo viene addirittura taciuto. «Eudamida», scrive Bernini, «sarebbe succeduto al padre e, alla sua morte sarebbe stato convocato Archidamo.» [627] Riguardo il figlioletto di Agide IV, Bernini scrive che o Eudamida non apparteneva più alla casata Europontide, essendo stato "adottato" dal patrigno Cleomene e, previa il matrimonio con questi di sua madre, entrato nella casata degli Agiadi, o, invece, Eudamida aveva continuato ad essere un Europontide, sotto il tutoraggio di zio Archidamo. Nel primo caso, ovvero se Eudamida fosse entrato nella casata degli Agiadi, il giovinetto avrebbe avuto minori diritti dei suoi fratellastri, generati in seguito da sua madre Agiatide con Cleomene: Bernini esplica questa affermazione con il parallelismo di Leonida II, che, pur essendo primogenito, per gli otto anni in cui fu in vita il suo fratellastro Areo II, vantava, rispetto a questi, minor diritti: era, infatti, Areo II ad esser destinato al trono.[628] Nessuna fonte testimonia il tutoraggio di Cleomene nei confronti del piccolo Eudamida ma, dato che previa il matrimonio con Agiatide, il figlioletto di Agide era divenuto automaticamente figliastro di Cleomene, è, a mio avviso, plausibile, che questi ne fosse il tutore. Se così fosse, dunque, ovvero se il tutore del fanciullo Eudamida era non lo zio paterno, bensì il patrigno, Cleomene, allora Archidamo era re di per sé, e non in quanto reggente: come altrimenti avrebbe potuto, Archidamo, esser tutore di Eudamida, se era in esilio a Messene? Scrive a tal proposito Niccolini[629], riguardo Eudamida: «non si dimentichi […] la difficoltà di una tutela di qualche parente che non aveva stretti legami con la famiglia del fanciullo. Parenti veri egli non aveva più in Sparta: esule Archidamo fratello del padre, esule Agesilao fratello dell'ava, esule Ippomedonte figlio di Agesilao. […] Questo, del resto, è quanto sappiamo. Più tardi Sparta starà non solo senza i tutori dei re,

---

[626] Bernini 1981, p. 447
[627] Bernini ipotizza che Eudamida potrebbe anche esser morto per cause naturali. L'assassinio di Eudamida, da parte di Cleomene, è accettato dal Pozzi, mentre il Solari lo ipotizza da parte di Leonida; Bernini 1981, p. 448, n. 61; Solari 1907 pp. 72 ss.
[628] *cfr.* Bernini 1981, p. 448, n.63
[629] Niccolini 1903, p. 721, n. 1

ma persino senza i re; tanto l'interesse nell'oligarchia.» Infine, sul ruolo regale di Eudamida e di suo zio Archidamo, Niccolini conclude: «quello di Eudamida non fu un regno, come non lo fu quello di Archidamo, che non giunse ad avere il riconoscimento ufficiale del popolo[630].»

Bernini nota, tuttavia, che da Polibio (V, 37, 2) si ricavi come Archidamo fosse re quando fu esiliato[631] quindi si potrebbe presumere che Archidamo fosse diventato quasi "automaticamente" re, al momento della morte del fratello maggiore Agide e, quindi, avesse "precedenza" sul nipote infante.

Tuttavia, se il fratello di Agide IV fosse re di per sé, oppure soltanto reggente in nome del nipote è questione da verificare cronologicamente: occorre, infatti, accertare se Eudamida fu eliminato prima o dopo la chiamata di Archidamo in Sparta. Se fosse stato ucciso prima, infatti, ciò significherebbe che Archidamo fosse posposto al nipote, se fosse stato ucciso dopo, invece, ciò significherebbe che Archidamo fosse preposto al nipote, ovvero: 1) morto il più prossimo discendente al trono Europontide (Eudamida), allora sarebbe dovuto salire Archidamo (posposto rispetto al nipote), che fu prontamente eliminato 2) oppure, morto il più prossimo discendente al trono (Archidamo), allora il più vicino sarebbe divenuto Eudamida, prontamente eliminato. Generalmente si tende a collocare la morte di Eudamida un anno prima di quella di Archidamo: ciò significherebbe che il figlio del defunto primogenito, ancora una volta, vantasse precedenze sullo zio.

---

[630] Niccolini 1903, p. 721
[631] Oltre al fatto che l'esilio di Archidamo presso Nicagora di Messene non dovette esser breve, *cfr.* Bernini 1981, p. 445, nn. 40, 41

7. Sul richiamo di Archidamo a Sparta

La questione riguardo la precedenza al trono tra lo zio Archidamo V e il nipote Eudamida III verte sul richiamo di Archidamo in Sparta: chi richiamò in patria il fratello di Agide IV: Cleomene o una parte a lui avversa? Quando? A detta di Bernini[632] il richiamo in Sparta di Archidamo avvenne da parte di efori e geronti e sarebbe da collocarsi dopo la morte di Eudamida, accolta da costoro proprio come pretesto, per ristabilire l'autorità dell'"altro re".

Infatti, anche se Plutarco riporta che fu Cleomene a richiamare Archidamo dall'esilio, perché regnasse al suo fianco, Bernini[633] ipotizza che Archidamo fu invece chiamato dagli efori e da coloro che erano preoccupati dell'esplosione della potenza di Cleomene (e l'Agiade prontamente, ordinò al suo *entourage* di eliminare l'Europontide che gli era stato contrapposto)[634]. Scrive infatti Bernini che «il richiamo di Archidamo poteva rientrare nell'interesse dell'eforato» per «limitare la potenza crescente della figura di Cleomene, che si era andato sempre più avvalendo del privilegio della carica regale unica[635].» In Filarco, fonte di Plutarco, il motivo del richiamo di Archidamo doveva apparire come quello della *concordia regum,* ovvero della ripristinata diarchia delle due casate[636], Filarco infatti, mira a discolpare Cleomene dall'assassinio ma tale ipotesi, nota Bernini, rivelerebbe che Archidamo si fosse riavvicinato a Cleomene, anche se è più probabile che Archidamo non fosse in buoni rapporti con il figlio dell'assassino di suo fratello (dal padre del quale, era dovuto, per giunta, fuggire). Il fatto che Cleomene stesse già preparando il colpo di stato, resta, inoltre, poco conciliabile con la presunta concordia ricercata, invece, dal re spartano con la casata Europontide. Scrive sempre Bernini[637]: «se il richiamo per un'alleanza oggettivamente improbabile non poteva venire da Cleomene [...] consideriamo che cosa poteva essere offerto ad Archidamo e da quali ambienti in Sparta tale offerta potesse provenire. L'offerta non poteva essere che quella della reintegrazione nell'ambito politico e sociale della polis, sia come tutore del piccolo Eudamida, se ancora vivo, sia in qualità di unico Europontide legalmente destinatario della carica legale.» Pertanto Archidamo era destinato a regnare, sia come reggente, nel caso Eudamida fosse stato ancora vivo, sia, altrimenti, come re (in questo caso si avvallerebbe la tesi secondo la quale i figli dei primogeniti defunti avessero precedenza rispetto agli zii). Curiosamente, pur divergendo per quanto riguarda la colpevolezza o

---

[632] Bernini 1981, p. 448
[633] Bernini 1981, p. 444
[634] Bernini 1982, pp. 216 ss.
[635] Bernini 1982, p. 212
[636] Bernini 1981, pp. 453 ss.
[637] Bernini 1981, p. 456

l'innocenza di Cleomene nell'assassinio di Archidamo, sia Plutarco che Polibio convergono nel riportare che a richiamare Archidamo fu Cleomene e non la di lui opposizione, anche se come nota Gabba[638] Archidamo doveva notoriamente essere di parte opposta a Cleomene, pertanto la narrazione del richiamo proveniente direttamente da Cleomene potrebbe essere stata ricostruita in seguito, da una fonte filospartana, probabilmente Filarco letto da Plutarco[639]. La mia personale ipotesi riguardo chi richiamò Archidamo è relativa al contenuto dei paragrafi seguenti.

8. Sull'uccisione di Archidamo

Prima di tutto, chi aveva indotto Archidamo alla fuga? Il padre Leonida o Cleomene? Come nota Bernini[640] stando a Plutarco (*Cleomene* I, 1) era stato l'anziano Leonida, stando invece a Polibio (V, 37, 2) era stato Cleomene stesso. Se però si dà fede a Plutarco, si può dunque dedurre che, come scrive Bernini, «il provvedimento principale del trionfante Leonida consistette nell'annichilimento della linea Europontide, con l'asservimento ai propri fini della vedova di Agide e del figlioletto suo Eudamida.» Quest'ultima, a detta di Bernini[641], fu una mossa «eccezionale» e fuori dagli schemi tradizionali, poiché «Agiatide avrebbe [*invece*] dovuto rimanere, sia sposandosi nuovamente, sia restando vedova, nell'ambito della famiglia Europontide insieme al figlioletto affidato ad un tutore appartenente alla medesima, ma non passare agli Agiadi.» Ad esempio di tale interpretazione, Bernini riporta il tutoraggio esercitato da Leonida II nei confronti di Areo II, figlio di Acrotato.[642] Essendo quindi Agiatide ed Eudamida passati nella casata Agiade, l'ultimo Europontide rimaneva Archidamo. Bernini[643] scrive infatti che Leonida non riuscì a «portare a termine perfettamente il suo disegno [*di eliminazione dell'intera genìa di Agide*], in quanto trovò scampo Archidamo, che, essendo fratello di Agide, automaticamente diveniva (o sarebbe dovuto divenire) il legale detentore del secondo seggio reale» - e poi, però, aggiunge «per lo meno in qualità di tutore del παιδίον[644]» Ora, sulla questione del tutoraggio, che rimane quivi aperta, tornerò nel prossimo paragrafo mentre, nel suddetto, indagherò il ruolo che aveva assunto Archidamo ed i motivi per cui fu eliminato.

---

[638] *cfr.* Bernini 1981, p. 457, n. 111
[639] Bernini 1981, pp. 457 - 458
[640] Bernini 1981, p. 445, n. 42
[641] Bernini 1978, p. 33
[642] *cfr.* Bernini 1978, p. 33, n.18.
[643] Bernini 1981, p. 445
[644] Importante la nota di Bernini 1981, p. 445, n. 43, che nota come in Plutarco, *Cleomene,* I, 1 il termine βίᾳ indichi la violenza fatta ad Agiatide nel costringerla a sposare Cleomene, ma non solo. In *Agide*, III, 8, Plutarco ricordava, inoltre, come Leonida fosse stato tutore di Areo II, prima di divenire re.

Anzitutto, da chi fu ucciso Archidamo? La versione secondo cui Archidamo fu ucciso dall'azione diretta di Cleomene è filoachea (e antispartana[645]) ed è quella accolta da Polibio, mentre quella secondo cui a uccidere Archidamo furono gli stessi (forse efori[646] o ex efori) che quattordici anni prima avevano ucciso Agide, discolpa un poco Cleomene ed è riportata da Plutarco, secondo il quale Cleomene sarebbe stato "convinto" dai suoi amici ad abbandonare Archidamo nelle mani dei suoi assassini: la tesi innocentista, però, a detta di Bernini,[647] non concilia le due fonti di Plutarco stesso ovvero *Cleomene* V, 3; 4 con *Cleomene* VII, 2; VII, 6; VIII, 1; IX, 1.

Tuttavia, quando in seguito all'eliminazione di Acrotato, Cleomene ristabilì la diarchia, non ricorse a uno dei figli che Archidamo aveva avuto dalla figlia di Ippomedonte (forse, tuttavia, troppo giovane, all'epoca) bensì a suo fratello minore Euclida[648]. Era chiaro, quindi, l'intento di Cleomene di instaurare (soltanto) la propria dinastia Agiade sul trono di Sparta. Scrive, a tal proposito, Bernini:[649] «la vicenda di Archidamo va considerata come spia decisiva del sovvertimento del bilanciamento del potere a Sparta; più deboli ne uscirono gli efori, maggiormente rafforzato Cleomene e capace di imporre il proprio programma politico-militare» la prova concreta della suddetta presa di potere sarebbe avvenuta con la vittoria spartana a Megalopoli.

Inoltre, «Archidamo non era certamente né simpatizzante né fautore di Cleomene» scrive Bernini, che nota anche come, sia in Polibio che in Plutarco manchi «un qualsiasi cenno [...] di un suo coinvolgimento nel disegno dell'Agiade.» Conscio della sua posizione regale o comunque molto vicina alla corona Europontide, Archidamo divenne, primariamente, un esule. In quanto tale, strinse per necessità rapporti con altre città, così come a suo tempo aveva fatto Leonida II, esiliato da Agiade, che aveva trovato un punto di riferimento in Arcadia, a Tegea (Plutarco, *Agide,* XII, 6; XVI, 4; Pausania, III, 6, 8) e così come Damocrate, esule spartano al tempo di Cleomene, che aveva, evidentemente, trovato rifugio in ambiente Acheo se consigliò ad Arato di guardarsi da «quel pulcino» di Cleomene prima che questi «mettesse gli speroni» (Plutarco, *Cleomene,* IV, 5)[650]: se, come mostrano i casi di Archidamo e di Damocrate, gli Europontidi avevano intessuto rapporti con la Messenia e con gli Achei, così gli Agiadi, come mostra il caso di Leonida, erano in stretti rapporti con l'Arcadia orientale e soprattutto con Tegea[651].

---

[645] Bernini 1981, p. 449
[646] *cfr.* Bernini 1981, p. 449, n. 74, Bernini scrive che non è esplicitamente testimoniato dalla fonte [*da Plutarco*] che gli che i committenti dell'omicidio di Archidamo fossero efori in carica nel 227.
[647] Bernini 1981, pp. 457 - 458
[648] *cfr.* Bernini 1981, p. 449, n. 67; Bernini nota, citando Solari e Gabba, come Euclida divenne re dopo il colpo di Stato di Cleomene, ovvero dopo l'eliminazione, da parte del re, degli efori.
[649] Bernini 1982, p. 221
[650] *cfr. ivi* in *Cap.* III, *Par.* II
[651] Bernini 1982, p. 211

Così come suo fratello Agide, al tempo vittorioso sull'avversario Leonida, aveva stretto prontamente alleanza con la Lega Achea, così ora Archidamo, in rotta come tutta la sua stirpe, aveva quindi stretto alleanza coi Messeni: certo, se Agide fu condannato a morte a venticinque anni, Archidamo, che era minore di lui, doveva essere molto giovane, e tuttavia, in quanto adulto più prossimo al trono Europontide, rappresentava già un rischio al monopolio Agiade instaurato prima da Leonida poi da Cleomene: ciò spinse Archidamo a instaurare un rapporto di εὔνοια con colui che, stando alla narrazione convergente di Plutarco e di Polibio, avrebbe avuto un ruolo decisivo per la tragica sorte di Cleomene stesso: Nicagora di Messene.[652]

Fu infatti l'ostilità reciproca tra Nicagora e Cleomene a decretare la fine di quest'ultimo, ma quali furono i motivi? Nicagora avrebbe fatto di tutto per aiutare Archidamo a riconquistare il trono di Sparta da cui la sua famiglia era stata estromessa[653], trattando con Cleomene avrebbe, quindi, cercato di garantire l'incolumità dell'amico ma la garanzia venne infranta e Archidamo venne assassinato: questo il primo motivo riportato da Polibio (V, 37, 4 – 5); inoltre, secondo Plutarco (*Cleomene* XXXV, 1) Nicagora era in cattivi rapporti con Cleomene anche per un debito contratto da quest'ultimo col primo e non mai saldato. Il ruolo di Nicagora fu decisivo per la sorte nefasta di Cleomene: come testimoniato sia da Polibio (V, 38) che da Plutarco (*Cleomene*, XXXV), fu proprio lui a confessare a Sosibio il comportamento ambiguo tenuto da Cleomene ad Alessandria, e a provocare, indirettamente, la reazione di Tolomeo IV contro lo Spartiata suo prigioniero; l'azione del Messenio in Polibio è in qualche modo giustificata dal fatto che Cleomene gli avesse ucciso l'amico Archidamo, mentre in Plutarco (che chiaramente non ha simpatia per colui che provocò, se pur indirettamente, con la sua vendetta, la morte del suo "eroe") è contestualizzata dal debito insaldato. Curiosamente, Bernini nota un rapporto parallelo tra i due personaggi che agirono nelle retrovie dell'azione de mandanti principali per la morte, rispettivamente, di Agide e di Cleomene, ovvero dietro Leonida, Anfare, dietro Sosibio e Tolomeo IV, Nicagora. Sul piano morale paradigmatico, scrive Bernini[654], Anfare e Nicagora sono legati dall'avidità e dall'attaccamento per i beni materiali, ovvero dalla τρυφή, «che, com'è noto, costituisce uno dei temi fondamentali della storiografia ellenistica e filarchea in particolare[655]» e svolgono una funzione peculiare della narrazione tragica di Plutarco (e di Filarco), poiché «in un momento di tensione emotiva, di incertezza e di sospensione, per la sorte del personaggio "eroico" nella sconfitta, si realizza la κατροφή, innescata, appunto, dalle figure del "dramma" più degne di riprovazione.» Interessante, a tal proposito, come Bernini proceda individuando, nella narrazione di Plutarco, il nesso politico tra i complici Leonida e Anfare, funzionale nell'aggiungere un'ulteriore nota negativa all'antagonista di Agide, congiunzione che è invece assente nella vicenda di

---

[652] Polibio, V, 37, 2; *cfr.* Bernini 1982, p. 209, n. 147
[653] Oliva 1971, p. 26 *cfr.* Bernini 1982, p. 209
[654] Bernini 1982, p. 208
[655] Plutarco, *Agide* III, 1; IV; 7, 3; VII, 6; *Cleomene* II, 1; III, 1; *cfr.* Bernini 1982, p. 208, n. 144

Archidamo, poiché, altrimenti, avrebbe messo in luce (come invece risulta, a mio avviso, nella narrazione di Polibio), le "motivazioni" che Nicagora aveva d'essere ostile a Cleomene ovvero l'uccisione di Archidamo[656]. Come risulta dalla convergenza delle narrazioni di Polibio e di Plutarco, la presenza di Nicagora ad Alessandria d'Egitto, in un momento esiziale per Cleomene non doveva essere, certamente, casuale[657].

È quindi chiaramente dubbio che Archidamo, esule per causa della presa di potere totale da parte degli Agiadi, fosse il papabile collega sul trono di Cleomene, da questi chiamato, poiché le posizioni dei due Spartiati appaiono, addirittura, su un piano antitetico tra loro, «in un contesto in cui due poli sono costituiti dal re Agiade e dagli efori»[658], Archidamo, inoltre, non poteva dimenticare che la casata di Cleomene gli avesse mandato a morte il fratello, la madre e la nonna (ed avesse anche inglobato "a forza" nella propria famiglia la di lui cognata, vedova di Agide). Se, da un lato, la tradizione suole vedere in Cleomene l'artefice del richiamo di Archidamo e in quest'ultima azione una grande mossa da parte del re Agiade, dall'altro la cooperazione di Cleomene con gli Europontidi appare dubbia anche perché, se così fosse stato, si sarebbe potuta evitare la morte di Archidamo[659] e l'esilio di coloro che erano sospettati essere dissidenti nei confronti dell'Agiade. Si potrebbe quindi opportunamente dedurre che Cleomene agisse in piena autoritarietà tanto nel campo politico che in quello militare e che il richiamo da parte di un'istituzione "altra" fosse funzionale a cercare di contrastare la suddetta autorità[660]. Archidamo era, infatti, uno scomodo rivale in quanto da un lato appartenente alla casata regale degli Europontidi (dagli Agiadi soggiogata) e, dall'altro, appoggiato dall'eforato, grazie al quale avrebbe potuto riconquistare una posizione di rilievo a Sparta[661].

---

[656] Bernini 1982, pp. 208 - 209
[657] Bernini 1982, p. 222
[658] Bernini 1982, p. 214
[659] Bernini 1982, p. 214, n. 175
[660] Bernini 1982, p. 216
[661] Bernini 1982, p. 218

9. *Su chi richiamò Archidamo, su chi fu il tutore di Eudamida e su perché egli fu sia re che reggente*

Come già riportato, Bernini sostiene che la mossa di Leonida di costringere la vedova di Agide al matrimonio col figlio Cleomene fu rivoluzionaria poiché (ripeto la citazione): «Agiatide avrebbe [*invece*] dovuto rimanere, sia sposandosi nuovamente, sia restando vedova, nell'ambito della famiglia Europontide insieme al figlioletto affidato ad un tutore appartenente alla medesima, ma non passare agli Agiadi[662].»

Ora, riprendendo il filo del discorso sul tutoraggio di Eudamida III, stando all'interpretazione di Bernini, il tutore di Eudamida avrebbe dovuto essere un Europontide, cioè Archidamo, *se e solo se* Agiatide non si fosse risposata con un Agiade, cioè Cleomene; ne possiamo dedurre che, essendo invece Agiatide stata obbligata a risposarsi con un Agiade, Eudamida passò quindi nella famiglia degli Agiadi[663] e, quindi, il suo tutore fu un Agiade.

A questo punto Archidamo rimaneva l'unico Europontide e, quindi, l'unico a poter vantare, indipendentemente dalla cronologia della morte di suo nipote, pretese al trono della sua famiglia (che era stato di suo fratello Agide IV). Archidamo rappresentava, come scritto, l'ultimo baluardo Europontide, pertanto ritengo plausibile l'ipotesi che, a richiamarlo in patria potrebbe, a mio avviso, essere stata addirittura proprio la sua ex cognata Agiatide.

La vedova di Agide, costretta (Plutarco, *Cleomene*, I, 3 racconta infatti com'ella fece di tutto per opporsi alle nozze) a sposare Cleomene, era passata dalla casata Europontide a quella Agiade, pertanto è possibile che suo figlio Eudamida non fosse più esponente della casata Europontide, ma fosse divenuto un Agiade (con, per giunta, meno diritti dei suoi due fratellastri minori, i quali, in quanto Agiadi sin dalla nascita - perché nati dall'Agiade Cleomene - erano, ora che Cleomene stava egemonizzando il potere a Sparta, i designati successori al loro padre).

Riallacciandomi, di conseguenza, al quesito riguardo chi fu il tutore di Eudamida III, se lo zio Archidamo o il patrigno Cleomene, concluderei sostenendo che: 1) Eudamida III, nato Europontide, passò, in seguito al matrimonio di sua madre con Cleomene, nella casata Agiade; 2) Cleomene III, divenendo, in seguito al matrimonio con Agiatide, patrigno di Eudamida III, ne divenne anche tutore 3) Agiatide, essendo

---

[662] Bernini 1978, p. 33
[663] A tal proposito noto che Pausania (III, 10, 5), parla di Eudamida (che egli chiama Euridamida) definendolo Εὐρυδαμίδαν τὸν Ἄγιδος: significa Eudamida figlio di Agide, oppure Eudamida l'Agiade? Di fatto, Eudamida si trovava, ora, ad essere entrambi: figlio di Agide, ma anche Agiade. (Chiaramente è bene ribadire che Agide, nonostante l'assonanza che a noi moderni può provocare il nome, era della famiglia degli Europontidi).

stata costretta a lasciare la casata Europontide per entrare in quella Agiade, non volendo permettere che la stirpe dell'amato e ucciso marito Agide IV si estinguesse, essendo contrariata dal fatto che il suo primogenito fosse estromesso dal trono in quanto figlio di Agide (in favore degli altri due figli ch'ella aveva successivamente generato con Cleomene), avrebbe quindi chiamato in Sparta l'ex cognato Archidamo, fratello del di lei morto marito, affinché regnasse in Sparta come legittimo re Europontide e divenisse tutore del di lei figlio Eudamida, il quale sarebbe, quindi, tornato nella sua legittima e originaria casata Europontide.

Se è vera la testimonianza di Pausania (II, 9, 1), in base alla quale Cleomene le eliminò il figlio di primo letto, forse, con materno presentimento, Agiatide avrebbe cercato invano di proteggere Eudamida, sottraendolo dal tutoraggio (a lui imposto) del secondo marito Cleomene, per affidarlo all'ex cognato, fratello del primo marito, Archidamo, che avrebbe, quindi, dovuto regnare in nome di Eudamida III, restituendo, al nipote e alla propria casata Europontide, la dignità regale.

Agiatide, dunque richiamò in Sparta Archidamo, affinché divenisse tutore del piccolo Eudamida III (sottraendolo all'ambiguo tutoraggio del patrigno Cleomene) e regnasse sia in quanto legittimo Europontide (e unico della casata, visto che Eudamida, divenendo figliastro di Cleomene, era passato nella casata degli Agiadi) ma anche come tutore del nipote (e Eudamida, una volta che lo zio Archidamo ne avrebbe assunto il tutoraggio, sarebbe tornato Europontide[664]).

Le Parche dovevano tuttavia aver decretato che l'estinzione della casata degli Europontidi fosse ineluttabile, poiché Cleomene (tenendo fede a Pausania) eliminò il figlio e (tenendo fede a Polibio) il fratello di Agide, ma le tessitrici della sorte dovevano aver intessuto anche la punizione per Cleomene stesso, poiché lui e i suoi stessi figli morirono tragicamente ad Alessandria. A succedergli sul trono di Sparta, quando l'eforato tentò di ripristinare la diarchia, fu l'ultimo Agiade Agesipoli III, curiosamente discendente non direttamente da Cleomene, bensì da sua sorella Chilonide (che di questo Agesipoli era la nonna); per il trono Europontide, invece, non ci fu scampo: un certo Licurgo, venuto dal nulla, corruppe gli efori, affinché egli fosse eletto come sovrano Europontide, pur non avendone la stirpe: detronizzò il collega Agiade Agesipoli, e condusse Sparta sulle onde dell'ormai irrefrenabile tempesta in cui era coinvolta. E proprio tra le onde del mare, Agesipoli, l'ultimo Agiade re di Sparta, trovò la morte. Eliminandosi reciprocamente, in una faida perseguita addirittura dal destino, la diarchia laconica, sfociata nella tirannia, morì e morendo trascinò con sé la stessa Sparta.

---

[664] In questo modo la casata degli Europontidi sarebbe stata ripristinata e Sparta avrebbe ritrovato il proprio equilibrio nella rinnovata diarchia.

Congedo

L'idea di questo saggio mi fu ispirata dall'Agide di Vittorio Alfieri. La volontà di mostrare la drammatica e storica spirale di intrighi, ambizione e potere che recò Sparta alla sua stessa distruzione, si sviluppò su due fronti: quello storico antichistico, sfociato appunto in questo saggio e quello letterario, prettamente sull'Agide di Alfieri, edito in «M.C. Fantuzzi, L'Agide di Vittorio Alfieri e il mito di Sparta nel secolo dei Lumi, Bookmoon, Luca Cristini Editore, Bergamo 2021.»

Desidero ringraziare, in ordine unicamente temporale rispetto alla genesi del suddetto lavoro: la Direttrice della Fondazione Centro Studi Alfieriani Professoressa Carla Eugenia Forno, la Professoressa dell'Università degli Studi di Parma Anika Nicolosi, il Professor Emeritus Chris Carey of University College of London, il Direttore di Ticinolive Professor Francesco De Maria, il Professor of Association for Latin Teaching John Hazel, Rita Varriano e Colleghe, il Professor Emerito dell'Università di Padova Franco Chiereghin ed esprimo la mia gratitudine allo Storico Dottor Alberto Peruffo e all'Editore e Storico Luca Cristini per aver accolto i miei Studi su Sparta.

Abbreviazioni bibliografiche

Asheri 1961

    D. Asheri, *Sulla legge di Epitadeo*, in «Athenaeum» 1961 pp. 45 – 68

Bernini 1978

    U. Bernini, *Studi su Sparta ellenistica, Da Leonida II a Cleomene III*, in «Quaderni Urbinati» 1978, pp. 29 59

Bernini 1981

    U. Bernini, *Archidamo e Cleomene III. politica interna e estera a Sparta (241 – 227 a.C.)*, in «Athenaeum» 1981, pp. 439 – 458

Bernini 1982

    U. Bernini, *Archidamo e Cleomene III. politica interna e estera a Sparta (241 – 227 a.C.)*, in «Athenaeum» 1982, pp. 205 - 223

Bianco 2014

    E. Bianco, *"Regine Riformatrici" a Sparta nel III sec. a.C.*, in *Donne che contano nella storia greca*, a cura di U. Bultrighini e E. Dimauro, Koinos Logos, 10, Carabba, Lanciano 2014

Bizière 1975

    Diodore de Sicile, *Bibliothèque historique*, livre XIX, texte établi et traduit par F. Bizière, Les Belles Lettres, Paris 1975

Carlier 1984

    P. Carlier, *La Royauté Spartiate* in *La Royauté en Grèce avant Alexandre*, AECR, Strasbourg 1984

Carr 2012

    J. C. Carr, *Sparta's Kings*, Pen & Sword Military, Barnsley 2012

Clauss 1983

    M. Clauss, *Sparta. eine Einführung in seine Geschichte und Zivilisation*, C. H. Beck, München 1983

Cloché 1943

> R. Cloché, *Rémarques sur les règnes d'Agis IV et de Cléoméne III,* in « Revue des Et. Gr. » LVI, 1943 pp. 53 – 71

Connolly 1989

> P. Connolly *The Roman Army in the age of Polybius* in *Warfare in the ancient world,* edited and introduced by General Sir J. Hackett, Sidgwick & Jackson Limited, London 1989

Corsaro Gallo 2010

> M. Corsaro, L. Gallo, *Storia Greca,* con la collaborazione di S. Gallotta, Mondadori, Milano 2010 (ristampato in *Storia Greca,* Le Monnier Università, Firenze 2014, da cui si cita)

Criniti Golin 1987

> Polibio, *Storie,* Libri I – XL, traduzione di A. Vimercati, introduzione di N. Criniti, note, appendici, indici, bibliografie di N. Criniti e D. Golin, Rusconi Milano 1987

Daubies 1971

> M. Daubies, *Cleomène, les Hilotes et Sellasie,* in « Historia » 1971, 20, pp. 665 - 695

Durvye 2018

> Diodore de Sicile, *Bibliothèque historique,* Tome XV, Livre XX, texte établi, traduit et commenté par C. Durvye, Le Belles Lettres, Paris 2918

Fantuzzi 2021

> M.C. Fantuzzi, *L'Agide di Vittorio Alfieri e il mito di Sparta nel secolo dei Lumi,* Bookmoon, Luca Cristini Editore, Bergamo 2021

Flaceliére 1959

> R. Flaceliére, *La vita quotidiana in Grecia nel secolo di Pericle,* 1959 Hachette, seconda edizione con traduzione di M.G. Meriggi, Rusconi, Milano 1998 (ed. or. 1959)

Fuhrmann 1988

> Plutarque, *Oeuvres Morales, Tome III, Apophtegmes de Rois et de Généraux, Apophtegmes Laconiens,* texte établi et traduit par F. Fuhrmann, Le Belles Lettres, Paris 1988

Fuks 1962

> A.Fuks, *The Spartan citizen body in mid – third century B.C. and its enlargement proposed by Agis IV*, in «Athenaeum» 1962, p. 244 – 263

Gabba 1957

> E. Gabba, *Studi su Filarco, Le biografie plutarchee di Agide e Cleomene*, Tipografia del libro, Pavia 1957

Geraci Marcone 2011

> G. Geraci, A. Marcone, *Storia Romana,* con la collaborazione di A. Cristofori e C. Salvaterra, Le Monnier Università, Firenze 2011 (prima edizione Le Monnier Università, Firenze 2004)

Giovannini 1982

> A. Giovannini, *La clause territorial de la paix d'Apamee*, in «Athenaeum» 1982, pp. 224 – 236

Gruen 1972

> E.S. Gruen, *Aratos and the Achaean Alliance with Macedon,* in «Historia», 1972, pp. 609 – 625

Heinemann 1935

> Livy. *Books XXXV-XXXVII* with An English Translation. Cambridge. Cambridge, Mass., Harvard University Press; London, W. Heinemann, Ltd. 1935

Lazenby 1989

> J. Lazenby, *Hoplite Warfare* in *Warfare in the ancient world,* edited and introduced by General Sir J. Hackett, Sidgwick & Jackson Limited, London 1989

Magnino 1991

    Plutarco, *Agide e Cleomene, Tiberio e Caio Gracco, vite parallele,* a cura di D. Magnino, BUR, Milano 1991

Magnino 1996

    Plutarco, *Vite, volume quarto, Filopemene e Tito Quinzio Flaminio, Pelopida e Marcello, Alessandro e Cesare,* a cura di D. Magnino, UTET, Torino 1996

Manni 1966

    E. Manni, *Agatocle e la politica estera di Siracusa,* in «Kokalos» 1966, pp. 154 - 162

Marasco 1978

    G. Marasco, *Aristotele come fonte di Plutarco nelle biografie di Agide e Cleomene* in «Athenaeum», 1978, pp. 170 - 181

Marasco 1979

    G. Marasco, *Cleomene III, I mercenari e gli iloti,* in «Prometheus» 1979, V, pp. 45 – 62

Marasco 1980

    G. Marasco, *Sparta agli inizi dell'età ellenistica: il regno di Areo I (309/8-265/4 a.C.),* Volume 6 di «Quaderni dell'Istituto di filologia classica "Giorgio Pasquali" dell'Università degli studi di Firenze», CLUSF, Firenze 1980

Marasco 1980[a]

    G. Marasco, *Polibio e i rapporti Etolo-Spartani durante i regni di Agide IV e Cleomene III,* in «Prometheus» 1980, pp. 153 - 180

Marasco 1980[b]

    G. Marasco, *Commento alle Biografie Plutarchee di Agide e Cleomene, Tomo primo e Tomo secondo,* Edizioni dell'Ateneo, Roma 1980

Marasco 1981

    G. Marasco, *Vita di Agide e Cleomene,* Edizioni dell'Ateneo, Roma 1981

Marasco 1994

> Plutarco, *Vite,* volume quinto, *Demetrio e Antonio; Pirro e Mario; Arato e Artaserse; Agide – Cleomene e Tiberio-Caio Gracco,* a cura di G. Marasco, UTET, Torino 1994

Montagu 2015

> J. D. Montagu, *Battles of the Greek & Roman Worlds, a chronological compendium of 667 battles to 31 BC from the Historians of Ancient World,* Pen & Sword Books Ltd, Barnsley, 2012

Musti 1967

> D. Musti, *Polibio e la democrazia,* in «Annali della Scuola Normale Superiore di Pisa», 1967, pp. 154 - 207

Musti 1989

> D. Musti, *Storia Greca,* Laterza, Roma – Bari 1989 (ristampato in *Storia Universale,* vol. 2, *La Grecia Classica,* Corriere della Sera, Milano 2004, da cui si cita)

Musti Torelli 1991

> Pausania, *Guida della Grecia, L'Attica, Libro I* Introduzioni, testo e traduzione a cura di D. Musti, commento a cura di D. Musti e M. Torelli, Mondadori, Milano 1982

> Pausania, *Guida della Grecia, la Laconia, Libro III*, testo e traduzione a cura di D. Musti, commento a cura di D. Musti e M. Torelli, Mondadori, Milano 1991

Narducci 1961

> Cornelio Nepote, *Vite dei Massimi Condottieri,* introduzione e note di E. Narducci, traduzione di C. Vitali, Rizzoli, Milano 1961 (ristampato in *I Grandi Classici Latini e Greci,* Fabbri, Milano 2000 da cui si cita)

Niccolini 1903

> G. Niccolini, *Il figlio di Agide IV,* in «Rivista di Storia Antica n.s., n.4» 1903

Nicolai 1998

> Polibio, *Storie,* Libri I – III, volume primo, a cura di R. Nicolai, Newton, Roma 1998

Oliva 1971

>P. Oliva, *Sparta and her social problems,* A. M. Hakkert, Amsterdam 1971

Pritchett 1971

>W. K. Pritchett, *The Greek State at War, Part I*, University of California Press, Berkley 1971

Pritchett 1974

>W. K. Pritchett, *The Greek State at War*, Part II, University of California Press, Berkley 1974

Rizzo 1992

>Pausania, *Libro secondo: Corinzia e Argolide*, introduzione, traduzione e note di S. Rizzo, Rizzoli, Milano 1992

Roberts & Bennett 2012

>M. Roberts & B. Bennett, *Twilight of The Hellenistic World,* Pen & Sword Military, Barnsley 2012

Rostovzev 1966

>M. Rostovzev, *Storia economica e sociale del mondo ellenistico,* traduzione di M. Liberanome e G. Sanna, La Nuova Italia, Firenze 1966

Sekunda 1989

>Dr. N. Sekunda, *Hellenistic Warfare,* in *Warfare in the ancient world,* edited and introduced by General Sir J. Hackett, Sidgwick & Jackson Limited, London 1989

Shimron 1972

>A. Shimron, *Late Sparta, The Spartan Revolution 243 – 146 B.C.,* Arethusa, New York 1972

Snodgrass 1991

>A.M. Snodgrass, *Armi ed armature dei Greci,* traduzione di C. Fasella, l'«Erma» di Bretschneider, Roma 1991

Solari 1907

    A. Solari, *Ricerche Spartane,* Giusti, Livorno 1907

Tarn 1978

    W. Tarn, *Hellenistic Civilization;* traduzione di G. Daverio Rocchi, La Nuova Italia, Firenze 1978

Thornton 2001

    Polibio, *Storie, volume secondo, Libri III – IV*, a cura di D. Musti, traduzione di M. Mari, note di J. Thornton, Rizzoli, Milano 2001

Thornton 2002

    Polibio, *Storie, volume terzo, Libri V – VI*, a cura di D. Musti, traduzione di M. Mari, note di J. Thornton, Rizzoli, Milano 2002

Thornton 2006

    Polibio, *Storie, volume ottavo, Libri XXXIV – XL, frammenti di volumi incerti*, a cura di D. Musti, traduzione di M. Mari, note di J. Thornton, Rizzoli, Milano 2002

Walbank 1985

    F. Walbank, *Il mondo ellenistico,* traduzione di M. Fantuzzi, il Mulino, Bologna 1984

Zanetto 1996

    Plutarco. *Le virtù di Sparta,* a cura di D. Del Corno, traduzione e note di G. Zanetto, Adelphi, Milano 1996

Sitografia

Perseus Digital Library, Gregory R. Cane, Editor in Chief Tufts University:

    https://www.perseus.tufts.edu/hopper/

Pompeo Trogo:

    http://www.thelatinlibrary.com/justin/prologi.html

Autori Antichi Consultati

Cicerone

> Marco Tullio Cicerone, *De Officiis, quel che è giusto fare,* a cura di G. Picone e R. R. Marchese, Einaudi, Torino 2012

Cornelio Nepote

> Cornelio Nepote, *Vite dei Massimi Condottieri,* introduzione e note di E. Narducci, traduzione di C. Vitali, Rizzoli, Milano 1961 (ristampato in *I Grandi Classici Latini e Greci,* Fabbri, Milano 2000 da cui si cita)

Diodoro

> Diodore de Sicile, *Bibliothèque historique,* livre XIX, texte établi et traduit par F. Bizière, Les Belles Lettres, Paris 1975

> Diodore de Sicile, *Bibliothèque historique*, Tome XV, Livre XX, texte établi, traduit et commenté par C. Durvye, Université d'Aix -Marseille, Le Belles Lettres, Paris 2018

> Diodoro Siculo, *Biblioteca storica,* Libri XXI – XL, frammenti su Roma e l'ellenismo, a cura di G. Bejor, Rusconi, Milano 1988

Erodoto

> Herodotus, with an English translation by A. D. Godley. Cambridge. Harvard University Press. 1920 (book V, VI)

Flavio Giuseppe

> Flavius Josephus. *The Works of Flavius Josephus*. Translated by. W. Whiston, A.M. Auburn and B. J. E. Beardsley. 1895

> Flavius Josephus. *Flavii Iosephi opera*. B. Niese. Berlin. Weidmann. 1892

Giustino

> M. Iuniani Iustini, *Epitoma Historiarum Philippicarum Pompei Trogi, accedunt prologi in Pompeium Trogum,* post Franciscum Ruehl iterum edidit Otto Seel, B. G. Teubneri, Stutgardiae 1872 (ristampato in B. G. Teubner, Stoccarda 1972)

Livio

> Tito Livio, *Storie, Libri VI – X,* a cura di L. Ferrelli, UTET, Torino, 1979

> Livy. *History of Rome by Titus Livius, books nine to twenty-six.* literally translated, with notes and illustrations, by. D. Spillan. and. Cyrus Edmonds. York Street, Covent Garden, London. Henry G. Bohn. John Child and son, Printers. 1849

Livy. *Books XXXV-XXXVII* with An English Translation. Cambridge. Cambridge, Mass., Harvard University Press; London, W. Heinemann, Ltd. 1935

Livy. *Books XXVI-XXVII* with An English Translation. Cambridge. Cambridge, Mass., Harvard University Press; London, William Heinemann, Ltd. 1943

Livy. *Books XXXI-XXXIV* with an English Translation. Cambridge. Cambridge, Mass., Harvard University Press; London, William Heinemann, Ltd. 1935

Livy. *Books XLIII-XLV* with An English Translation. Cambridge. Cambridge, Mass., Harvard University Press; London, W: Heinemann, Ltd. 1951

Livy. *History of Rome by Titus Livius: the epitomes of the lost books.* literally translated, with notes and illustrations, by. William A. McDevitte. York Street, Covent Garden, London. Henry G. Bohn. John Child and son, printers, Bungay. 1850

Livy. *Ab urbe condita*. W. Weissenborn, Weidmannsche Buchhandlung, Berlin. 1873

Livy. *History of Rome*. English Translation by. Rev. Canon Roberts. New York, New York. E. P. Dutton and Co. 1912.

Pausania

Pausania, *Guida della Grecia, L'Attica, Libro I* Introduzioni, testo e traduzione a cura di D. Musti, commento a cura di D. Musti e M. Torelli, Mondadori, Milano 1982

Pausania, *Viaggio in Grecia, Corinzia e Argolide, Libro II*, introduzione, traduzione e note di S. Rizzo, Rizzoli, Milano 1992

Pausania, *Guida della Grecia, la Laconia, Libro III*, testo e traduzione a cura di D. Musti, commento a cura di D. Musti e M. Torelli, Mondadori, Milano 1991

Pausanias, *Pausaniae Graeciae Descriptio*, 3 vols. Leipzig, Teubner 1903

Pausanias. *Pausanias Description of Greece* with an English Translation by W.H.S. Jones, Litt.D., and H.A. Ormerod, M.A., in 4 Volumes. Cambridge, MA, Harvard University Press; London, William Heinemann Ltd. 1918

Partenio

Parthenius of Nicaea, *The poetical fragments and the Ἐρωτικὰ Παθήματα* edited with introduction and commentaries by J. L. Lightfoot, Clarendon Press, Oxford 1999

Plutarco

Plutarco, *Vite Parallele, Agesilao e Pompeo,* introduzione, traduzione e note di A. Marcone, BUR Milano 1996

Plutarco, *Vite, volume quarto, Filopemene e Tito Quinzio Flaminio, Pelopida e Marcello, Alessandro e Cesare,* a cura di D. Magnino, UTET, Torino 1996

Plutarco, *Vite, volume quinto, Demetrio e Antonio, Pirro e Mario, Arato, Artaserse, Agide Cleomene e Tiberio Gaio Gracco,* a cura di D. Magnino, UTET, Torino 1994

Plutarco, *Agide e Cleomene, Tiberio e Caio Gracco, Vite Parallele,* a cura di D. Magnino, BUR, Milano 1991

Plutarch. *Plutarch's Lives*. with an English Translation by. B. Perrin. Cambridge, MA. Harvard University Press. London. W. Heinemann Ltd. 1914 (*Lycurgus*)

Plutarch. *Plutarch's Lives*. with an English Translation by. B. Perrin. Cambridge, MA. Harvard University Press. London. W. Heinemann Ltd. 1916 (*Lysander*)

Plutarch. *Plutarch's Lives*. with an English Translation by. B. Perrin. Cambridge, MA. Harvard University Press. London. W. Heinemann Ltd. 1917 (*Agesilaus*)

Plutarch. *Plutarch's Lives*. with an English Translation by. B. Perrin. Cambridge, MA. Harvard University Press. London. W. Heinemann Ltd. 1920 (*Demetrius*)

Plutarch. *Plutarch's Lives*. with an English Translation by. B. Perrin. Cambridge, MA. Harvard University Press. London. W. Heinemann Ltd. 1921 (*Philopoemen*)

Plutarch. *Plutarch's Lives*. with an English Translation by. B. Perrin. Cambridge, MA. Harvard University Press. London. W. Heinemann Ltd. 1921 (*Flaminius*)

Plutarco, *Le Vite Parallele, volume secondo, Timoleonte e Paolo Emilio, Pelopida e Marcello, Aristide e Catone Maggiore, Filopemene e Tito Quinzio Flaminio, Pirro e Caio Mario, Lisandro e Silla, Cimone e Lucullo,* versione di G. Pompei, Le Monnier, Firenze 1843

Plutarco, *Vite Parallele, Emilio Paolo e Timoleonte,* introduzione, traduzione e note di A. Barzanò (*Emilio Paolo*), introduzione di M. Sordi, traduzione e note di A. Penati (*Timoleonte*), Rizzoli, Milano 1996

Plutarque, *Oeuvres Morales, Tome III, Apophtegmes de Rois et de Généraux, Apophtegmes Laconiens,* texte établi et traduit par F. Fuhrmann, Le Belles Lettres, Paris 1988

Plutarchi *Moralia, vol. II.,* recensuerunt et emendaverunt W. Nachstäd, W. Sieveking, J.B. Titchener, B.G. Teubner, Verlagsesellschaft, Zwickau 1971

Plutarco. *Le virtù di Sparta,* a cura di D. Del Corno, traduzione e note di G. Zanetto, Adelphi, Milano 1996

Plutarch. *Moralia.* with an English Translation by. F. C. Babbitt. Cambridge, MA. Harvard University Press. London. William Heinemann Ltd. 1931

Polibio

Polibio, *Storie, Libri I – III, volume primo,* a cura di R. Nicolai, Newton, Roma 1998

Polibio, *Storie, Libri III – IV, volume secondo,* a cura di D. Musti, traduzione di M. Mari, note di J. Thornton, Rizzoli, Milano 2001

Polibio, *Storie, Libri V – VI, volume terzo,* a cura di D. Musti, traduzione di M. Mari, note di J. Thornton, Rizzoli, Milano 2002

Polibio, *Storie, Libri I – XL,* traduzione di A. Vimercati, introduzione di N. Criniti, note, appendici, indici, bibliografie di N. Criniti e D. Golin, Rusconi Milano 1987

Polybius. *Histories.* E. S. Shuckburgh. translator. London, New York. Macmillan. 1889. Reprint Bloomington 1962

Polybius *Historiae.* T. Büttner-Wobst after L. Dindorf. Leipzig. Teubner. 1893

Polieno

Polyaeni Strategematon libri octo ex recensione E. Woelfflin, B. G. Teubneri, Stutgardiae 1887

Senofonte

Xenophon. *Xenophon in Seven Volumes, 1 and 2.* Carleton L. Brownson. Harvard University Press, Cambridge, MA; W. Heinemann, Ltd., London. vol. 1:1918; vol. 2: 1921 (*Hellenica*)

Trogo

M. Iuniani Iustini, *Epitoma Historiarum Philippicarum Pompei Trogi, accedunt prologi in Pompeium Trogum,* post Franciscum Ruehl iterum edidit Otto Seel, B. G. Teubneri, Stutgardiae 1872 (ristampato in B. G. Teubner, Stoccarda 1972)

Sommario

Gli Ultimi Re di Sparta 3

Preambolo Strutturale 5

Prefazione 7

    I.   *Agiadi ed Europontidi* 7

    II.   *Il panorama ellenistico* 12

Capitolo Primo – Cleonimo 27

    I.   *Cleonimo, Chilonide, Acrotato: un tragico "triangolo" regale* 27

    II.   *Archidamia, l'eroica Spartana* 35

    III. *Il giorno più lungo di Sparta* 36

    IV. *Chilonide e Acrotato, da romanzo a tragedia* 37

Capitolo Secondo – Agide 43

    I.   *Leonida II, il controverso conservatore* 43

    II.   *Agide, l'idealista riformatore* 45

    III. *Leonida, un re in esilio* 48

    IV. *La rovina delle riforme* 49

    V.   *Cleombroto e Chilonide* 53

    VI. *La tragedia di Agide* 56

Capitolo Terzo – Cleomene 59

    I.   *Agiatide, due volte regina* 59

    II.   *Cleomene, emulatore di Agide* 60

    III. *Archidamo V, re un sol giorno* 62

    IV. *Eudamida, il mai re* 63

    V.   *Cleomene, spregiudicato sovrano* 64

    VI. *Agiatide e Cratesiclea, regina e regina madre di Sparta* 69

    VII. *La guerra di Cleomene* 71

    VIII. *Sellasia, o l'inizio della fine di Sparta* 72

    IX. *Tragedia Egizia* 75

Capitolo Quarto – Agesipoli 81

    I.   *Sparta senza re* 81

    II.   *Sparta tra Etoli e Achei* 82

III.	*L'ultimo legittimo re di Sparta*	86
IV.	*Il tiranno Licurgo*	87
V.	*Il tiranno Macanida*	92
VI.	*Il tiranno Nabide*	96
VII.	*Il dramma di Alassameno*	114
VIII.	*Laconico, o lo Spirito di Sparta*	116
IX.	*La fine dell'ultimo re di Sparta*	117
X.	*Conclusione*	125

Appendice 154
    I.   I Re di Sparta 154
    II.   Armi e educazione 156
    III. Controversie militari 167
    IV. Controversie dinastiche 184

Congedo 209
Abbreviazioni bibliografiche 210
Sitografia 216
Autori Antichi Consultati 217

TITOLI PUBBLICATI - ALREADY PUBLISHING

www.ingramcontent.com/pod-product-compliance
Lightning Source LLC
LaVergne TN
LVHW081541070526
838199LV00057B/3735